歴史書の愉悦

the Pleasure of History Books

FuJiHARa TaTsushi

藤原辰史 編

ナカニシヤ出版

はじめに

　歴史書は、単に歴史を学ぶ道具ではない。歴史の授業の延長として視野を広めるための教材という意義もあるが、むろんそれだけではない。文学、絵画、写真、映画などの作品と同様に、鑑賞する者の内面に愉悦を感じさせる作品でもある。単純に、読んで楽しいものでもあったはずだ。愉悦とは、心地よさと同義ではない。五官に刺激を与え、心と体を癒す、そんな観光ガイドブックの定型句のような感覚ではない。危険と不安に満ちた異世界への時間旅行を、歴史書はもたらすのである。「トリップ」後の読み手は、自分の生きている時代がどんな時代だったかを忘れるような空気にひたり、自分の生きている空間に違和感を覚え、歴史書の世界への郷愁に心を掻き回されることがある。優れた歴史書の持つ力は、読み手を異世界の海にひたらせ、ゆらゆらと漂わせる、そんな領域にまで及んでいた。しかも、大上段に振り構えられた言葉では届かない領域にも踏み込める現状批判の言葉は、史実の正確かつ綿密な把握ばかりでなく、それに伴う歴史書の「愉悦」によっても築かれてきたはずだった。

　ところが、現在の日本の歴史書の少なからぬものは、どれほど研究対象がユニークであっても、どれほど膨大な史料を収集し読み込んでいても、いまだに書き手の個人的感情が露骨に見えて、純粋に楽しめない。膨大な先行研究に対する過剰な防御反応が見える本、読者への配慮が著しく欠けている本、自己を相対的に眺めることができていない本。歴史研究者になると決めてから歴史研究者になるまでの技術の訓練期間は大工や料理人よりも短い。現在の歴史研究者育成のプロセスや、学界内の評価・査読の基準が書き方よりも使用した史料に重きが置かれる事例も少なくない。自分が読んだ本の数と知った知識の量を読者に（とくにありがちなのは、自分の指導教員や研究仲間たちに）知ってほしくて、過剰に参考文献を掲載する本も多い。

もちろん、急いで付け加えなくてはならないのは、私自身も上記の陥穽や誘惑から決して自由なわけではないし、歴史研究者の人格を攻撃したり質を正したりしたいわけでもない、ということである。あらゆる研究書が一般読者にとっつきやすいものである必要もない。ただ、狭い研究者コミュニティにしか通用しない書物でも一般読者が読んでくれると書き手が勘違いをした場合、悲惨なことになってしまうにすぎない。

そして、もっと悲惨なのは、読者に「愉悦」を感じさせたいがあまり技巧に走り、史料批判が緩み、実証のプロセスが疎かになってしまう「作品」である。本末転倒の「歴史書」は、一定期間、読者を獲得するかもしれないが、やはり生命は短いし、本書『歴史書の愉悦』に挙げられた本のなかには、そのような本は存在しない。

日本の歴史書が両極端に引き裂かれているような現状のなかで、実証の手続きを踏まえ、確からしさに向けての瑣末な作業を怠らないで、かつ愉悦を感じさせる歴史書を読むことは、これからの歴史書の書き手にとっても、喫緊の課題であろう。

それだけではない。最近、歴史書の読み手も読書時間が削られたり、浩瀚な本を読み抜く忍耐力が衰えたりして、歴史ファンでさえも、読みやすい手頃な本に手を伸ばす傾向がある。こうしたなかで、何日もかけてじっくりと歯ごたえのある歴史書に取り組むことが、ただ知識を入れるだけの読書よりも悦びに満ちた行為であることを伝えるのも、けっして意味のないことではないだろう。『歴史書の愉悦』とは、以上のような現状認識のもとに編まれた歴史書の水先案内人である。

執筆者には、以上のような趣旨を伝えたうえで、自分と近い関係にある人の書いた本は取り上げないこと、日本語で読める本に限ること、自分の経験もできるだけ含めること、単著であること、という原則のもと、それぞれの「座右の書」についてエッセイを書いてもらった。以上の原則ゆえに、かなりの量の良書を掲載できなかったという自覚はあるが、甘えと気遣いをできるだけこの本から排することはできたと思う。

それぞれにファンが固定している経験豊富な執筆者もいれば、まだ経験は浅いが新進気鋭の歴史研究者もいる。それぞれ歴史に対する考え方も、職業観も、愉悦を感じるツボも異なる。だが、「これを読まないといけない」的なハウツー本よりも、かなり硬派な本になったことを密かに誇りに思っている。分厚くて読むのに一週間、場合によっては一ヶ月以上かかる本、図書館を訪れたり、古本屋で探したりしないと読めない本、ひらがなが少なく漢字だらけの紙面が黒っぽい本、重くて寝転がって読めない本も多い。ある見方をする人からすれば、読者に不親切な案内書と思われるかもしれない。しかし、不安や障害とぶつからない愉悦など存在しない。痛みや苦味を感じない愉悦もまたありえない。手取り足取り、ファーストコンタクトの不気味さを消し去った愉悦は、もはや単なる刺激にすぎない。

また、あらためて今回の企画を通じてわかったことは、『歴史書の愉悦』で扱われた良書には絶版も多いことだ。わたしも含めて、もはや書店に並んでいない、擦り切れたり日に焼けたりした本をお守りのように抱えて、日々の歴史研究に打ち込んでいる人は多い。執筆者のなかには、自分の原点を見つめ直すよい機会になった、自分の好きな本について書くことがこんなに楽しいとは驚いた、という感想を漏らした人もいるように、優れた本の存在は、歴史書の読者層の拡大のみならず、今後の歴史研究の活性化にとっても存在意義がある。出版社各位にはぜひとも、本書に挙げられた歴史書の復刊をお願いしたい。

そして、読者諸賢にはここに掲げられたハードでディープな歴史書と、ここでは残念ながら紹介できなかった優れた歴史書に手を伸ばしていただきたい（わたしも一冊に絞るまで本当に悩んだ）。時間はかかるかもしれないが、かけがえのない、至福の読書体験になるはずである。

　本書の構成は、時代と場所というよくある分類を避け、やや強引であることは否めないが、あえてテーマを設定して歴史書を配置した。第Ⅰ章「中心と周縁を揺るがせる」では、宗主国と植民地、都市と農村、支配する側とされる側などを扱っている本が揃っている。第Ⅱ章「声なき声に耳をすます」では、歴史の表舞台からは聞き取りづらい民衆のささやきや動物の声、そういったものに耳を傾けた先人たちの本を扱っている。第Ⅲ章「精神の森に分け入る」では、とらえどころのない精神の動きや時代の空気に挑んだ作品が並ぶ。第Ⅳ章「歴史を叙述する」では、歴史を叙述することへの厳しい自己凝視に耐え、革新を目指した歴史書、あるいは、そういったことを書き手に考えさせる歴史書が挙げられている。いうまでもなく、各章のテーマをまたぐ歴史書も多いことは、編者の能力の限界をあらわすばかりではない。選ばれた本のスケールの大きさの証左でもある、とわたしは自分を慰めている。

　最後になったが、本書の企画から長い時間を待っていただき、かたちにしていただいたナカニシヤ出版の酒井敏行さんにお礼を申し上げたい。酒井さんも膨大な本を読んできた読書家の一人。目利きの読書家に編集をされた本は、やはり幸せである。

藤原辰史

歴史書の愉悦 ＊ 目次

第Ⅱ章　声なき声に耳をすます

第Ⅲ章　精神の森に分け入る

第Ⅳ章　歴史を叙述する

第Ⅰ章　中心と周縁を揺るがせる

普遍の追究
田坂興道『中国における回教の伝来とその弘通』

中西竜也

一九四二年八月末、田坂興道は、中国におけるイスラーム教の伝来、ムスリム（イスラーム教徒）の定着の歴史に関する自らの研究の成果報告『支那に於ける回教の伝来と其の弘通《ぐつう》』（以下『支那に於ける回教』と略称）の執筆に着手した。一九六四年に財団法人東洋文庫から、上下巻、千七百頁を超える大著となって出版される『中国における回教の伝来とその弘通』（以下『弘通』と略称）のもとになった原稿である。当初は思うように書き進まなかったが、苦悩、そして心機一転の末、その原稿は成る。その間の事情は、『弘通』に付された、一九四六年末の日付がある田坂の「序言」に詳しい。

『弘通』は、中国のイスラーム教ないしムスリムの歴史に関する、もはや古典的といってよい名著である。私も当該研究に携わる者の端くれとして、学部時代以来何度も繙いてきた。ただ、本論と関係のない「序言」については、最初に一回は読んだはずだが、その時もその後もあまり気に留めてこなかった。しかし今回、改めて読み返し、とくに上述の『支那に於ける回教』脱稿までの経緯が語られるくだりで、私は新鮮な感銘を受けた。かつては気付けなかった、田坂の研究者としての覚悟を、そこに垣間見たからである。

『弘通』が不朽となったのは、本論の学術的な価値の高さはもとより、その根底を支える魂にも起因していると思う。そこでまずは「序言」によって、この精神的根基に触れたうえで、以下、『弘通』の魅力、および同書をふまえた今後の課題を語ってみたい。

田坂興道の苦悩と覚悟

田坂がイスラーム教の研究を志したのは、一九三九年四月二日のことだった。東京帝国大学文学部東洋史学科を卒業して二日後、文部省教学局に就職した翌日のこと。白鳥庫吉と恩師の和田清から、時に東方文化学院で養成計画のあった「回教」ことイスラーム教の研究者に、その気があれば推薦すると言われ、即座に推薦を願った。卒業論文では古代ウイグルをテーマとし、イスラーム教については素人同然だったものの、「努力すれば何事も」というヒロイックな感情に多少支配せられて」、その研究の道に入ることを決めた。

同年五月三十一日、文部省を辞して、東方文化学院研究嘱託（翌年、同院研究員）となった田坂は、自身の研究指導役の池内宏から「支那に於ける回教の伝来と其の弘通」という研究題目を与えられるや、尋常ならざる努力でこれに邁進した。関連の基礎知識や語学の習得から始めて、三年と数ヵ月。すでに関連史料を能うかぎり渉猟し終え、成果報告の構想もほぼ固まっていた。実に超人的な進捗である。しかしその構想を形にする段になって、快進撃は止まった。田坂は「序言」で、その時の心境をこう述懐する。

執筆の前途には忽ち不安の黒雲が立塞がつた。いま考へて見ると、私は当時確かに功を急ぎすぎてゐた様である。然し禍根はそれのみではなく、当時の私が、もっと大きな問題――戦争下における学徒の在り方如何――に悩んでゐた点にあったことは疑いない。

かれが問題の研究成果報告を執筆しはじめた四二年八月といえば、ガダルカナル島の戦い、米軍の本格的反攻が始まった時分。ちょうど満年齢で而立を迎えていた若き歴史学者は、学究に安穏として時局の困難を座視することの是非をめぐって葛藤していたようである。

「序言」はその後をこう語る。折しも南方占領地のムスリム関係の司政官にならないかとの勧誘を受け、日ごろの悩みを解決できると考えて、これに応じようとしたが、自身が研究指導を仰いでいた市村瓚次郎らの慎重な意見で、当職就任を断念した。後には師の配慮に感謝することになるが、しばらくは挫折に鬱屈として物書きどころではなかった。しかし、二、三ヵ月ののち、「心境は不思議なほど澄明となり」、著述に没頭するようになって、一九四三年十一月、ついに研究報告『支那に於ける回教』を書き上げたという。

この転回が何によるのか、「序言」は明言していない。しかし、一時的な国家的・社会的常識が求める「緊要」に奉仕するよりも、真に必要なものを捜すために悠久の問題に実直に向き合うことにこそ、かえって精神の安寧を見出したからではないだろうか。

『弘通』序論・序章「叙述の方針と其の範囲」によると、『支那に於ける回教』は、「体系的・総合的中国回教史の一部を叙述する用意の下に執筆されたもの」という。そして研究の主眼は、「回教が中国に伝来した過程と、それが中国社会に確固たる地盤を獲得し、独自の信仰共同体を形成した事情、換言すれば回教の中国における社会史的・思想史的発展の過程」の解明にあるとする。加えて、「中国における回教徒と非回教徒たる漢人との、所謂回漢対立」を「中国回教徒社会」の過去・現在・未来に関わる重要な問題と見なし、「各時代の漢人が、回教及び回教徒を如何に観察し、回教徒が漢人及び中国思想にいかなる態度を以つて臨んでゐたか」を「公平に考察した」という。さらに、「圧倒的優勢なる異教徒漢人の間に伍して、能くその信仰を固守し、能くその共同体を維持し、回教徒即回教民族の如き一箇独立の社会的連帯を形成してゐる事実」に純粋な驚愕と興味を表明し、「その特色あり、且つ強靭に結合された彼等の社会成立の過程」を考究することこそ「吾人の研究の最も主要な部分」ともいう。

たしかに『支那に於ける回教』の補正版たる『弘通』は、全くこの原版の「心構へ」のとおり、アジア各地からのムスリムの来華・土着化、中国ムスリム（漢語を話すムスリム）の社会の成立と展開をめぐる歴史的実態を、文献史料から実証的に跡付ける。とりわけ、彼らとその周囲との間で取り持たれた、異文化間交渉、マイノリティ・マジョリティ間の折衝という汎人間的な営みの具体的経験に、特別の関心を注ぎ、光を当てている。その光源には、時勢に拘束されず普遍的問題に当たろうとする田坂の志が燃えているようである。

『支那に於ける回教』の執筆当時、中国イスラーム教研究は、ともすれば国策への追従に堕する危険性があった。帝国日本は、対ソ防共、中国侵略のため、一九三〇年代には中国ムスリムの取り込み工作を本格化させていた[1]。そして、「序言」にも述べられているように、この動きにあわせて、国策に寄与することを第一義に、イスラーム教関係の研究所やイスラーム諸国との親睦団体が叢生し、東アジア関係の調査機関にイスラーム教を専門とする係が続々と設けられた。なかには曲学阿世の風潮もないではなかったようである。

ただし、「勢いの赴く所、当面の政治・経済問題や民族問題から次第に純学問的なテーマを追求する」傾向が優勢となり、「啓蒙的な、甚だしきは場当たり的な翻訳物や論者は次第に影を潜め、学問的にも注目に値する労作が漸次その数を増し」たというから、「純学問的」研究を行うことも不可能ではなかった。また、四〇年代には日本の対ムスリム工作の焦点が中国から東南アジアに移っていたことも[2]、国策から自由な中国イスラーム教研究を行うのに有利に働いただろう。

とはいえ、危急存亡の秋、当座の「役に立つ学問を」という世間の圧力は、今より遥かに、想像もつかぬほど強かったはずである。時流に飲み込まれそうになる自分を抑えて、「叙述の方針と其の範囲」にいうような、あの地道な人文学的真理探究にとどまるには、相当の覚悟があったに違いない。

その覚悟に思いを馳せつつ、『弘通』が実際に着実な文献学的考証に始終していたことを想起するとき、わたしは田坂の研究者としての姿勢に敬意を表さずにはおれない。しかもかれがその姿勢を通じて、時空に限定されない根本的な問題を過たず見据え、それに見事に迫っていたことを反芻するとき、わたしはその着眼・明察に強い憧憬を抱く。そして、だからこそ『弘通』が今なお色あせていないことに、納得するいっぽう、勇気づけられ、安堵と歓喜を禁じえない。

『弘通』の魅力

アジアの各地から中国に到来したムスリムが、史上幾多の民族や宗教を同化してきたその社会に根を下ろして世代を重ねるなか、中華文明とある程度折り合いをつけながらも、しかしその社会・文明に完全には埋没せずに固有の信仰を守り通した結果、漢語を話すムスリム――田坂が「中国回教徒」と呼び、今日は「中国ムスリム」と呼ばれる集団――が形成される。『弘通』はこの「中国回教徒社会」ないし「中国ムスリム社会」の成立までの沿革とその後のある程度の推移を、はじめて体系的かつ実証的に明らかにした。その所論の概要は次のとおりである。

アジア各地からのムスリム移民は、唐代以来中国に流入し続けた。その末裔は、新たなムスリム移民を迎え入れるほか、漢人（非ムスリムである一般の中国人）との雑婚や、漢人子女の買い取り・養育、漢人改宗者の獲得によって同胞を増やした。かれらは、様々な程度で身体・言語・文化的に「漢化」しながらもイスラーム信仰は維持して自己集団を拡張しつづけた。そして、明代の中葉（十五世紀後半から十六世紀前半）には、高度に「土着化」を達成し、中国全土各地に独自の共同体を営むようになっていた。ここに、中国ムスリムという集団、中国ムスリム社会が出現したと見なされる。この経過と並んで、中国ムスリムは、中華文明にまつろわぬマイノリティとして、漢人社会との対立を招来したが、やがては漢人社会ないし中華文明との融和に尽力するようになった。その流れの上で明末清初（十七世紀半ば）には、中国ムスリムのあいだに「漢文回教文献」が著述されるようになった。「漢文回教文献」とは、イスラームの教理を漢化したムスリムに再注入すべく、あるいは非ムスリムの漢人に正当なものとして容認させるべく、アラビア語・ペルシア語イスラーム文献の内容を、中国伝統思想の表現を交えて漢語で説明したものである。また、ムスリムの来華にともなって、イスラーム文化（とくにペルシア語文化圏のそれ）の一部も中国で受容され、なかでもイスラーム天文学は明王朝によって珍重されたが、最終的には明末にイエズス会士のもたらしたヨーロッパの天文学に優位を奪われた。

『弘通』はこの歴史的経緯の全体を、アジア東西を覆う遠大な視野で捉えつつ、かつ実に綿密な考証の積み重ねによって追跡しようとする。常人ならば二律背反だが、田坂はこれに果敢に挑戦した。ここに、『弘通』の魅力のひとつが存する。

その視界の広さについて言えば、同書は、東は中国から、西はイスラーム揺籃の地たる中東までを見渡し、中国ムスリム社会成立の前提となる東西交流やムスリム東漸の様相を把握しようとする。その際、中国のほか、とくに同地に隣接する東南アジアや中央アジアについても重点的に吟味する。そして、中国以外の地については、基本的に日中英仏独文の先行研究に依拠するものの、可能な場合は、漢文史料を駆使して検証を行ってもいる。

『弘通』の文献学的な精緻さについて言えば、その博引旁証ぶりは驚異的ですらある。たとえば、唐宋、遼金、モンゴル、そして明朝、各王朝下の中国におけるムスリムの分布・活動状況の調査では、様々な漢文史料の原文のほか、翻訳によってではあるがアラビア語やペルシア語の史料、ヨーロッパ人の旅行記なども利用し、丹念に関連記述を洗い出している。中国ムスリムに関する歴史記録は、まとまったものが乏しく、ほとんど各種史料に断片的に散在するのみだが、それらを余すことなく網羅しようとするかの勢いがある。

分散したデータの収集にたいする田坂の情熱と労力は、関連史料が零細な状況の中にあってなお、統計にもとづく確かな議論を可能にした。すなわち、中国ムスリム社会成立の時期とその背景を見定めるために、かれは次のような手順を踏んだ。まず、イスラーム諸国や中国北方のモンゴル・オイラトの方面から明朝中国へのムスリム使節の通好や外国人ムスリムの帰化に関する記録を、『明實録』の膨大な記述の中から抽出し、統計をとり、それらの動向が成化年間（一四六五〜一四八七年）頃から低調になることを証明する。加えて、中国ムスリムの高度な「土着化」を示唆する、大規模なムスリム流賊（回賊）発生の諸事例を、やはり『明實録』から拾い出し、その現象が同じく成化年間に端を発することを突き止める。ムスリム移民の減少と回賊の発生とはそれぞれ、中国ムスリム社会成立の原因と結果である。かくして『弘通』は、中国ムスリム社会成立の開始期を十五世紀後半とし、その背景のひとつに新来のムスリム移民の減少を数えるのである。この議論は、田坂の研究の核心部分にして白眉といえるだろう。

もうひとつ『弘通』の魅力を言えば、こうした出来事の解明に加えて、心性や思想の問題にも鋭く切り込んでいることである。田坂は、前節でも触れたが、中国ムスリム社会成立に、中国ムスリムと漢人との関係や、両者の相互認識が強く作用していたと考え、この問題に多大な関心を寄せ、実際に多くの紙幅を割いている。異文化間接触という人類史に共通の現象が、中国ムスリムと漢人との間で具体的にどのように繰り広げられたか、その心理的側面を深く洞察したこの部分は、『弘通』のもうひとつのハイライトと言ってよい。

なかでも、中国ムスリムが漢人や中国伝統思想とどのように対話したかを知るべく、いわゆる「漢文回教文献」に分け入っている点は、先駆的な試みとしてとくに注目される。

『弘通』を越えて

東方文化学院に提出された『支那に於ける回教』は、一九四四年一月に審査をパスし、出版を許可されたが、まもなくして田坂は不運にも病に倒れ、そうこうするうち出版の話は立ち消えとなった。そしてその計画はついに果たされぬまま、一九五七年、田坂は四十六歳の若さでこの世を去る。『支那に於ける回教』の遺稿が『弘通』として和田清らによって上梓されたのは、結局、一九六四年のことだった。『弘通』の叙述は、中国ムスリム社会の成立期ということで中国イスラーム史上の一大画期と目される明代までで終わっている。中国イスラームの通史を構想していた田坂は、次いで清代の中国ムスリム社会や彼らの思想について研究するつもりでいたらしいが、その仕事は未来に託された。

『弘通』が江湖に問われてから約半世紀、今後の中国イスラーム・ムスリム研究は、田坂の業績をどのように引き継ぐべきか。もちろん、清代、そして近現代の中国ムスリムに関する知見を増補して、中国イスラーム史全体の通時的・体系的な見通しを得ることが、まずは必要である。これに加えてわたしは、とくに以下の二点を挙げたい。

第一に、アジアあるいはユーラシア全体を眺める視点から中国イスラーム史をさらに掘り下げること。田坂は、中国イスラーム史を中国史およびイスラーム世界史の全体との相関のもとに叙述することを己に課したが、我々はこの方針をさらに推し進める必要がある。

たとえば、かれは中国ムスリム社会成立の背景として、十五世紀後半からの新来ムスリム移民の逓減を指摘し、さらにそれを促した要素として、明朝の貿易制限、ヨーロッパ勢のインド洋以東への進出、イスラーム世界の積極性の喪失などを挙げるが、このうち少なくとも最後の点は、あまりに具体性を欠くため、さらなる検討を要する。たしかに、オスマン朝下では、十六世紀初頭にアリー・アクバル・ヒターイーが『中国の書（ヒターイ・ナーマ）』を著し、また十六世紀後半にセイフィー・チェレビーが十六世紀の中国の状況についていくらか述べて以降、近代まで、イスラーム世界では、そのような中国に関する目立った著作が現れなくなり、ちょうどその時期を境として東方への関心が相対的に低下するように見える(3)。それを積極性の喪失と言うべきかどうかはともかくも、このようなイスラーム世界における中国の存在感の希薄化は、同時期に中国ムスリムの「土着化」が急速に進むことと何か関係があるかもしれない。しかし、これらの変調が十六世紀のアジア東西で生じたのは、田坂の指摘したヨーロッパの台頭のほか、ユーラシア規模の様々な要因の複合によるものであろう。この絡み合いをじっくり解きほぐさなければ、問題の二つの現象の関係はもとより、中国ムスリム社会成立の背景は十分には見えてこない。

そもそも中国ムスリムは、前近代においてさえイスラーム文明と中華文明の双方と密に関わり、さらにキリスト教への対抗意識を燃やすなど、西洋文明とも無縁ではなかった。彼らの存在・活動・思想は、いつもユーラシア東西の歴史的な動きの攪拌が生み出した様々な潮流の衝突地点で渦巻くように展開してきた。それゆえ中国イスラーム史研究では、この海面全体を巡視し、ときには飛び込んで海中の様子を探ることも必要になる。

第二に、中国ムスリム社会の成立・発展・変化と連動する、異文化間交渉の実相のさらなる究明。田坂は、中国ムスリムと漢人との対立・融和の経歴をとりわけ熱心に追究したが、このような研究が優れて普遍的であることは明白である。実際、その一環でかれが先鞭をつけた「漢文回教文献」の研究、とくに中国ムスリムが非イスラーム的な漢人社会や中華文明にどう応対したかという問題の吟味は、今や国際的に中国イスラーム研究の最重要テーマのひとつと目されている。また、中国ムスリムが中国社会に軸足を置く立場で、イスラーム世界中核地域のムスリムにどう対峙し、彼らによって育まれたイスラーム思想にどう反応したかという問題の考察も、今後は必須である。そして、最終的には、これら中国ムスリムと「他者」ないし「他文化」とのやり取りの様態が、通時的にどう展開したか、さらに歴史的背景や文脈に応じてどう変化したか、ということを浮き彫りにせねばならない。ときにムスリムとなり、ときに中国人となり、あるいはまた別の何者かとなって、自他の間柄を調整することで存続してきた中国ムスリムの生き様は、類似のものがあらゆる時空の人間社会で観察されるだろう。そのような人間行動の理解こそは、人類史上そして現代世界に遍在する「他者」との衝突や共存を読み解く鍵であり、多文化共生の社会を実現する礎となるはずである。

そして、この第二点目の研究課題の遂行こそは、とくに田坂の根本精神を継承することを意味する。過去の或る時空の事象から、悠久の人間普遍を見つめること。それはまた、歴史学の醍醐味そのものでもある。

［上下巻、東洋文庫、一九六四年］

（1）安藤潤一郎「日本占領下の華北における中国回教総聯合会の設立と回民社会――日中戦争期中国の「民族問題」に関する事例研究へ向けて」（『アジア・アフリカ言語文化研究』第八七号、二〇一四年）、二二―八一頁。

（2）臼杵陽「戦時下回教研究の遺産――戦後日本のイスラーム地域研究のプロトタイプとして」（『思想』第九四一号、二〇〇二年）、一九一―二〇四頁。

（3）Pinar Emiralioğlu, *Geographical Kuswledge and Imperial Culture in the Early Modern Ottoman Empire*, Farnham (England) and Burlington (USA): Ashgate, 2014, pp. 128–129.

研究対象を知り尽くす
松尾尊兊『民本主義と帝国主義』

小野容照

帝国日本の大正デモクラシー

「民本主義」という言葉を高校の日本史の授業などで耳にして、なんとなく知っているという人はたくさんいるだろう。あるいは、戦前の日本に大正デモクラシーという時代があって、その標語が「民本主義」で、これを提唱したのが吉野作造（最初にこの言葉を使ったのは別人だが）だったこと、さらには受験に出るからという理由で、天皇機関説の美濃部達吉とセットで、吉野が一九一六年に発表した「憲政の本義を説いて其有終の美を済すの途を論ず」という論文の題名を暗記させられた経験を持つ人も一定数いるに違いない。

本章で取り上げる松尾尊兊著『民本主義と帝国主義』は、大正デモクラシーの旗手だった吉野作造に関する本である。ただ、書名にあるように「帝国主義」を扱っている点が特徴である。

大正デモクラシーについてごく簡単に説明しておけば、民本主義はデモクラシーの訳語である。戦前の日本は天皇主権だったため、民主主義を主張することは難しい。そこで主権が天皇か国民かは置いておき、政治は国民を本位にして執り行われるべきというのが民本主義の考え方であり、こういったことが先の吉野の論文に書かれている。この民本主義がブームとなり、女性解放、普通選挙運動といった各種の社会運動や、自由主義的な思想が盛り上がったのが大正デモクラシーの時代で、戦後民主主義の起源のひとつでもあることから、多くの研究がある。

一方で、当時日本は植民地として朝鮮を支配し、第一次世界大戦の勃発以降には中国進出を本格化させていた帝国主義国家であった。大正デモクラシーは日本国内においては画期的な時代だったとして、それでは、吉野作造を中心とする日本の知識人たちは、当時、朝鮮や中国とどう向き合ったのか。こうした観点から大正デモクラシーを論じたのが『民本主義と帝国主義』である。そのため、日本史の学術書でありながら、東アジア史の研究として読めるのが、本書の魅力のひとつである。

世話好き吉野と東アジア

この本の著者である松尾尊兊（一九二九〜二〇一四年）は、日本近現代史の研究者であり、とくに大正デモクラシーと吉野作造に関する著作を何冊も世に送りだした。大正デモクラシー期に民本主義を提唱した知識人たちが、帝国主義とどう向き合ったのかという問題意識は松尾の著作に一貫しているが、そのなかで帝国主義に最も着目したのが『民本主義と帝国主義』である。

なお、私の専門は朝鮮近代史、とくに植民地時代の朝鮮の民族運動を研究してきた。日本史研究者でない私が本書を手に取るきっかけとなったのは、朝鮮に関する叙述が多いからであった。しかし本書は、単に自分の必要とする情報が得られること以上の魅力を秘めている。以下、簡単に内容を紹介しよう。

本書は一九九八年に岩波書店から刊行されたが、著者が一九六〇年代から発表してきた論文のなかから、大正デモクラシーと帝国主義に関するものを集成したものである。そのため、一冊の書物としての統一性はやや欠けており、重複する叙述がある。とはいえ、内容については、初出論文に加筆されており、一九九八年時点での最新のものとなっている。

本書は、「吉野作造と東アジア」「日本プロテスタントと朝鮮」「関東大震災下の朝鮮人虐殺事件」「『東洋経済新報』の帝国主義批判」の四部で構成されている。

本書の核となるのが、第一部の「吉野作造と東アジア」である。大正デモクラシーの時代には、一九一九年に中国で五四運動、朝鮮で三・一独立運動が勃発する。このふたつの事件を中心に、当時の日本の知識人が朝鮮と中国をどう認識していたかを、吉野作造を軸として分析したものである。

日本国内での民主主義的な政治を求める民本主義と、他民族、他国を支配する帝国主義は、当時は矛盾するものではなかった。日本の知識人の多くは他者を支配していることに無自覚で、自国では民主主義や自由を求めても、支配されている他者の自由を認めようという意識が希薄だったからである。そのため、自分たちの運命は自分たちで決定するという民族自決主義を背景に、日本に奪われた中国大陸の利権を取り戻そうとした五四運動や日本からの独立を目指した三・一運動も、暴動として認識された。

そうした状況のなかで、吉野（とごく一部の知識人）は、日本に留学していた中国人や朝鮮人との出会いを通して、朝鮮や中国のナショナリズムに理解を示すようになり、彼らとの交流も積極的に行った。著者は吉野を「朝鮮民衆の数少ない友人の一人」と評価している。

吉野と朝鮮人との出会いについては後述するが、この第一部で興味深いのは、吉野の日常生活にも一章を割いて論じていることである。私は朝鮮の知識人や民族運動家を研究しながら、彼らは普段どうやって生活していたのか、思想や政治的傾向はともかく、人間的にはどんな性格だったのだろうか、といった素朴な疑問を抱くことがある。こういった日常生活に関しては史料自体が乏しいし、明らかにできたところで、民族運動史や思想史の本筋にはそれほど影響しないので、研究の優先順位はどうしても低くなりがちである。

一方で本書では、第一章の「吉野作造の生涯」で、吉野の月々の収入がいくらあったとか、どのくらい忙しかったとか、さらには趣味や性格まで論じられている。もちろん、こうした研究が可能なのは、たとえば収入の場合、吉野が東京帝国大学の教授だったため（一九二四年に辞職して、朝日新聞社に入社する）、大学からの月々の給与がある程度わかることもあるが、何よりも日記が残っていることが大きい。吉野は日記に収入を記しており、雑誌などに寄稿した際の原稿料や講演の際の謝礼の額もわかる。吉野の収入はかなり多かったようで、伊豆に別荘を持っていた。

細かな収入を日記に記していることからも吉野が几帳面だったことがわかるが（ただし支出については書き残さなかった）、本書は彼の性格も分析している。吉野は人と接するのが好きで、毎週金曜日の夜は知人や友人と面会することにしていた。また、義理堅く、世話好きで、東京帝国大学の学生や後輩が団体をつくるとその面倒をみていた。趣味は少年時代から芝居が好きだったが、次第に芝居熱が衰え、古本収集に没頭していった。講演や執筆、さらには大学の講義で多忙を極めるなか、多いときには月に十六回も古本屋めぐりをしていたという。

本書はこのように吉野の性格を把握したうえで、中国人留学生や朝鮮人留学生との交流を明らかにしていくのである。先述したように、その背景には吉野が中国や朝鮮のナショナリズムに理解を示していたという思想的傾向がある。それと同時に、この第一章の存在によって、人と接するのが好きで、また世話好きの吉野が中国や朝鮮の留学生と親交を深める風景を想像しながら読めるようになっている。

続く第二部「日本プロテスタントと朝鮮」と第三部「関東大震災下の朝鮮人虐殺事件」は、吉野と朝鮮との関係から派生した研究である。

吉野はクリスチャンであり、彼が属していた宗派の日本組合基督教会（現・日本基督教団）は、一九一〇年に朝鮮が日本の植民地になって以降、朝鮮を統治する朝鮮総督府の支配政策と連携しながら同地で伝道を行った宗派である。第二部「日本プロテスタントと朝鮮」は、こうした帝国主義と結びついた日本組合基督教会の朝鮮伝道の諸相を解明したものである。吉野との関連でいえば、日本組合基督教会は朝鮮で伝道するにあたって朝鮮問題研究会を組織しており、これに参加したことが、吉野と朝鮮との最初のつながりであった。その頃の吉野は、朝鮮人は国を治める実力がないため日本の支配が必要だという考えだったが、次第に朝鮮のナショナリズムを重視するようになり、日本組合基督教会と袂を分かっていく。それでもなお、吉野は日本組合基督教会の関係者が選挙に出馬すると応援演説にかけつけたり、病気になるとお見舞いにいったりと、やはり義理堅かった。

第三部「関東大震災下の朝鮮人虐殺事件」は、一九二三年の関東大震災の際の朝鮮人虐殺の経緯や実態を解明した先駆的研究である（初出は一九六三年）。吉野はこの事件について厳しく批判しており、また朝鮮人留学生を匿ったりしていた。

最後の第四部「『東洋経済新報』の帝国主義批判」は、戦前の日本で帝国主義を終始批判し、植民地の放棄をも主張していた『東洋経済新報』の主幹で、戦後に総理大臣になる石橋湛山の思想を扱ったものである。

二つのアプローチ

私が朝鮮近代史の本や論文を書くときに重視していることは、朝鮮史以外に関心を持っている人にも興味を持ってもらえるような内容にする、ということである。もう少し具体的にいうと、朝鮮民族運動は朝鮮半島だけでなく、日本や中国など世界各地で展開されており、各々の民族とのあいだには交流や影響関係があった。それを解明することは朝鮮史の発展につながるのはもちろんだが、朝鮮史研究の立場から、日本史や中国史に対しても新しい知見をもたらすことができるし、そうすることが、朝鮮史の専門家以外の人に興味を持ってもらう一番の近道だと考えている。

こういった発想自体は、グローバルヒストリーという用語が定着している今日の歴史学では少しも珍しいものではない。しかし、自分が専門とするフィールド以外の国や民族の歴史に立ち入って研究するのは、とくに史料の収集や分析に言語の壁が立ちはだかるため、決して容易いものではない。私自身、うまくいかないことのほうが多い。

『民本主義と帝国主義』の魅力のひとつは、とくに第一部「吉野作造と東アジア」で、吉野作造と中国、朝鮮との関係を日中朝の史料を使って、東アジア史として描いていることである。

以下、朝鮮に論点を絞って説明すると、吉野が三・一独立運動をどのように認識していたのかを解明することは、日本語史料だけでも可能である。もちろん、本書のもととなった論文が書かれた一九六〇年代はいまと違って図書館の蔵書検索機能も充実していなかったから史料収集には手間がかかるし、それを分析することも簡単ではないが、史料的には日本語のものだけで事足りる。また吉野の場合、日記につつ、朝鮮人留学生の誰と会ったのかを記してある。そのなかには朝鮮独立運動を取り締まっていた日本の警察の史料に登場する人物もいるので、吉野がどういった立場の朝鮮人と会っていたのかも調べられる。

しかし、吉野は日記に朝鮮人留学生との具体的なやり取りについては記さなかった。したがって、日本語の史料にのみ依拠した場合、いわば吉野と朝鮮人留学生という点と点を線で結んだにすぎない。『民本主義と帝国主義』はそこから分析を一歩進めて、吉野と親交のあった朝鮮人留学生側の朝鮮語史料を使って、両者のあいだにどのようなやり取りがあったのか明らかにして、できる限り結んだ線を面へと広げようとしている。

その結果、高給取りだった吉野が実は収入の一部を朝鮮人留学生への奨学金にしていたことや、留学生のあいだで支配者の日本人から援助を受けることが「裏切り行為」とみなされていたこと、そうした状況のなかで吉野の奨学金は「例外的に、いわばキレイな金」として受け取られていたことなどが、朝鮮人留学生側の史料からはじめて明らかになった。

ここで視点を朝鮮人留学生の研究に移せば、朝鮮語の史料からは留学生のあいだで吉野が「例外的」な人物だったことはわかっても、吉野が当時のほかの日本の知識人とどう違うのか、より具体的にいえば、吉野が朝鮮のナショナリズムの理解者だったから、吉野の援助を受けることが「裏切り行為」にあたらなかったということは見えてこない。

つまり、それぞれ個別に論じてしまうと決してわからない吉野と朝鮮人留学生の歴史的なつながりを双方の史料にもとづいて解明し、日本史だけでなく朝鮮史にも新たな知見をもたらしているのが『民本主義と帝国主義』なのである。中国人留学生についても同様の手法が用いられており、その結果本書は、日本史研究であると同時に、東アジア史研究としても読むことができる。

ところで、吉野が日記に奨学金のことを書かなかったのはなぜだろうか。著者によれば、それは吉野が「自らの功を誇らぬ」人物だからである。本書のもうひとつの魅力は、吉野の性格や人間性をも徹底的に分析していることであり、それが本書の叙述に深みをもたらしている。

たとえば、吉野は日記に給与や講演の謝礼などの収入源と金額を記し、毎年その合計額を計算していたが、著者もまた収入を再計算し、広島での講演の謝礼が抜けているとか、株式の配当金を忘れているとか、いくつもの計算間違いを指摘している。また、趣味についても、吉野が関西に講演に行った際、京都と大阪で講演を終えるとすぐに夜行で東京に戻って古書展を訪れ、再び夜行で神戸に移動して講演していた事実を見つけ出し、いかに吉野が古本収集に没頭していたかを明らかにしている。

このように本書は、さながら吉野以上に吉野を知り尽くしているかのような水準で、吉野の人間性を徹底的に分析している。その結果、史料の裏側を読むことに成功している。

吉野の政治的主張は、一見すると不徹底である。たとえば民主主義に関していえば、主権の問題を棚上げにした吉野に対して、美濃部達吉の天皇機関説は主権が法人としての国家にあると主張している。また朝鮮問題に関しても、石橋湛山が植民地の放棄を主張した反面、吉野は朝鮮の即時独立は明言せず、朝鮮人による自治を提唱したに過ぎない。

このように吉野は、彼が執筆した論説の字面だけを読めば、天皇主権論者であり、帝国主義の批判者でもなかったということになる。しかし、当時の日本で天皇機関説を主張すれば危険思想所持者の烙印を押されかねないし、植民地の放棄を主張すると出版法に抵触するおそれがある。吉野が一見すると不徹底な主張をしたのは、政府や警察から危険視されるのを避け、民主主義の実現につながる普通選挙法や朝鮮の将来的な独立につながる自治を堂々と提唱するためであり、「婉曲な表現の中に吉野の真意」があった。

著者はこうした吉野の議論は「相手の土俵の中に入り、相手の論理を逆手にとって勝負する……吉野独特のもの」だったと説明する。本書を読むとき、私はつい相手の土俵で相撲をとる吉野の姿を思い浮かべてしまうのだが、こうした絶妙な表現で「吉野の真意」を説明できるのは、政治的立場や思想から収入や趣味に至るまで、著者が吉野以上に吉野を知り尽くす努力を重ねたからこそであろう。事実、著者の研究によって帝国主義に妥協的だったという吉野のイメージは覆され、近年では韓国でも著者の研究が翻訳出版され(1)、読まれるようになっている。

研究対象との距離をどう取るか

これまで述べてきたように、私が『民本主義と帝国主義』に魅かれるのは、複数言語の史料を使って研究対象とする国の歴史をグローバルに描く面白さに溢れていることと、研究対象とする人物の人間性に深く入っていって、史料の裏側を読み解いていることである。

私はとくに前者のグローバルな歴史研究に魅かれ、朝鮮民族運動を対象にそれを実践すべく研究してきた。他方、後者の研究対象とする人物の人間性に深く入っていく研究はしていない。それは朝鮮の知識人の場合、吉野のように日記があまり残っていないという史料的制約もあるが、それ以上に、研究対象との距離を近づけすぎることにより、見落としてしまう事実もあるのではないかと考えるからである。

本書で描かれる吉野像は、多くの日本の知識人が「帝国主義の毒素」におかされるなかで、そこから脱し、批判し得た人物で、性格も「自らの功を誇ら」ず、世話好きで、人と接するのが好きな聖人君子のような人物である。こうした評価に異議を唱えるつもりはないけれども（吉野の性格のマイナス面に言及がないことは気がかりだが）、吉野を基準として当時の日本の知識人を評価してしまうことにより、いわば敵として描かれる「帝国主義の毒素」におかされた日本人と朝鮮人留学生との関係が見えにくくなっている。

朝鮮のナショナリズムに無理解な帝国主義者であっても、世話好きで、人と接するのが好きな日本の知識人はいただろうし、実際、こうした人物の援助を受ける朝鮮人留学生も存在していた。朝鮮人留学生や彼らの民族運動は、必ずしもナショナリズムへの理解があるか否かのみを基準に日本の知識人と接触していたわけではなく、友好的な人物であれば利用せんとするしたたかさを持っており、両者の関係は複雑だった。

こうした複雑さは、ある特定の人物に深く入りこむと抽出できなくなってしまうというのが私の立場である。しかしその一方で、研究対象の人間性に迫って史料の裏側にある「真意」を読み取りたいという思いも強く残り、本書を読み返すたびに、研究対象との距離の取り方の難しさを痛感させられるのである。

（1）　本書ではないが、朝鮮人留学生の問題も扱っている松尾尊兊『大正デモクラシー』（岩波書店、一九七四年）は、二〇一一年に韓国で呉錫哲の翻訳によってソミョン出版から出版された。

［みすず書房、一九九八年］

色褪せぬエコロジーの真髄を辿る

渡辺善次郎『都市と農村の間――都市近郊農業史論』

三俣延子

歴史から未来を展望する

二〇一八年の五月、環境省が第五次環境基本計画を公表した。この最新の基本計画の中でもっとも重要なキーワードのひとつが「地域循環共生圏」である。これは、「農山漁村も都市も活かす、我が国の地域の活力を最大限に発揮する考え方」であり、具体的には、「各地域がその特性を活かした強みを発揮し、地域ごとに異なる資源が循環する自立・分散型の社会を形成しつつ、それぞれの地域の特性に応じて近隣地域等と共生・対流し、より広域的なネットワークを構築していくことで地域資源を補完し支えあう」というものだ。

まさにこの、都市と農村の間の循環を基軸として、社会全体の変革の必要性を訴えた名作が、三十五年前に刊行された渡辺善次郎著の『都市と農村の間』にほかならない。著者はいう。「エコロジーと農業を基礎とする新たな文明社会への展望は、単なる大都市の空間的分散や旧来の農業への回帰ではなく、都市はもちろん、農業それ自体についても、その根底的な自己変革を求めているのである」（三八四頁）と。合計約四百ページ、序章と終章を合わせると八章からなる大作であるが、著者がこの変革の必要性について論じたところは、序論の一部と終章だけである。なぜか。答えは簡単だ。この本が、環境政策の本でも、エコロジーの本でもなく、古代から現代までの都市と農業の関係性の変遷を論じた歴史書だからである。その著作の約九割は、膨大な史料をもとに展開される歴史秘話であり、この重厚な歴史分析があるからこそ、変革の必要性というその結論には揺るがない説得力がある。

「循環」や「地域」が、あるいは「都市と農村」がまた重要な概念となって世の中に再登場している今こそ、著者の言葉を借りてここに記そう。自然の営みに基礎を置く新しい歴史学のパラダイムの構築をめざすという「これらの思潮が、これまでに幾度となく点滅を繰りかえしてきたユートピアの幻想に終わらないためには、現代における都市文明、都市化、都市・農村関係の本質を大きな歴史的視野の中で、改めて問い直す努力が必要であろう」（二一五頁）。まさにこれがこの著作の主題である。この言葉は三十五年経過したところでなんら色褪せることがない。根底に流れる主題の普遍性。これがこの著作の最大の魅力である。

史料探しは重箱の隅まで

著者の言葉を引用すると、「本書の課題は、都市との関連において、古代から現代までを通した近郊農業の史的展開過程を、出来る限り海外における歴史過程と併せて相対的に把握することである。この通史的・世界史的座標軸の中で、とくに都市と近郊農村とを結ぶ農産物需給と、都市廃棄物をめぐる物質循環に中心をすえて、それらの史的変遷をたどってみたい。前者では野菜、後者では下肥を主な対象に置く。それらの動向が、もっともよく都市と近郊農業との歴史的関係を象徴していると思われるからである」（三〇頁）。この課題を解くために、著者は、古文書など対象となる時代に記された古い一次史料のみならず、それらの史料をもとにして記された図書や論文といった二次史料まで、くまなく参照し、史実の解明にあたっている。

実は著者は、国立国会図書館の調査立法考査局の調査局員として、農業関係の調査研究を行っていた。国会図書館は、真理にもとづく政治を目指して立法のブレーンになるべく七十年前に設立された、国会に属する図書館である。また、国内で発行されたすべての出版物はこの国会図書館に納入することが義務付けられている。著者は、この膨大な出版物にあたりながら、少しでも関連があると考えられる文献について、地域、時代、学問分野を限定することなく、研究を深めた。結果、一九八一年までに刊行された文献については（わたしたちの想像力を掻き立てる絵画も含め）、この本がおそらくすべて網羅している。この本自体がまるで図書館だ。参考文献の豪華さがこの著作の魅力のひとつなのである。

序章では、都市と農村の、とくに田園都市の議論についての入念なサーベイが記録される。古典的な必読書ともいうべきエベネザー・ハワード『明日の田園都市』（一八九八年）をはじめとする欧米での研究の展開を追い、それとほぼ時間差なく導入された日本における田園都市論についても、横井時敬や河上肇らの文献を紹介している。都市と農村の接点にたつ都市近郊農業の研究は歴史学の分野ではまだ業績の蓄積が少ないことを指摘しながらも、歴史系の学会で開催されたシンポジウムの特集にまで言及する。また、研究の関心対象が、封建社会における資本制的商品生産の萌芽や階級関係の形成である（つまり都市と農業地域の物質循環ではない）古島敏雄らの農業史研究をも、都市近郊農業研究の先達として紹介する。古典から最新の到達点まで余すところなく採録しようという先行研究への深い敬意と熱意が伝わってくる。

本書には、不朽の名作ともいえる書物が多数引用されている。著者の問題意識から引用されてしかるべきカール・マルクス『資本論』。古代の集約園芸に言及していたマックス・ウェーバー。古代エジプトの諸都市と灌漑農業についてはヘロドトスや旧約聖書。古代ギリシアの肥料や糞尿処理についてはホメーロスやアリストテレス。古代中国については司馬遷『史記』や中国最古の農書『齊民要術』といった具合だ（いずれも主に序章）。また、日本の古代については、『延喜式』『風土記』『日本書紀』といった歴史書から、都市の経済や食料問題、あるいは廃棄物処理についての記録が引用されている（主に第Ⅰ章）。このように、著者は、数々の古典のなかに埋もれていた「都市と農村の間」に関する記録を見出しては、ひとつひとつを丁寧に紡いでいる。読者は、都市と農村の関係史という著者のファインダーを通して、これまでとらえられなかった古典の別の魅力も味わうことができるのである。

さて、このように、この本には数百という文献が引用されているのであるが、残念なことに、巻末に参考文献の一覧が掲載されておらず、不便を感じる。この本の唯一の弱点である。

「元祖は江戸」という誤解

エコロジカルな都市や循環型社会の事例として、一般的に江戸時代における江戸の町が代表例として挙げられることが多い。というよりも、いまや一般常識となった感もある。このアイデアは、一九七〇年代から八〇年代に始まった、小規模地域における有機的な物質循環の重要性を検討する議論にまでさかのぼる。当時の主要な文献としては、エコロジカルな経済社会の在り方を描いた図書として『エネルギーとエントロピーの経済学』、エコロジカルで持続可能な地域社会の概念図である「江戸モデル」や「クローズド・ループ」に関する初期の論文などがある。[1] わたしたちは、江戸時代あるいは江戸の町が、エコロジカルな都市の元祖であるという印象を持つ。

それゆえに、この本の大半が江戸時代の江戸について書かれたものだろうとつい予想しがちだが、実はそうではない。江戸については、第Ⅴ章、第Ⅵ章、第Ⅶ章の一部に記述され（後述）、それ以外では他の地域を論じている。たとえば、中世都市と近郊農業を論じた第Ⅱ章では、京都と畿内各地における野菜の生産と商品化の進展に多くの紙面が割かれている。なぜなら、都市近郊農業は、江戸よりも先に都市の確立した京都や大阪において誕生したからである。

さらに、京都の史料を解読した結果、下肥利用の開始については、至徳二（一三八五）年の室町幕府の禁制や大永五（一五二五）年頃の作といわれる町田家本『洛中洛外図』にまで遡れると考察している。つまり、江戸時代、もしくは江戸の町の誕生をきっかけとして、突如として都市と農村の間の有機的な循環が始まったのではなく、古代から中世における都市の発達と商品化経済の進化という絶え間ない史的変遷の一到達点として、当時の日本を代表する都市であった京都において、それが芽生えたことが明らかになる。そして、中世の後期は、「全国各地の農村聚落の中から自然発生的に本来的都市の萌芽が一斉に生成してきた時代である。そしてまたそれは、都市食料の生産・供給を通して近郊農業が成立し、それに対する都市屎尿の還元という、都市と農村を結ぶ物質循環構造の原型が漸く形成されはじめた時代でもあった」と総括している（一一七頁）。

一般書籍やメディアなどでは「江戸はエコ」であったことがあまりにも強調され過ぎてきた。それゆえに、都市と農村の物質循環の原型が中世の関西地方にみられたことや、江戸時代の他の都市にもまた同様の歴史が存在したことが、見逃されがちだった。地域やローカルの自主性が見直されている現代だからこそ、全国の城下町の都市と農村をめぐる関係史を今一度振り返る必要がありそうだ。

近世の記述は第Ⅲ章から始まる。まず第Ⅲ章で、中世まではほとんど畿内地域に限定されていた都市近郊農業が全国的に展開される状況を論じ、第Ⅴ章以降で展開する江戸における農産物と下肥の市場取引の議論の基礎となる農業事情についても総括する。さらに、第Ⅳ章では、京都、江戸やその他の近世諸都市の近郊農業における地域的分業つまり特産地域の成立について論じる。「都市を中心にして、隣接地域に野菜地帯、外周産地に燃料地帯、その中間に各種の商品作物地帯が展開するという地域分業のパターン」が各都市周辺に共通した特徴であると結論づけている。さらりと記された総括でありながら、現代の環境政策が目指すようなエコロジカルな都市と農業地域との関係を具体化するうえで、非常に重要な指摘である。

近世から未来へ

とはいえ、本書の中心はやはり江戸にある。先述したとおり、江戸の町の記述は、第Ⅴ章、第Ⅵ章、第Ⅶ章が中心である。いずれも、一九五〇年代から七〇年代にかけて刊行された『練馬区史』『葛西志』『江戸川区史』『新修世田谷区史』などを引用しながら議論が展開する。第Ⅴ章第一節における江戸近郊の野菜生産の項目では、江戸近郊の野菜産地を地理的条件から東西に分けたうえで、江戸東郊三十四村ならびに西郊二十八村について、各村が生産した野菜の商品名、出荷先、年次とを一覧表にしている。表の作成のために用いられた資料は二十三冊。著者はこの表から、東部では江戸川を少し越えたあたりが野菜圏と穀類の供給圏との境と考えている。また、西部については、東部に隣接する豊島郡のうち江戸の都市部に隣接する地域が野菜生産の中心地であり、外側には大根地帯が広がること。また、野菜生産の外円は、年代を経て拡大したこと。さらに、水運の面から多摩郡では商品野菜地帯が小範囲にとどまったことや、江戸の近郊と神奈川宿の近郊との境界などが次々と明らかにされる。

第Ⅵ章は、都市野菜の生産と消費の橋渡しをした青物商や青物市場の展開について述べている。つまり、商品としての都市野菜の流通に焦点を当てて、経済システムを解明しようとするものである。これは、大阪の野菜と下肥の取引を論じた、小林茂『日本屎尿問題源流考』において採られた手法と一致する(2)。都市近郊の野菜と下肥取引の経済史を論じるうえで欠かせない先行研究が、ともにこの一九八三年に刊行されている。

続く第Ⅶ章は、まずは、国内外の古典から下肥利用の全体像を映し出す。ルイス・フロイスの『日欧文化比較』、エンゲルベルト・ケンプェルの『江戸参府紀行』。さらに、『百姓伝記』『会津農書』『耕稼春秋』など各地の農書、日本最古の農書『清良記』、総論的な宮崎安貞の『農業全書』、肥料の専門書『農稼肥培論』『培養秘録』などなど。下肥利用をテーマとして論文を書く者であれば、本書で紹介された国内外の古典を読み直したいと強く思うだろう。

さらに、江戸近郊の下肥利用についても詳細に描かれる。江戸の農村を東郊、西郊、南郊、北郊と四分割し、それぞれ『葛飾区史』『市川市史』、『上練馬村明細帳』『町田市史』、『目黒区史』『神奈川県史』、『武蔵国村明細帳集成』など二十数冊の史料をもとに約七十の村で利用されていた肥料の種類、年代、江戸からの距離をそれぞれ表として整理している。また、「下掃除」といわれた下肥の回収ならびに流通過程については、大名屋敷と近隣の有力農民との間で実現された上納品と下肥の物々交換や、長屋の借家層を含めた町家と一般農民との間での現金取引を中心に詳述している。

序章、第Ⅱ章、第Ⅳ章、第Ⅶ章、終章には海外の事例が補論として掲載される。特に第Ⅶ章では、欧米先進国では下肥利用は存在しなかったという誤解に対して、中世以降を対象に、典型的な事例としてのフランドル地方のほか、イタリア、イギリス、ドイツを例示しながら、訂正を加えている。そして、「下肥利用が始められた時期からいえば、むしろ中国や日本などよりはるかに早かった」という重要な指摘がある。そのうえで、近代都市が成立するなかで都市衛生の確保が重要視された結果、下水道の完備と下肥との決別に至るという、西洋史上欠くことのできない都市と農村の変遷を簡潔に記している。

この本は、終章二節「東西比較」で幕を閉じる。そこでは、基本的に畜産と連携することで田畑の肥料資源を自前の牛馬糞に求めてきた西欧の農業と、農業内部での肥料資源の確保が難しかったため常に外部からの肥料の獲得に依存してきた日本の農業が対比される。結果、日本の農業の資源略奪的な一面が暴き出されるのである。つまり著者は、下肥の利用を手放しに礼賛しているわけでは決してない。戦後における化学肥料の輸入への依存体質が、実は、この下肥利用の延長線上に存在することを示しているのである。こうして、他国との比較においてはじめて、日本農業の一側面が明らかにされる。日本史と世界史の垣根を取り払って議論する必要性が高まっていることを読者に痛感させる一節といえよう。

本書は、歴史的に実在した都市と農村の間の物質循環について明らかにしながら、その現代的な意義を探求している。あくまで、議論の中心は、都市と農村の関係性の変遷である。しかし、膨大な史料を味方につけて、色鮮やかに展開するその物語は、わたしたちを未来の世界へ誘うのだ。歴史には関心があるが現在の生活にはこれといった問題意識のない人でも、現代社会に多くの不満と疑問を抱いているが歴史には関心のない人でも、その双方に、ぜひこの本を読んでいただきたい。なぜなら、著者が述べた通り、「歴史は現在を問い、未来を考えるためにこそある」（.ⅳ頁）からだ。

（1）　室田武『エネルギーとエントロピーの経済学――石油文明からの飛躍』（東洋選書、一九七九年）、玉野井芳郎他「永続する豊かさの条件」（サティシュ・クマール編『シュマッハーの学校――ほんとうの豊かさを考える』ダイヤモンド社、一九八五年）、内田星美「江戸時代の資源自給システム試論」（『人文自然科学論集』東京経済大学、一九八二年、六一号）。

（2）　小林茂『日本屎尿問題源流考』（明石書房、一九八三年）。

［論創社、一九八三年］

人びとの過去に接近する

小川了『奴隷商人ソニエ――一八世紀フランスの奴隷交易とアフリカ社会』

友松夕香

『奴隷商人ソニエ――一八世紀フランスの奴隷交易とアフリカ社会』を読んでいると、実に不思議な感覚を覚える。主人公のソニエをはじめ、奴隷の取引にかかわる非道であるはずの登場人物たちに「おぞましさ」を抱かない。それどころか、登場人物のおかれた状況と心情に自分が同期されていることに気がつくのである。

奴隷交易が最盛期を迎えた十八世紀、人びとは、何を考え、どのようにして、人間を売り買いしていたのか。本書は、フランスと西アフリカを主な舞台に、奴隷交易の時代を生き、かかわり合っていたさまざまな人びとのあり様を、民族学者の小川了が長年にわたるフランスとセネガルでの実生活と研究を経て描いた、歴史書としての処女作である。

奴隷商人の手記を読む

本書は、今から二百三十年ほどまえの一七九一年、西アフリカでの奴隷交易の体験談を出版した、パリの一人の男の話から始まる。この出版物には『アフリカの沿岸、モロッコ、セネガル、ゴレ、ガラムなどへの商取引の旅』(1)という題名がつけられていて、小川によると、フランスの国立図書館の蔵書目録でも確認できるという。しかし、著者の詳細は不明であり、ソニエという姓のほか、個人名は「M」のイニシャルしかわからない。つまり、「無名」の人物である。それにしても、このソニエという名の男は、いったいなぜ、人間を売買する目的で西アフリカに渡ったのか。ソニエの家族は、パリの生活を棄て、セネガルへと出発した彼をどのように思ったのか。著者の小川は、ソニエの手記をもとにフランスと西アフリカの過去の世界へと読者をするりと連れていく。

まず、本書で惹きつけられるのは、主人公のソニエの人物像とソニエの手記のストーリー性である。どうやら、ソニエはかなり恵まれた家庭の出身だった。二十一歳で学校を終えると、パリで食料品店を経営していた兄のもとで商売を学んだらしい。その後も、あちこちの商店で働いたが、なかなか道が定まらない。しかし、二十八歳のとき、奴隷の売買で一旗揚げようと考えついた。そして、親の反対を押し切ってセネガル行きの船に乗り込んだのである。

もっとも、当時、ヨーロッパから海を渡って西アフリカまで到達するのは、そんなに簡単なことではなかった。これに加え、よい船長にも恵まれなかったということで、ソニエの乗った船は、現モーリタニア共和国の付近の沖で座礁する。しかし、ソニエは、なんとか陸地まで泳ぎ着いた。ところが、そこで、なんと現地のモール人に「金づる」として捕えられてしまう。ソニエは、奴隷の売買をするどころか、自分のほうがフランス人に買い戻されるまで、次々に別のモール人に売り渡され、買い取られて旅を続けていく破目になったのである。

しかし、ソニエはあきらめない。その後、フランスに戻ると、再び資金を集めて旅立つ。そして、二度目の渡航でついにセネガルに到達することができたのだった。ところが、大金を稼ごうとして捕虜の買い付けに向かった内陸部の川で船が遭難し、すべてを失ってしまった。そこから、病とけがを乗り越え、ようやく交易の拠点だったサン＝ルイに戻ると、「馬鹿扱い」されてしまう。こうして、屈辱的な経験をしてフランスに戻ったソニエが、交易船の装備から現地の状況、取引の方法など、奴隷交易の仕事のノウハウをまるで参考書のように丹念に記して出版したのがこの手記である。

すでに明らかなように、本書の醍醐味とは、なんといっても読者が奴隷商人の手記を読むという非日常的な体験をできるところである。この点を意図してか、著者の小川は、多くの紙面を割いて、ソニエの手記をそのまま訳して盛り込んでいる。すなわち、読者は、自分で「直接」奴隷商人の手記を読むことができるのである。これがさらに功を奏しているように思うのは、ソニエは、現地での奴隷交易の具体的な事項と出来事だけではなく、渡航前や渡航中の自らの胸の内をずいぶんとあけっぴろげに記していて、まるで小説のように楽しめるからである。その心情の盛り込み様は、国や団体からの資金援助を受けた軍人や学者、宣教師などがアフリカ大陸の探検調査を遂行して出版したオフィシャルな旅行記とは、明らかに一線を画すところである。そして、次からみるように、ソニエの手記の出版の時期が、まさにフランス革命（一七八九〜一七九九年）のさなかだったことに気がつくと、革命への動きが奴隷制と両立したフランスの十八世紀へと、私たちの歴史的な想像力がさらに駆り立てられていく。

フランスの十八世紀——奴隷制と革命の矛盾的な両立

十八世紀、フランスの人びとの間では、奴隷制とフランス革命はどのように両立していたのだろうか。

小川によると、ソニエ自身は、フランス革命については一行も触れていない。「フランスではエゴイズムが支配している。そこでは血の繋がりでさえもが幻想にすぎない」（四一―四二頁）と、一度目の渡航に失敗して帰国した際に同情してくれなかったという家族への「悪口」を、当時のフランス社会のあり様として述べているくらいのようである。しかし、小川は、ソニエの手記のほかにも多様な文献を用いることで、西アフリカ、フランス、さらに大西洋の植民地などの出来事を連動させてフランスのこの時代を描いている。

そこから露わになるのは、奴隷交易が最盛期を迎える一方で、フランスにおいて人権が創造され、美の文化が体系化されていく、矛盾に満ちた時代としての十八世紀である。

たとえば、それは、当時のフランスの作家のルイ＝セバスチアン・メルシエによる、フランスの富裕層の暮らしと「黒人」の状況についての皮肉めいた描写からみてとれる。代表作の『十八世紀パリ生活誌――タブロー・ド・パリ』（一七八二年出版）では、パリの裕富で美しくやさしい女性が「異国的な顔とぺしゃんこの鼻に夢中」になって奴隷の「黒人」の子どもを可愛がっているときに、その父親のほうは大西洋の植民地で砂糖の生産のために「鞭打たれてうめき苦しんでいる」こと、また、人びとは福音書を読み、苦いコーヒーを飲み、砂糖をなめる快楽を得るために「黒人」という人種を犠牲にしていると記されている（五一―五二頁）。

また、一七七七年のマルチニックの植民地総督による、フランスでの革命への風潮による植民地の奴隷制への影響を懸念する発言も挙げられる。「ただまわりの人たちに見せびらかしたいがため」に「黒人」を植民地からフランスへと連れ帰っている主人たちがいること、しかし、その黒人が再び植民地に連れ戻されると、自由や平等、独立といった新たな考えを仲間たちに吹き込むために危険だと警戒しているのである（五〇頁）。マルチニックなどの大西洋の植民地では、奴隷の処遇を定めた「黒人法」（Le Code Noir）が適用されていた。黒人法は、「黒人」にもキリスト教徒としての洗礼と宗教教育を施し、結婚のあり方を規定することで、「黒人」を人間として再確認していた。しかし、同時に、売買の対象になる「動産」としての扱いについても細かく規定することで、奴隷制の安定的な継続を図っていたのである。

十八世紀のパリ社会の描写、植民地総督の警戒発言、そして黒人法における人間の扱いをめぐる矛盾への小川の関心は、アフリカ文学研究者のサイモン・ギカンディによる『奴隷制と審美の文化』[2]（二〇一一年出版）の議論に通じるものがある。すなわち、奴隷制の暴力、不道徳、醜さと、ヨーロッパの貴族やブルジョワたちの社会生活の上品さ、繊細さ、美をめぐる意識と作法という一見すると非調和的な二つの領域は、同時代に絡み合いながら展開していったことである。

こうして奴隷交易の時代より生み出され、ヨーロッパと対照的に「アフリカ」という地域に付与されてきた負の過去とそのイメージは、現在においても、ヨーロッパとアフリカの地を生きる人びとのみならず、日本の私たちにも憑りついたままになっている。また、アフリカ史を扱ってきた歴史家や歴史教育の実践者たちは、奴隷交易と奴隷制を「アフリカの歴史」として語ってきた。しかし、これによって「アフリカ」に押し付けられてきた負のイメージを払拭するどころか、むしろ強固なものにしてしまうという、かなり重大な問題を無意識的にも生んできたのである。

アフリカ史の問題

奴隷交易や奴隷制は、「アフリカの歴史」の一部だといえるのだろう。しかし、その時代を単純に負の歴史として語ることには問題がある。このような歴史観は、当時の現地社会を構成する多様な人びとの生き様を覆い隠してきただけではなく、「劣悪な」地域としての「アフリカ」のイメージを強化することにもなってきたからである。しかし、それではどのようにして、奴隷交易の時代の現地の歴史を描くことができるのだろうか。

本書からは、アフリカ史につきまとってきたこの困難な課題を乗り越えていくうえで、二点の糸口を見出すことができるように思う。それは、第一に、「アフリカ」という「一括り」の地域枠組みで歴史を要約せずに、それぞれの地で当時を生きた人びと個人個人に光を当てて歴史を叙述することである。小川は、複数の史料と二次文献をもとに、現地で直接的、間接的に奴隷交易にかかわりながら自らの人生を切り開いていた現地の人びとのエピソードを多数挿入している。それは、たとえば、イギリス人の総督と現地の女性との間の落とし子であり交易を通じて財をなした通称「アフリカの王子」である。また、ヨーロッパからの商人と現地の女性との間に生まれ、特権的な地位にあったシニャールと呼ばれる女性商人たちの話もある（図）。ゴレ島には、フランス人の船長の「妻」として、男性の奴隷二十五人、女性の奴隷四十三人をもっていたシニャールがいた。フランス商館長に取り入り、商品を手に入れ、売りさばくことで富をなしていたのだという。さらに、ヨーロッパから捕虜の買い取りに来る商人たちの仕事相手となった、

図　シニャール

出典：David Boilat, *Esquisses sénégalaises*, Karthala, 1984（1853）.

ウォロフなど現地の男性たちのエピソードもある。ソニエの手記によると、奴隷交易の拠点だったサン・ルイ島に到達するにも、セネガル川をのぼって内陸部に買い付けに行くにも、泳ぎが達者で恐れいるほど剛胆な現地の男性たちの助けなしでは不可能だった。しかし、彼らは、ヨーロッパの商人からは取れるだけ取れと教えられ、実際に抜け目なく盗む、相当な強者だったという。負の歴史の語りからは、この時代をしたたかに力強く生きていたこれらの現地の人びとの姿や生活は見えないうえ、彼らの生き方についての理解もできないのである。

第二に、「奴隷」という用語が孕んできた問題を認識し、現地の文脈で奴隷制と奴隷交易の歴史を叙述することである。本書では、現地でも「奴隷制」が見られたが、それは、私たちが一般的に思い浮かべるような類のものとはかなり異なっていたことが強調されている。たとえば、現地での「奴隷」は、家事や耕作など日常的な仕事をおこない、主人の家族と一緒に同じものを食べていた。とくに、主人の家で生まれた二代目以降の「奴隷」は、主人たちとはそれほど違わない生活をしていたとされる。つまり、「奴隷」という分析上のカテゴリーは、社会のあり方とその歴史の理解を深めるというよりは、むしろ、「主人」と「使える者」の関係性や暮らしの多様さの理解を阻むことにもなるのである。

さらに、人間を「買う」「売る」という行為者自らによる発言をとっても、その言葉の意味は、そこでの状況を知ることで大きく異なってくることが示されている。たとえば、現地のある村は、一人の男が「買い取った」奴隷たちによって形成されていた。ただし、これらの奴隷とは、飢饉のときに食べるものがなくて困っていた人びとだった。つまり、彼らは「買われる」ことで生をつなぐことができたのである。また、探検家のマンゴ・パークの体験談も興味深い。パークは、ある男から、子どもの親が四十日分を食べるのに十分な食糧を対価に子どもを「買った」と聞き、なんと酷い話かと心を痛めた。しかし、パークは、毎日男のもとに食糧を受け取りに来る母親と「売られた」子どもが楽しげに話をしている姿を目の当たりにする。それによって、現地では、人びとは自分と子どもが飢えから逃れるために子どもを「売る」場合があること、そして子どもはたとえ「買われて」も、その後に憐れむべき惨たらしい人生を送るわけではないことを知ったという。

他方で、現地の集落を治める者たちは、裏で示し合わせをして、互いに相手の集落を襲い合い、人びとを選択的に捕らえ、捕虜として売ることがあったという報告も紹介されている。それによると、彼らは自らの威厳を示すために、商人からさまざまな商品を買い、親族や集落の人びとに配っていた。しかし、商品のための支払いができないとき、共謀相手が治める集落を襲撃し、共謀相手とその家族以外の人びとを狩って資金源にしていたのだという。また、父が息子を売ろうとしたにもかかわらず、フランス語を話す息子によって、父のほうが売られてしまうという、当時でもめずらしい事件があったとされる。

ただ、小川が自ら指摘しているように、本書では、十八世紀の西アフリカの現地社会と人びと同士の関係性を理解するうえでの大きな問題が浮き彫りになっている。それは、現地社会の歴史が、ヨーロッパから来た男性たちによる書き物、またその内容を分析した二次文献に依拠して描かれていることである。このために、とくに現地の農村部の出来事においては、情報が不十分であまり理解ができないところが多い。そして、なにより、外からやってきた他者の目をとおした「他者のまなざしの歴史」になっているのである。

アフリカ史をめぐるこれらの問題は、奴隷交易とそれ以前の時代に限定されない。十九世紀、二十世紀の歴史においてもあてはまる。現地の公文書館や宗教団体の文書館には、植民地化にともない記された多くの文書が残されている。しかし、その大半が、外から来た行政官や諸分野の研究者、宣教師、あるいは現地で特権的な地位をもつ知識人やエリートたちが書いたものである。このために、彼らの視点から情報が選択され解釈された内容、また詳細に欠ける内容になっている。とりわけ、農村部の過去については、そこで暮らした普通の人びとの歴史を人びとの側から描きたくても、彼らは自身で文書を記してこなかったために難しくなっているのである。

人びとの側から歴史を叙述する

本書で小川が取り組んだのは、無鉄砲にも奴隷の買い付けのために西アフリカへ渡ったパリの一人の若い男の人生と当時のフランス社会の理解ではない。むしろ、小川がフィールドにしてきた西アフリカで、奴隷交易の時代に生きていた現地の人びとを理解することだったように思う。しかし、史料上の制約は、とりわけアフリカ史において、また、とくに農村部の普通の人びとの日常生活を主題として、さらにはこれらの人びとの側から歴史を叙述することを難しくさせてきた。ただし、少なくとも二十世紀を対象にするならば、利用できる文献資料がないわけではない。また、史料を文献資料だけに狭める必要もまったくない。人びと自身による回想、語り継いできたことわざ、歌、物語など、多様な素材が入手可能である。これらの口述の資料を取り入れることは、記述を豊かにし、また他者のまなざしからだけではなく、そこで暮らしてきた人びとの側からも歴史を再構成するうえで、アフリカ史の今後の展開における大きな可能性を秘めている。

書評者の私は、二〇〇六年から西アフリカのガーナ北部の農村部の暮らしを主題に研究を開始した。まず、現在の人びとの日常生活についての民族誌的調査をおこなったのち、徐々に人びとの過去に向かって調査の幅を広げていった。現在の老齢の世代からは、植民地期の一九三〇年代ごろまでの出来事の語りを、直接に体験したこととして収集できることがわかった。それ以前の十九世紀についても、かつての行政官や人類学者などが収集した語りから少なからず知ることができる[3]。また、ガーナの国立公文書館の地方局では、農村部の暮らしに言及した文書が思っていたよりもはるかに多く残されていることがわかった。公文書館の閲覧室で、農村部の人びとが私に語った過去の出来事に関して、行政の側も言及した文書を初めて発見したときの感動を、私は今でも忘れることができない。これらの口述と文献の資料の間には、同じ出来事を参照している場合にも、内容に隔たり、ずれや矛盾が生じていることが多い。その謎を解き明かすことが、行政官、研究者、そして地域で暮らしてきた人びとなど、多様な主体が交錯する地域史を描くこと、そして、その地域の人びとの側からも過去を明らかにすることにつながるとわかったのである。

回想や公文書だけではなく、ことわざや歌、物語は、フランスのアナール派の歴史民俗学の研究の功績によって重要な史料として認められるようになった[4]。しかし、アフリカ研究においては、これらの素材はもっぱら民族学の研究対象としてとどまり、歴史研究にはあまり活用されてこなかったといえる。私は、かつての民族学者たちが収集し、眠らされたままになっているこれらの史料を組み合わせて用いることで、現地の暮らしの内側から豊かな社会史を描くことができるのではないかと考えている。ことわざ、歌、物語の内容は、その細部のみならず、解釈においても、地域や個人間でバリエーションが見受けられる。常に変化の過程にあり、現在においても新たに生み出されてもいれば、時代の変化とともに受け継がれなくなるものも多い。地域社会の変容を捉えるうえで、地道に収集を継続する作業にも大きな意義がある。

利用できるあらゆる史料を組み合わせて歴史を叙述するうえで重要なのは、本書で小川が強調しているように、「社会に関する知識」と「そこでの人びとの生き方に関する知識」（三二〇頁）だろう。「社会に関する知識」一般は、これまでの諸研究からある程度は学ぶことができるかもしれない。しかし、小川が主張するところの「人びとの生き方に関する知識」とは、既存の研究書、あるいは短期の現地訪問で得られるものではない。その地域の言語を学び、そこで人びととともに生活し、経験を積むことで初めて身につく知識である。現場で一定の経験をもち、実体験から感覚を身につけることは、史料ひとつひとつを突き合わせて検討し、咀嚼し、総合的に分析するうえで大きな差を生むはずである。

アフリカ史において、普通の人びとが経験した過去に接近することは容易ではない。しかし、他者のまなざしの歴史だけではなく、人びとの側からの歴史の叙述を目指すことは、挑戦し続けるに値する大きな価値をもっている。本書は、これまで知らされてこなかった人びとの歴史を地に足を付けて明らかにするための重要な方向性を提示していると私は思う。

［山川出版社、二〇〇二年］

（1）　参考文献にある書誌情報は、Saugnier, M., *Relations de plusieurs voyages à la côte d'Afrique, à Maroc, au Sénégal, à Gorée, à Galam, etc.* (chez Gueffier jeune, 1791)。

（2）　邦題は筆者による。Simon Gikandi, *Slavery and the Culture of Taste*（Princeton University Press, 2011).

（3）　ジーン・アルマンらは、一九九九年の調査において、現ガーナ北部のアッパー・イースト州のタレンシ地域の男性から、一八九〇年代の半ばに数年間にわたって続いた干ばつで大飢饉が起こり、多くの人びとが飢えと病気で死亡したこと、そして奴隷交易が継続していた当時、親たちは自らの生存のために多くの子どもたちを売ったという話を老齢の男性から聞き取っている。これは男性本人が経験したものではなく、この地域で語り継がれた集合的な記憶である。Allman, Jean and John Parker. *Tongnaab: The History of a West African God*（Indiana University Press, 2005).

（4）　たとえば、Martine Segalen, *Mari et femme dans la société paysanne*（Flammarion, 1980）〔片岡幸彦監訳『妻と夫の社会史』新評論、一九八三年〕。

国際政治の舞台裏から
早坂真理『イスタンブル東方機関――ポーランドの亡命愛国者』

福元健之

東欧の近代史へ

ここでは、波乱の生涯を送ったポーランドの亡命愛国者の評伝を通じて、非常に多くの示唆をわれわれに与えてくれる書物を紹介したい。

著者の早坂真理は、一九四八年に北海道で生まれた。一九七〇年代に社会主義時代のポーランドに渡った彼は、ステファン・キエニェヴィチやイェジィ・ボレイシャといった、錚々たるポーランド近代史家のもとで研鑽を積む。現地の学界や社会の変化を目の当たりにしてきた早坂の研究をつらぬく重要なテーマは、ナショナリズムとフォークロアである。

東欧のナショナリズムは、十九世紀の貴族や知識人の間に知的な起源がある。当時、ハプスブルク、オスマン、ロシアといった諸帝国が治めたこの地域では、歴史や文化は、それぞれのエスニック集団が自立した存在として認められるために決定的に重要な要件をなした。十八世紀末に消滅したポーランド・リトアニア共和国でも、農民をはじめとする民衆の文化は、失われた祖国、あるいは未来の国家の欠くべからざる一部に他ならなかった。そのために、開明貴族や知識人たちは、方言、民謡、伝承、慣習、習俗――フォークロアとくくられるあらゆることから、国民的な伝統や文化を創造、あるいは捏造しようとしたのである。

しかし、かつて東欧に存在した「在地性」（その地域らしさ）とは、言語・宗教・エスニシティ・身分・階級による境界線が、住民集団の間を縦横無尽に走る空間のことであった。それは決して水平的で調和的な空間などではなかったが、在地の秩序を犯すことがなければ、そこから迫害されることもなかった。そこで暮らすための文化や分業の仕組みが、在地ごとに形成されていたのである。したがって、こうした土地やそこでの文化について、民族的帰属を一つに限定することは本来極めて困難だったはずである。

ところが、ナショナリズムの大衆化を通じて、かつての在地性は徐々に国民国家体系によって統合／分断されていく。国民の歴史や文化を象徴するフォークロアも、政治化され、奪い合いの対象となる。よく知られるように、二十世紀の東欧では、ナショナリズムの発展の末に戦争や殺戮、強制移住が展開された。過去の記憶は紙に浸潤したインクのみならず、大地に浸透した血によっても上書きされ、書き換えられたのである。隣人たちとその土地で共に暮らすことが、どんなに困難であったことか。この重い問いに直面したひとが、かつての在地性に強い思い入れを抱くことは仕方のないことなのかもしれない。とはいえ、復古的な態度では、ヨーロッパでウクライナを中心に今なお深刻さを増す民族問題に対応することは決してできないのだ。

ナショナリズムとフォークロアを交錯させ、長期的かつ重い歴史と対峙する。これが早坂の研究であった。(1)本書は、自らフォークロアを収集し、それに基づく創作活動をした人物の評伝であり、この早坂の試みの出発点というべき作品である。その人物は、十九世紀を駆け抜けたポーランド貴族の末裔ミハウ・チャイコフスキ。今日のウクライナに生まれ、文化的にはポーランドに属し、キリスト教徒からムスリムに改宗した経験をもつ。「愛国者」であったが、その意味は、現在の国民史的な価値観では理解できない。今日的な枠組からはみだす彼の人生を追うとき、試されているのはわれわれの歴史学的想像力なのである。

ポーランド貴族がムスリムになるとき

「スルタンこそがスラブ諸民族及び他の従属諸民族の生活条件を改善し、外敵を防ぐ唯一の存在である」(八〇頁)。これは、チャイコフスキが、一八四二年ごろにイスタンブルでオスマン帝国の要人に送った手紙の一節である。当時彼は、フランスの首相ギゾーからパリの歴史研究所移動研究員に任命され、ミシェル・カンノという偽名でフランス外交団の一員に扮して、イスタンブルを訪れていた。

滞在の真の目的は、もちろんフランス外交を担うことではなかったし、チャイコフスキが本心からスルタンに忠誠を誓っていたのでもなかった。しかし、それでも彼はオスマン帝国を重要な同盟者とみなし、後にはムスリムに改宗してサディク・パシャを名乗り、スルタンから承認されたコザック連隊を率いることまでしたのである。それでは、このチャイコフスキとは何者だったのか。改宗までして軍隊を率いた目的はいったい何だったのか。

ミハウ・チャイコフスキは、一八〇四年九月二十九日、キエフの西方に位置するジトミール県（ポーランド語ではジトミェシ）で生まれた。ローマ・カトリック教会の教義を受け入れつつ、正教会の典礼に従う合同教会で彼は洗礼を受けており、この背景には、母親の強い影響があったと早坂は述べている。コザックの末裔であったこの母から、幼いミハウはコザックの歴史や伝承を聴いて育った。また、父方はポーランドの名門シュラフタ家系であり、このような家庭環境のなかで、チャイコフスキは、ポーランドのシュラフタとウクライナのコザックが対等な友人としてひとつの国家を形成することを望むようになったという。そして、この彼の希望を実現するための足がかりを提供したのが、アダム・チャルトリィスキという人物であり、アダム侯こそが、チャイコフスキにとって真に忠誠を誓った対象だったのである。

十八世紀末、ポーランド・リトアニア共和国は、ロシア・オーストリア・プロイセンによって分割された。一八三〇年には、消滅した国家のシュラフタらが武装蜂起を起こしたが、鎮圧されて多くの人びとがロンドンやパリ、ジュネーヴに逃れた。ポーランド史で「大亡命」とされる出来事である。そして、蜂起を主導したアダム侯は、パリに落ち延びてからも、ポーランド国家の再興を画策し、チャイコフスキは、この未来の「アダム一世」に仕えるエージェントとして、イスタンブル東方機関を動かしていたのである。

アダム侯が描いた国家構想は、「ウクライナ・ポーランド」に「イタリア・ハンガリー・南スラブ」を加えた連邦制国家という壮大なものだった。その理念的基盤は、ロシアのスラブ主義に対するオルタナティブなスラブ主義であり、ハプスブルクあるいはロシア帝国で不満を抱えるスラブ諸民族、さらにはハンガリー人やイタリア人を、ポーランド人が中心となって指揮することが構想されていた。一見、荒唐無稽にうつるかもしれないが、ロシア帝国のアレクサンデル一世のもとで外相を務めた経験もあるアダム侯は、フランス政治界に太いパイプをもっていた。さらに彼は、エジプトやフィンランドの有力政治家とも接触しており、ポーランド復活のための政略は、パリを中心にまさしく全ヨーロッパ規模で展開されたことになる。そして、この政略においてオスマン帝国は対ロシア戦略の要であり、東方機関の長としてのチャイコフスキには、パリとイスタンブルをつなぐ重要な役割が任されたのである。

郷里の伝説に身を重ね

実は、チャイコフスキがアダム侯から信用をえたきっかけは、彼の文学創作にあった。当時フランスには東欧のロマン主義を代表する詩人アダム・ミツキェヴィチも亡命しており、チャイコフスキは、この詩人から文学の手ほどきを受けたのである。そして、パリで出版されたチャイコフスキの『ヴェルヌィホラ』や『キルジャーリ（「黒衣の巡礼者」の意）』などが社交界で評判となり、アダム侯の目にもとまったのだった。早坂によれば、これらの著作にはチャイコフスキ自身の精神世界が投影されていた。ここでは、一八三八年に出版された『ヴェルヌィホラ』に注目したい。コザック伝承を聴いて育ったチャイコフスキだからこそ執筆できたこの作品は、アダム侯の国家構想を支える主題が込められていたと同時に、書き手の自己認識を確立するものだったといえる。

主人公のヴェルヌィホラについて、チャイコフスキは、「コザックなのか、それともシュラフタなのかわからない。ザポロージェで勤務していたことがあり、ポーランドの国王旗の下で戦ったこともある。コザックの自由を愛していたが、シュラフタとも仲睦まじくしていた」と描いた(2)。作品の舞台はポーランド分割の時代、エカチェリーナ二世による介入に対して、ポーランド国王スタニスワフ・アウグストは弱腰の態度をとっており、ウクライナのコザックからは、モスクワの計略によって騙されてシュラフタを殺戮するものまでも現れた。混沌とした状況のなか、ヴェルヌィホラは、シュラフタとコザックの和解に基づいてポーランドを再建し、ロシアと戦うことを説くべく奔走したのである。そして、最後はオスマン帝国を頼みに戦闘を続けようとするも、ヴェルヌィホラはポーランドの再生の予言を遺して病に斃れたのだった。

このようにチャイコフスキの手によって、初めて形象が与えられ世に送られたヴェルヌィホラは、現代のウクライナでは、ウクライナ語で「ヴェルニホラー」として、子ども向けの童話に広く登場し、またフォークロア研究の蓄積もあるとされる。また、チャイコフスキは、一八五七年に『オスマン帝国のコザック集団』をやはりパリで出版したが、そのなかには、今日まで連なるウクライナの民謡や言葉が記されており、ポーランドとウクライナの文化的な絡まり合いがみてとれる。しかし、ここでは、チャイコフスキの活動を同時代の文脈に限定してその意味を吟味したい。というのも、それは、彼は確かに「愛国者」であったが、現在の国家を基準とする意味での愛国者ではなかったためである。

チャイコフスキがウクライナのフォークロアをポーランド国家のために利用したことは、愛国主義ゆえのことである。これがウクライナにもポーランドにも秩序をもたらすことを彼は期待し、こうした信念のもとで様々な文書や小説を書き、行動したのである。まるで故郷の伝説の英雄ヴェルヌィホラを演じるかのように、チャイコフスキは、シュラフタとコザックとが対等な同盟者としてポーランド国家をつくり上げることを夢想し、アダム侯に仕えたのだった。

だが、彼の想像力は、当時のポーランドが現実の世界ではなく、観念の世界にのみ存在したからこそ可能なものだったといわなくてはならない。宗教やエスニシティなどあらゆる違いを超えて人々は平等であるべきだ、という普遍主義には、ときに逆説的な自己中心性が内在することがある。そして、チャイコフスキやアダム侯の挫折の原因はまさにそこにあったのだといえる。

ポーランド人中心主義的なアダム侯の構想は、その立場からの利害関係のパッチワークであり、自らの野心に燃えるセルビア・ナショナリズムなどの不安定要素を抱えていた。ポーランド人内部でも、オスマン帝国に抵抗するブルガリア人の鎮圧に加担する者も存在し、アダム侯のスラブ主義が貫徹されたわけでもなかったのである。そして、クリミア戦争においてチャイコフスキが率いたコザック連隊はロシアを相手に戦果をあげたものの、イギリスをはじめとする列強の現状維持的姿勢によって、ポーランド再建の夢は遠のいてしまう。

チャイコフスキはといえば、オスマン帝国での事情を考慮しての決断だったにもかかわらず、ムスリム改宗によって、ポーランド亡命者集団内部での立場を実際には失った。政治闘争に敗れて孤立したチャイコフスキは、晩年には、あろうことかロシアに降伏し、失意のうちにイスタンブルを去り故郷ウクライナに帰還するのだった。それも、ロシア正教会に改宗し、皇帝への忠誠を表明しさえしたのである。しかし、もはや故郷にも友人と呼べるものはおらず、一八八六年一月四日、ふと思い立ったように自殺を遂げた。国際政治の舞台裏を躍動した人物にしては、あまりにあっけない終幕だった。

この後、ポーランド政治はいくつかの流れに別れることになる。チャイコフスキの失脚に一役買ったカトリック聖職者のヴァレリアン・カリンカは、ハプスブルク帝国のなかで自治を享受する親オーストリア路線を提唱した。カリンカは、ポーランド分割をシュラフタたち自身が招いた結果と捉える悲観論から自国史を総括したのである。また、ポーランドの復活を社会主義革命と重ねて望みをつなげようとしたボレスワフ・リマノフスキのような立場も成立するが、近世共和国の領域をポーランドと捉えたリマノフスキの前には、チャイコフスキとは異なり、ウクライナの自立を追求するミハイロ・ドラホマノフが立ちはだかった(3)。

これらのいずれでもなく、ポーランドの近代的ナショナリズムを確立したロマン・ドモフスキが親ロシア路線をとったのは奇妙に映るかもしれない。しかし、徹底したリアリストであるドモフスキは、蜂起や革命ではなく、ロシア帝国内部での改革活動によって、まずは自治を、次いで独立を勝ちとろうとしたのだった。また、ドモフスキは、ポーランド性に対してローマ・カトリック教徒とポーランド語とによる定義を与え、ポーランド人をウクライナ人やユダヤ人から区別しようとしたのである(4)。

このようにみると、チャイコフスキの挫折は、東欧のナショナリズムの重要な転換点と重なるところが多いことが理解されよう。彼より後の時代のポーランド人は、自立性を高めるウクライナ人やリトアニア人、ベラルーシ人に直面して「ポーランドとはどこなのか」、「ポーランド人とは誰なのか」との再定義を余儀なくされた。ウクライナ内部でも、チャイコフスキのような愛国主義は受け入れられないものになっていったのである。また、ポーランド政治からオスマン帝国というファクターが消滅し、ポーランド人でありながらムスリムやユダヤ人であることが例外扱いされ、排除されるようになった。そして、これらの諸変化は、現代のポーランドとポーランド人に長期持続的影響を与えているのである。

『イスタンブル東方機関』の「いま」

それでは、本書をいま読むことにはどのような意義があるのだろうか。実は、早坂の問題意識のなかでは、本書の主題には日本の近代史にも当てはまる問題が内在していた。北海道生まれの早坂にとって、日本の近代国家形成過程における北海道開拓は自身のルーツの一部であり、ポーランド近代国家の影を追ってはるばる移動したポーランド人の営為は、彼の故郷の歴史と共鳴するものだったのである。「東方で生死を賭して戦い、歴史に埋もれ、散っていった数多くの亡命ポーランド人の営為もまた世界史のひとこまである」(一一頁)。かつて東方機関が建設した入植地は、姿をかえつつも、いまなおトルコにポロネズキョイ(「ポーランド人の村」の意)として残っている。一九七〇年代にそこを訪れた早坂の眼には、世界史のなかで近代国家の建設という同一の課題に直面したポーランドと日本とが並びたっていた。

本書のあとがきでは、イスタンブル東方機関の歴史と、日本の国粋主義やそれに連なる大東亜共栄圏思想の展開との共通性が指摘されている。早坂は、丸山眞男や百瀬宏らの著作から学ぶことが多かったとした上で、「大国優位の近代史において小国・弱小民族が生き残る道」(二四九頁)として、ポーランドや日本が列強に対抗するための政治ブロックをつくることには歴史的必然性があったと論じた。そしてその過程では、自民族中心主義が各国民史観のなかに織り交ぜられていったのであり、早坂は、国民史観に内在する問題性を相互的に明らかにするためにも、東欧諸国と日本の比較研究の必要性を痛感したと述べたのだった。

ここで指摘された比較研究の必要性については、誰もが認めるところだろう。だが、同じところで垣間見える論理構造に対しては、今日では異議のある人も少なくないはずだ。ポーランドや日本は、東欧や東アジアという地域レベルでは大国の地位にあり、決して「小国・弱小民族」などではなかった。ゆえに、両国が「生き残る道」を外部拡張に求めたことは、大国としての行為だったとみるべきである。

アダム侯が構想し、チャイコフスキが仕えた連邦国家案について、わたしは、それが利害関係のパッチワークだったと述べた。それは、多くの矛盾を抱えていたのである。だが、これを亡命者の陰謀ゆえのことと現代のわれわれは即座に片付けてしまえるのだろうか。

われわれは自分たちの国家について、それが同質性をもつ国民と土地からなると想像することに慣れており、様々な形態での「分業」を介して異質な個人と地域とが寄せ集められた塊とはみなしたがらない。しかし、北海道開拓には、日本人内部でも多様な関わり方があり、アイヌや朝鮮・中国出身の強制労働従事者も開拓史には欠かせない。現代では、沖縄の米軍基地問題や、東北の原子力発電所問題を通じて、国家の内部における序列構造と、それに規定された地域や個人のあり方が露呈した。このようにみれば、われわれもまた、利害関係のパッチワークから逃れることはできないことがみえてくる。今なお東欧とロシアとの狭間で分裂の危機を抱えている現代ウクライナの状況からも、このことは示唆されよう。

イスタンブル東方機関から早坂が指摘した「歴史的必然性」を、帝国や国家に自己同一化せざるをえなかった地域や個人から逆に読み解いていき、パッチワークの継ぎ目の内奥へと想像力をのばしてみたい。チャイコフスキは、自らの愛国主義ゆえに、ウクライナがポーランドとひとつの国家をなすことを求めたが、このことは、見方を変えれば、アダム候が用意したパッチワークのもとで故郷の秩序を安定させようとしていたのだといえる。必然性や同質性のもとで不可視化される境界地域や人びとを復権すること。これこそ、わたしは、今日、本書から得られる歴史と世界へのひとつの指針だと思う。そしてこの指針は、ナショナリズムに統合される前の雑居空間への復古主義ではなく、開かれた新しい雑居空間の創造的追求にも向けられているはずである。

（1）最近、早坂が相次いで出版した文献は、リトアニアやベラルーシにおける「郷土派」が、それぞれの地域のフォークロアを発掘し、編集し、国民化させる諸過程を追ったものである。早坂眞理『ベラルーシ――境界領域の歴史学』（彩流社、二〇一三年）。同『リトアニア――歴史的伝統と国民形成の狭間』（彩流社、二〇一七年）。
（2）早坂真理『ウクライナ――歴史の復元を模索する』（リブロポート、一九九四年）、三〇頁。この文献では、『ヴェルヌィホラ』についてより詳しく紹介されている。
（3）早坂真理『革命独裁の史的研究――ロシア革命運動の裏面史としてのポーランド問題』（多賀出版、一九九九年）。
（4）ドモフスキに関する詳細は、宮崎悠『ポーランド問題とドモフスキ――国民的独立のパトスとロゴス』（北海道大学出版会、二〇一〇年）。

［筑摩書房、一九八七年］

見えざる他者から照らす

コリー『虜囚——一六〇〇～一八五〇年のイギリス、帝国、そして世界』

金澤周作

虚を突かれる愉しみとリンダ・コリー

歴史研究をなりわいにしている私にとって、誰かの書いた物に虚を突かれあっと思わせられることは——たびたび経験できることではないが——非常に大きな喜びである。虚を突かれるとは、とりもなおさず、常識とは異なる新たな視座を受け取ることにほかならないからである。私見では、歴史学とその成果である歴史書の使命とは、通用している常識を揺るがせるところにある。ここで言うところの「常識」とは、すでに持ち合わせている知識だけではなく、既定の、自然化された物ごとの捉え方も含む。したがって、読了した後に、読書以前の世界観に戻れなくなるような歴史書を、私はもっとも高く評価するし、実際、そのような歴史書に出会うたびに、歴史研究に携わってきて良かったと思うのである。

数ある歴史研究のフィールドのなかでも、私はイギリス近代史の魅力にとりつかれ、今に至っている。そのような自分にとって、リンダ・コリーとの初遭遇は、『イギリス国民の誕生』（川北稔監訳、名古屋大学出版会、二〇〇〇年、原著 *Britons: Forging the Nation 1707–1837*, 1992）であった。一九九〇年代に学部・大学院時代を送っていた頃、この書物は邦訳されるかなり前から周囲では話題になっていて、私も読んだ。当時はナショナリズムをめぐる歴史研究がさかんにおこなわれていて、国民意識形成のメカニズムを史的に究明してみせる論文がたくさん書かれていた。しかし、フランスとドイツの対照的なパターンを祖型としたものにせよ、ベネディクト・アンダーソンの『想像の共同体』（一九八三年）などの議論に依拠したものにせよ、ある種のモデルが共通の前提とされた上で、出版資本主義の誕生によって国民化が促されたとか、学校教育（国語、自国の地理・歴史）を通じて国民意識が植え付けられたとか、軍隊経験を通じて国民化した、とかいった具合に、正直なところ「またか」と思わされるほどに似たような議論が積み重ねられていたように記憶している。フランス革命にナショナリズムと国民意識形成の端緒を見る傾向も非常に強かった。

しかし、コリーの主張は新鮮で、既存のものとは一味違った。コリーは、もともとイングランド、ウェールズ、スコットランドという非常に個性の強い地域に住む人々が、共通の「イギリス人（Britons）」意識を持つようになったのは、フランス革命などよりはるか以前からの、長い十八世紀の経験を通してであったとする。なぜならその世紀（とりわけスコットランドとイングランド&ウェールズが国制的に合同した一七〇七年以降）、そこに住まう人々は史上初めて一貫してカトリック国フランスを敵に回して戦争を繰り返し、そのネガティヴなイメージの裏返しで自己イメージを形成し、内面化していったからである。すなわち、カトリックではなくプロテスタント、専制的な陸軍国ではなく自由な海軍国の「イギリス人」として。

強烈な他者の存在、しかもその他者が実際に最大の敵として立ちはだかるという独特な状況が、異質な人々の間に「イギリス人」意識を醸成したのだという主張は、それこそ虚を突くものであった。たしかに、十六、十七世紀にスコットランドはイングランド&ウェールズとは別の国であって（しかも宗教改革前までは共にカトリック)、互いがより大きな国際関係の要素となっていたこともあり、フランスが常に敵だったわけでもなく、スコットランドとイングランド&ウェールズが戦争していた時期さえある(イングランド内部では内乱まで生じた)。また、フランス革命・ナポレオン戦争以後の十九、二十世紀になると、フランスは味方になるし(クリミア戦争、第一次大戦、第二次大戦)、宗教の規定力は弱まっていく。長い十八世紀にイギリス人が誕生したという主張は、説得的で衝撃的だった。他者あってこその自己意識――。言われてみれば、エドワード・サイードが『オリエンタリズム』(一九七八年)で展開していた議論に近いが、ひたすら具体的なエピソードを積み重ねて進む叙述は、華やかで、個性的で、彼女にしか書けないであろう画期的な歴史書であった。その後のイギリス近代史上のアイデンティティ研究では、賛同するにせよ批判するにせよ、本書はほぼ例外なく重要な先行研究のひとつとして引用されるようになった。

めくるめく『虜囚』の世界

コリーは『イギリス国民の誕生』から十年の後、『虜囚』を世に問うた。*Captives* という異様なタイトルに魅かれてすぐ取り寄せて読み始めた(日本人読者一番乗りだったと信じている)。近世から近代にかけて、北アフリカ、北アメリカ、そしてインドの地で現地人によって虜囚とされて辛酸をなめた者が、幸運にも生きて故国に帰還し、かつての苦難の経験を文章にした。その虜囚譚が大量に残っている。『虜囚』はこれらを主な史料にした歴史書である。私はページをめくる手を止められなくなった。気持ちよく常識が打ち砕かれていく経験は、あの『イギリス国民の誕生』をしのぐものであった。名もなき虜囚たちの語りに耳を傾けた本書のどこに、そこまでの破壊力があったのか。

近世初期にはヨーロッパ北辺の農業・牧畜国にすぎなかったイギリスが、スペイン、ポルトガルの後塵を拝して大洋に漕ぎ出し、海運国・海軍国として頭角を現し、やがては植民地を獲得し、商業ネットワークを拡大して、第二次英仏百年戦争ではフランスに勝利し、十九世紀には七つの海と多くの植民地を抱える史上空前の大帝国になる、というストーリーは、誰もが共有するイギリス史のテンプレートと言っても過言ではない。実際、私は、エリザベス女王の十六世紀からパックス・ブリタニカの十九世紀にかけて、イギリスは、（北米十三植民地を途中で失うとはいえ）つねに右肩上がりに勢力を増大させたと信じていたし、当のイギリスの研究者たちにとっても、それは言わずもがなのことであったと思われる。そしてもちろん、こと大帝国の建設という側面に関し、その只中に生きたイギリスの人々も肯定的に受け止めて、勢力圏が拡がるに応じて自信を深めていったはず――。

しかし、『虜囚』はこの強固な推定を断固として否定する。以下、本書のあらすじを紹介するが、ほぼ同じ内容を『ヴィクトリア朝文化研究』第二号（二〇〇四年）に寄せた書評でも記していることを断っておきたい。この書評も日本語では一番乗り、あるいは唯一だったと思っている。

序章から目の覚めるような問題把握がなされる。ある世代以上のわが国のイギリス史研究者にとって『ロビンソン・クルーソー』（一七一九年）は時代精神の権化であろう。漂着した見知らぬ土地でも自己を見失わず、身につけた技術と倫理を駆使してそこをイギリス化し、あまつさえ原住民を名づけて懐柔する。独立独歩の中産階級、強いイギリス、揺るがぬアイデンティティ――。従来のイギリス近世・近代史、とりわけ帝国を主題とするそれは、いかなる評価をするにせよ、力をつけたイギリスが世界に雄飛する右肩上がりのクルーソー的な物語を繰り返しなぞってきた。しかし、この物語を同時代のイギリス人たちも共有していたのだろうか。コリーは『ガリヴァー旅行記』（一七二六年）を対置する。同じく十八世紀初頭に書かれた一種の漂流譚だが、訪れる先々で、異質な風習や人ならぬ住民に出会い、相対的に「大きく」なったり「小さく」なったりすることにより、アイデンティティが翻弄され、ついには馬の国で己（イギリス人）の劣等性を痛感させられ、絶望のうちに帰国する。あのヨーロッパ北辺の小さな島々でわずかな人口しか養えない人々が、僻遠の地に帝国を形成する過程において、後に結果するところの「成功」を当然のことと楽観することなどできたのだろうか。いやできはしなかった、とコリーは主張する。近世・近代の間、多くの有名無名のイギリス人が海外展開の途上、異国で囚われの身になった。ほとんどは誰にも知られず埋もれ去った個人的悲劇であったが、少なくない数の人々は、生きて帰郷し、そこで虜囚譚を残した。それらは何をどのように語り、イギリスの拡大路線を危惧する読者たちの琴線をどのように震わせたのか。本書はイギリス史におけるガリヴァー的な側面を、巧みなストーリー展開とさまざまな土地の空気感を伝える卓越した筆力、そして説得的な史料の読解によって鮮烈に照らし出す。

全体は三部で構成され、二百五十年にわたる「イギリス、帝国、そして世界」が射程に入れられる。第一部で扱われる北アフリカ地域は、十七、十八世紀の「イギリス」にとって最も重要度の高い海、地中海（および大西洋）に面していた。しかし、そこはモロッコ王国と、オスマン帝国の属州だが事実上独立していたアルジェ、トリポリ、チュニスとが地歩を築くイスラームの地だった。ヨーロッパ諸国と外交関係を結んでいたこれらの政治体は、協調と対立の路線を巧みに使い分け、利益の最大化をはかった。それゆえ地中海の富を求めて航行した商船――およびアフリカ西岸を通って新大陸などを目指す船――は多数、これらムスリム勢力の「私掠者」（コルセア、所属政治体公認の掠奪者）によって拿捕され、乗組員は非キリスト教世界へ連れ去られた（学界のコンセンサスによれば、近世・近代を通じて、その数は数十万から百万人にのぼった）。かれらの虜囚体験の多様さは、そのまま当時の「イギリス」人の置かれた状況を示していたとコリーは言う。

相対的に強力なオスマン帝国とイスラーム、これに対する相対的に弱いヨーロッパ諸国とキリスト教。白人およびキリスト教が文明ごと蔑視される転倒した世界。だが、反応の仕方は個々人で異なる。本国で社会的な下層に属し、虐げられる立場にあった船乗りのうち少なからぬ数の人々は、キリスト教を棄教しムスリムの人生を選択した。プロテスタンティズムを強く意識するあまり、イスラームとカトリックをネガティヴな意味で同一視する者もいたし、逆に政治的には敵国フランスの敵は味方として友好関係が築かれる場合もあった。クエイカー教徒などのイギリス内でマイノリティであったプロテスタントは、かえってオスマン帝国をイギリスよりも寛容であると感じた、等々。つまり、危険な地中海世界において、イギリスの人々はよそ者であり、しかも脆弱で、分裂的だった。なお、この認識と現実が、『オリエンタリズム』的なものへと変容するのは十八世紀半ば以降のことになる。

第二部の舞台である北米大陸には、十七世紀初頭の時点ですでに白人の植民が進行し、人口を増加させる一方、現地の「インディアン」は白人による殺戮やかれらの持ち込んだ病気によって減少・凋落の道を辿った。このコンテクストにおいて、インディアンによるイギリス人男女の虜囚は頻繁に生じ、体験談も出版された。その語りは、遠隔地の心細さやフランスの脅威とも相俟って植民者の「イギリス」アイデンティティを強く示すが、当の本国では地中海の虜囚に比して、かれらへの関心は総じて薄かったという。「小」国イギリスは北米に植民者を送ることはできても、かれらを守る軍事力の配備にまでは十分に手を回せなかった。そのため、大西洋をはさんで現状認識の溝が深まっていったのである。

続いて、イギリスは七年戦争でフランスに対して勝利を収め北米での優位を確立する過程で、協力的なインディアンへの好意と、増殖を続ける植民地人への警戒感とを同時に募らせていった。こうして独立戦争につながるのだが、イギリス側は分が悪い。己の小ささゆえ味方は現地に求めざるをえず、インディアンや黒人やオランダ系、スコットランド系、アイルランド系、ユグノーなどのマイノリティに頼るのだが、もちろん結束力を持てずに終わる。そして今度の虜囚譚は、同じ言語を話し同じ姿かたちをした敵（独立派植民地人にとっての本国人、本国人にとっての独立派植民地人）の手中に落ちた戦争捕虜によって書かれ、両陣営が互いの残虐性を非難するためのプロパガンダとしても利用された。その結果、植民地人はイギリス人をますます他者とみなすようになって、やがて彼らと明確に区別されるアメリカ人へと変貌してゆくのである。

第三部は、北米植民地喪失後、イギリス帝国のいわば中心的地位につきつつあったインド亜大陸における虜囚たちを主人公にする。本国に比して圧倒的な広さと人口の多さを誇るインドを、イギリスは東インド会社を介して統治しようとした。しかしこの獰猛で飼い馴らし難い「トラ」を相手に、数の少ないイギリスはセポイを組み入れ依存しつつも苦戦を強いられ、異性装の女性兵士を含む多くの軍人が虜囚の憂き目にあう。かれらの体験は、一七八〇年代まではイギリスの弱さと屈辱を示すものだった。ところが一七九〇年代以降、それはイギリス軍の勇敢や美徳の象徴へと徐々にシフトしはじめる。北米喪失に続くインドでの苦難は小さなイギリスの無理な拡大が限界に達したことの証であると理解されていたのが、マルサス人口学説の登場と一八一五年のヨーロッパの平和回復とを契機に、イギリス帝国のポジティヴな自己評価が台頭してくるのだ。そして、逃亡や寝返りという形で噴出していた軍内部にくすぶるアイルランド系などの下層兵卒の不満も、本国での労働者の生活改善が波及するにつれ解決されてゆく。

本書は一八五〇年で閉じられる。ヴィクトリア時代の「大」英帝国は当面、心配から解放されたかに見える。虜囚たちの語りは聞こえなくなる。軍事力・経済力は他の追随を許さない。しかし、イギリスの人々は、世界の人口に対して、あるいは世界の広さに対しては、必然的に少数派たらざるをえない。インドでも、中東でも、南アフリカでも、香港でも、オーストラリアでもカナダでも。かれらの不安はなんらかの形で歴史という大樹に刻まれているのではないか。帝国へ出向いたイギリスの人々を一種の犠牲者とすることで帝国主義に免罪符を与えてしまうかもしれない危険――本書に対するもっとも大きな批判だろう――を内包してはいるが、コリーのユニークなアプローチは、己の小ささに慄きつつ帝国を拡げてゆくイギリスの人々が、世界の中でさまざまな他者に出遭い（あるいは他者としてさまざまな出遭いを体験し）、自己規定をしあぐねながら展開するという、まったく主体的でない、「大きく他者に依存していた」（訳書四九二頁）、新しいイギリス帝国史のナラティヴを可能にしたのである。

『虜囚』の「とりこ」／他者を梃子にする歴史学

ヨーロッパ中心主義的な歴史観では、ムスリムも「インディアン」もインド人も、イギリスによって組み敷かれる側の弱者、敗者である。だからこそ、『虜囚』が提供する、拡大しているのに不安で弱いイギリスという正反対のビジョンは、あまりに強烈だった。それだけでなく、『虜囚』は、個人的な点からしてもかなり影響の大きな書物となった。私は学部生の頃から、なぜか難破という現象に魅かれてきた。その流れで、難破譚と総称されるジャンルの史料群の存在に気づき、折に触れ読んではいた。しかし、これを「研究」し、「論文」にするためには何かが欠けていて、長らく棚上げしていた。しかし、『虜囚』を読むことで、難破譚の扱い方に非常に大きな示唆を得ることになったし、また、難破譚にも数多くの北アフリカでの虜囚エピソードが記されていることにも目を開かれることになった。その結果、私はここ数年、コリーの開拓した北アフリカでの虜囚問題を、その地での海難者（拿捕された者を含む）がいかにして解放を勝ちえるかという関心と結び付けて調査を進めている。

その調査過程で分かったのは、おそらくは『虜囚』がひとつのきっかけとなり、過去十五年ほどの間に、北アフリカの諸勢力とヨーロッパとの関係に関する研究が、イタリア、フランス、スペイン、ハンザ諸都市、イギリス、オランダなどの事例研究を通じて急速に進んできているという事実である。テーマ自体は本流の歴史研究の対象外で、この活況を注視する者の数は、かつて『イギリス国民の誕生』に刺激を受けてナショナル・アイデンティティの歴史に関心を持った人々に比べ、非常に少ないとは思うが、その静かな衝撃は、徐々に近世・近代の歴史像を揺るがせてゆくに違いない。たとえば、『虜囚』でも触れられていたが、北アフリカでのヨーロッパ人虜囚問題が深刻化した近世・近代は、ヨーロッパ人による大西洋奴隷貿易の時期と重なる。私の知っている例では、イギリスを出港してアフリカへ向かう奴隷貿易船や、西インド諸島の砂糖プランテーションに向かう商船がモロッコ沿岸で難破し、乗組員が虜囚となり、身代金が払えねば「奴隷」に落とされるという危機に直面した。近世・近代ヨーロッパと奴隷の関係を一から考え直す素材ではないだろうか。また、虜囚の身代金交渉から解放に至るプロセスは、当局と民間、本国と現地、そしてムスリムやユダヤ人も含むさまざまなアクターが関わって成立していた。現在流行の「トランスナショナル・ヒストリー」の格好の素材ではないだろうか。ソマリアや北朝鮮、ＩＳを考える素材にもなりはしないか。

コリーは見えない他者を呼び出すことで既存の歴史の見方を一変させ、別の雄大な歴史像を描くことのできる抜群のセンスを持った研究者である。『イギリス国民の誕生』も『虜囚』も見事な例だと思う。さらに最近では、「憲法」のグローバルな伝播を研究しているようだが、ここでも、合衆国憲法の一方向的なヨーロッパ大陸への影響や、フランス革命の画期性や、イギリスの不文憲法の伝統の独特さ、といった従来の常識は、他者・他国の憲法（的文書）の相互参照の実態を具体的に追跡し跡付けることによって、鮮やかに相対化されている（'Empires of Writing: Britain, America and Constitutions, 1776–1848', *Law and History Review*, 32–

2, 2014／「憲法を起草することと世界史を書くこと」羽田正編『グローバル・ヒストリーの可能性』山川出版社、二〇一七年／初来日での講演 'Writing Constitutions into British History' 東京大学、二〇一八年四月三日）。

他者のいなさそうなところに他者を発見する天性の才能を、コリーは与えられている。その才能と並外れた探査能力の結晶たる著作に触れると、読者は彼女の洞察力を疑似体験できる。ならば、歴史書の愉悦とは、たんに虚を突かれ常識を揺るがせられるところにあるのではないのかもしれない。そうではなく、賢者の境地を垣間見られ、優れた知性の持ち主によって自力では昇れない高みに連れて行かれ、過去を理解するための絶好の眺望を得られるから、その読書は「愉悦」としか表現できない体験になるのかもしれない。

〔中村裕子・土平紀子訳、法政大学出版局、二〇一六年（Linda Colley, Captives: *Britain, Empire and the World 1600–1850*, Jonathan Cape, 2002）〕

第Ⅱ章　声なき声に耳をすます

足もとに広がる歴史の沃野
柳田國男『明治大正史世相篇』

湯澤規子

歴史叙述の冒険

「君は自分で織物を織ったことがあるか。」
「君は明治大正史世相篇を読んだことがあるか。」

結城紬という農村織物と女性をテーマとした卒業論文を提出してから臨んだ大学院入試の面接で、日本近代史の教授（大濱徹也）から私に投げかけられたのはこの二つの質問であった。その後の私の研究と人生を大きく左右することになった、忘れられない問いである。薄暗い会議室、コの字型の机に座る十数人の教授たち。今でもその時の情景がありありと目に浮かぶ。そしてこの問いは面接会場を出た瞬間から今に至るまで、片時も離れることなく私をとらえ続けることになった。

質問をされたとき、私は『明治大正史世相篇』をまだ読んだことがなかった。正直に言えば、その存在すら知らなかったのである。したがって、まず同書がいったいどのような内容なのかを読んで確かめる必要があり、次になぜ私が同書について問われたのかを考えることから始めなければならなかった。冒頭一つめの質問に対しては、「織物はおもちゃの道具で織ったことがあります」と嬉々として答えたが、今にして思えば、的外れな回答であったことは言うまでもない。にもかかわらず、私はなぜか大学院生になれたのだった。

質問には相手に何らかの気づきを与えるという教育的配慮が含まれているとするならば、おそらく冒頭の二つの質問に共通しているのは、「当時を生きた人びとの視点と感覚から歴史を描く大切さと難しさについて自覚的であれ」、というメッセージであったように思われる。もちろん質問を投げかけた本人はその意図に言及することはなかったし、時代を追体験するように追究してこそ描ける歴史叙述の魅力と困難に、この時の私はまだ気づく余地もなかった。しかし、卒業論文をきっかけとして、地域に生きる人びとの人生と日々の暮らしを「ライフヒストリー」という新しい歴史として編もうと試行錯誤しては挫折を繰り返す中で、私にとって『明治大正史世相篇』は、いつしか、繰り返し吟味し、行き詰ったときに原点に戻るために手ばなすことのできない、かけがえのない一書となっていた。

「現代世相の解読をめざした歴史記述の冒険[1]」と目される『明治大正史世相篇』は、一九三一年に朝日新聞社から刊行された『明治大正史』全六巻の第四巻として、柳田國男によって著された。柳田は官僚の職を辞した後、民俗学研究に没頭し始める中で、朝日新聞社の論説委員として同書の執筆にあたった。大正時代が幕を閉じ、昭和という新しい時代が幕を開けた時、明治大正の歴史を編むために選ばれた各巻のテーマは、第一巻「言論篇」（美土路昌一）、第二巻「外交篇」（永井萬助）、第三巻「経済篇」（牧野輝智）、第四巻「世相篇」（柳田國男）、第五巻「芸術篇」（土岐善麿）、第六巻「政治篇」（野村秀雄）であった。まずそのタイトルを見ただけでも、オーソドックスなテーマを掲げたほかの巻と比べて、「世相篇」は新しい歴史叙述を意図した意欲的な試みであったことがわかる。

第四巻が「明治大正史の編纂が、わが朝日新聞によって計画されるよりもずっと以前から、じつはこういう風な書物を一度は書いてみたいということが、内々の自分の願いであった」（九頁）という言葉で始まることを考えると、世相篇は新聞社の意図というだけでなく、柳田本人の問題意識を全面的に表現した試論であったともいえるだろう。

固有名詞のない歴史

新聞社が企画したこともあって、各巻は新聞記事を主な資料としている。しかし、「世相篇」では「新聞の記録ほど時世を映出するといふ唯一つの目的に、純にして又精確なものは古今共に無い」といい、各都道府県、各地の新聞を過去六十年渉猟したにもかかわらず、現実の社会時相はより複雑であり、新聞はその一部しか覆っていないことに柳田が気づいたことをその出発点として、新聞記事のみに依拠しない叙述が模索される。ここに至って柳田は歴史叙述にあたって自身の「野望」を次のように述べている。

現代生活の横断面、すなわち毎日我々の眼前に出ては消える事実のみに拠って、立派に歴史は書けるものだと思っている。（九頁）

この書が在来の伝記式歴史に不満である結果、故意に固有名詞を一つでも揚げまいとしたことである。従って世相編は英雄の心事を説いた書ではないのである。国に遍満する常人という人々が、目を開き耳を傾ければ視聴し得るものの限り、そうしてただ少しく心を潜めるならば、必ず思い至るであろうとこ

ろの意見だけを述べたのである。(一二―一三頁)

ここには既存の歴史研究を乗り越えて、三つの新しい方向性を示そうとする意図が見てとれる。第一は、当たり前であるがゆえに記録されずに消えていく日々の営みを歴史にしていこうとする「挑戦」であり、これは文献史学の限界と課題を意識したものであった。第二は、固有名詞のない歴史を描く「覚悟」であり、これは後に民俗学の誕生とともに、「常民史」として一つの分野を形成することになった。激動する日本近代の渦中にあって、「我々の生き方が、どう変化したのか」(一七頁)と問うたのは、もちろん柳田一人ではなかった。しかし、特定の人物やエリート階級の人びとを「我々」と称する既往の歴史に比して、柳田のいう「我々」にはじつに多くの人びとが含まれていた。そして第三は、目に見えるものだけでなく、五感を通じて知りうる「感性」と「心性」をも歴史の俎上に上げようとする「試み」である。

ただし、これらの試みには不手際も多く、満足のいくものには仕上がらなかったと、柳田自身は述懐している。しかし、そうした限界を超えてなお、同書は多くの読者を魅了し続けてきた。「名著とうたわれた『明治大正史世相篇』を全体として成功した作品だとは思っていない」と評した歴史家の色川大吉も、「平凡人の経験の記述によって歴史は書けるものだという実験は驚くべき試みであった[2]」と、世相篇の執筆にかけた柳田の意欲そのものについては評価することを忘れなかった。

衣食住をめぐる感性と心性

固有名詞のない歴史、つまり、ごく普通の人びとの、たえず流れては消えてゆく日常を「世相史」として書き留めるためには、いったい何を頼りにしたらよいのだろうか。
「何人でも知り切っている莫大なる事実が、いまだ整頓せられずにこの方面には転がっている」（一七頁）という柳田の言葉によれば、まず、誰もが経験している衣食住の世界を見つめることが必要だとわかる。実際、同書の構成をみると、冒頭の第一章から第三章までは明確に衣食住に関する論考となっており、また、それ以降も随所に衣食住と関わらせた事象が登場する（表1）。この問題意識は期せずして、フランスのアナール学派の草創期を支えた中心的な歴史家であるフェルナン・ブローデルが既存の歴史学の枠組みを批判的に乗り越えることを意図して提唱した、歴史の基層を支える膨大な「物質世界」への着目と相通ずるところがあって興味深い(3)。

しかし、じつは衣食住への着目というだけでは、同書の意義を説明するには十分とはいえない。同書が歴史の「冒険」と評されるのは、柳田が人びとの「感性」と「心性」にまで踏み込んだ思索を展開したからなのだと、読み返すたびに実感させられるのは私だけではないだろう。全十五章からなる『明治大正史世相篇』に終始一貫しているのは、色、音、香り、味、肌ざわり、表情、心地、願いなど、これまでの歴史では描かれてこなかった、そして描こうとしても容易には描けなかった側面に光を当てていることである。ゆえに、「日本の民衆精神史の未踏の領域に、はじめて体系的な観察の方法を用意して踏み入ったこの〝魂の探検家〟に対して、現代の読者が心を揺さぶられるのには道理がある(4)」という色川大吉の説明は正鵠を射ている。

明治大正という時代は一言でいえば「大転換」の時代であった。その転換は文明開化の時代、産業革命の時代、労働者階級の誕生の時代、鉄道の時代、戦争の時代など、様々に名づけられ、説明されてきた。しかし、柳田はその大状況に目配りしながらも、通りを歩く女たちの衣装の色や柄が驚くほど華やかになったこ

表１　『明治大正史世相篇』の構成

	章		節
衣食住（家と個人）	1	目に映ずる世相	1新色音論、2染物師と禁色、3まぼろしを現実に、4朝顔の予言、5木綿より人絹まで、6流行に対する誤解、7仕事着の捜索、8足袋と下駄、9時代の音
	2	食物の個人自由	1村の香り　祭りの音、2小鍋立と鍋料理、3米大切、4魚調理法の変遷、5野菜と塩、6菓子と砂糖、7肉食の新日本式、8外で飯食う事
	3	家と住心地	1弱々しい家屋、2小屋と長屋の修練、3障子紙から板硝子、4寝間と木綿夜着、5床と座敷、6出店の衰微、7木の浪費、8庭園芸術の発生
居住地と居住形態（社会）	4	風光推移	1山水と人、2都市と旧跡、3海の眺め、4田園の新色彩、5峠から畷へ、6武蔵野の鳥、7家に属する動物、8野獣交渉
	5	故郷異郷	1村の昂奮、2街道の人気、3異郷を知る、4世間を見る眼、5地方抗争、6島と五箇山
	6	新交通と文化輸送者	1人力車の発明、2自転車村に入る、3汽車の巡礼本位、4水路の変化、5足袋と商業、6旅行道の衰頽
人間関係	7	酒	1酒を要する社交、2酒屋の酒、3濁密地獄、4酒なし日、5酒と女性
	8	恋愛技術の消長	1非小笠原流の結婚、2高砂業の沿革、3恋愛教育の旧機関、4仮の契り、5心中文学の起り
	9	家永続の願い	1家長の拘束、2霊魂と土、3明治の神道、4士族と家移動、5職業の分解、6家庭愛の成長
生産と労働	10	生産と商業	1本職と内職、2農業の一つの強み、3漁民家業の不安、4生産過剰、5商業の興味及び弊害
	11	労力の配賦	1出稼労力の統制、2家の力と移住、3女の労働、4職業婦人の問題、5親方制度の崩壊、6海上出稼人の将来
	12	貧と病	1零落と貧苦、2厄災の新種類、3多くの病を知る、4医者の不自由、5孤立病と社会病
社会心理の実態と問題点	13	伴を慕う心	1組合の自治と聯絡、2講から無尽業へ、3青年団と婦人会、4流行の種々な経験、5運動と頭数、6弥次馬心理
	14	群を抜く力	1英雄待望、2選手の養成、3親分割拠、4落選者の行方、5悪党の衰運
	15	生活改善の目標	

出所）『明治大正史世相篇』、益田勝美「解説」（『明治大正史世相篇』平凡社、1967年、341–351頁）より作成。

と、そしてその背景には西洋化が進み、新しい染料が導入されたというだけではなく、人びとの色や柄に対する許容、風習、愛着などに見てとれる「心の変化」があると、鮮やかな筆致で描くのである。また、「馳せちがう車の轟き」、「樫の足駄の歯の舗道にきしむ音」が溢れる都市のざわめきから「時代の音」を読みとり、日中の堆肥や下水、盆と彼岸に満ちる線香の煙、朝の庭を掃き清めた土、厩の戸口で萎えていく朝草など、数々の物事から感じられる「村の薫り」から人びとがいかに人生を学び味わっていたか、そしてそれが今まさに、いかに忘れられつつあるかを論じる。このように、読者自身をも当時の雑踏の中をかき分けて歩いているような、あるいは里や野山の暮らしに悠々と立ちのぼる煙を目の前で眺めているような気持にさせられる詩情豊かな思索と表現の機微が、ほかの歴史書には見られない迫力と魅力を本書に与えているといってよいだろう。

「柳田が庶民の感性に就こうとしたことは、本質的な意味を持つ」と言った色川大吉は、それが民俗の「外形形象」と「心意現象」とを結ぶ「環」であるからだと論じている。つまり、「目に見える」世相風俗を根底で規定している「目に見えない」社会心理への接近と、両者の相互関係に対する考察に柳田は成功しているというのである。

鶴見和子もその点に言及して、次のように整理した。(5) すなわち、①社会変動を制度やイデオロギーの変化によるのみではなく、民衆の情動（感覚の変化）を通して探っている、②環境や理性的認識の変化にもかかわらず古い情動は比較的長く残留していると見ている、③発展の内発性を信じ、変化の原因を安易に外発に求めない、④単系発展説ではなく多系発展説の立場に立っている、⑤共同体と個人との関係を相互的にとらえている。

いずれも今日まで色あせない歴史学の課題であり続けていることに、あらためて驚かされる。とりわけ③、

④、⑤では第二次世界大戦後に日本の歴史学や社会学が受け入れてきた西欧の近代化論とは異なる解釈が提示され、これまで近代化論の通説の中で見落とされてきた本質が鮮やかに浮かび上がる。そして読者は、近代化論を再構築するための沃野が、じつは自らの足もとに茫々と広がっていることに気づかされるのである。

加えていえば、柳田が世相篇を書いていた一九三〇年に先んじて、フランスでは一九二九年に「新しい歴史学」をめざした雑誌『アナール』が創刊されている。感性や心性に踏み込んだ社会史を構築したことで知られるアナール学派がこの時期に端を発していることをふまえると、柳田の問題意識はただひとりのものというよりもむしろ、二十世紀前半に展開した新しい歴史学の波動と共鳴し合うものであったという評価があってしかるべきなのかもしれない。

世相と日常の現代史再考

『明治大正史世相篇』は二〇一八年現在では、日本近代史の範疇に入るが、柳田がこの文章を書いていた一九三〇年、それはまさに柳田自身が生きた時代の「現代史」としての意味を持っていた。本書を上梓する以前に発表された『時代ト農政』（一九一〇年）、『都市と農村』（一九二九年）、そして同書を上梓した後に内容の一部をさらに深めて世に問うた『日本農民史』（一九三一年）、『木綿以前のこと』（一九三九年）などをふまえて考えると、柳田が目の前の世相と日常への深い観察によって、変わってゆくことの光と影の両方を示したうえで未来を見据えようとしていたことがわかる。いずれの著作も昭和初期という時代を理解し、その後を展望するために必要不可欠な現代史にほかならなかった。一九三五年に書かれた「国史と民俗学」と題する論考では、奇異現象を説明する狭隘な民俗学に陥らないように警鐘を鳴らし、世間普通の生活諸相としての「世相」から国史を描く重要性を強調している。小さな歴史と大きな歴史を相互補完させながら歴史を編むべきだという主張は、民俗学に対する自省というだけでなく、既存の歴史学への痛烈な批判でもあった。

しかし、名著といわれながらも『明治大正史世相篇』の意義を正面から論じたものは少なく、その問題提起は歴史学の大きなパラダイム転換を喚起するまでには至らなかった。一九五〇年代に昭和史が書かれた際には、未だ歴史学には人間が不在であると批判したことに端を発する、いわゆる昭和史論争が展開している。益田勝美が『明治大正史世相篇』について一九六七年時点で述べているように、「前人未踏のこの仕事は、今日にいたるまで、それにつづき、それを超えていくものがない」まさに「空前の書」であり、「ただひとつ屹立」した存在であり続けたのである。(6)

同書が再評価され始めるには一九七〇年代を待たなければならなかった。この時期、本書に対して先述の色川大吉が歴史叙述の新たな可能性を見出し、後には『昭和史世相篇』を刊行して、あらためて「世相」から歴史を書く意義を問うている。(7)また、社会学の分野では、鶴見和子が西洋モデルの近代化論と対峙しうる社会変動論としての新たな思想的意味を見出し、議論するようになった。それらをきっかけとした歴史叙述に対する再検討が、それ以後の多彩な民衆史、民衆精神史研究を生み出すことにつながったのだと思われる。また、同時期に柳田國男の仕事を総括する全集や底本が刊行され始めたのは、そのような時代的要請のあらわれでもあった。

こうして繰り返される歴史叙述の試行錯誤の足跡は、ひとつのバトンのように受け渡されていくものである。冒頭の質問に立ち返れば、一九九七年の春、私はあの薄暗い会議室の面接試験の席で、「君はバトンを受け取っているか?」と問われたのだと、今ならはっきりと理解することができる。

読むたびごとに発見があるのは良書の条件といわれるが、それは読者がもつその時々の疑問に応え、まだ言葉にできない直感的なひらめきや理解に言葉や概念を与えてくれるからである。しかし、もうひとつ重要な条件は、次の時代にもその意思を引き継ぎ、不足の点が補われつつ、新しい叙述が試みられるということであろう。「異国後代の読者に書き送る」（一二頁）という柳田の言葉が導く『明治大正史世相篇』の世界はまさに今、「私たちは現代という時代をどのように生き、何を感じているのだろうか」という問いと向き合うために、私たちが受け取るべきバトンにほかならない。

歴史は私たちのすぐそばの足もとに無数に存在している。そう信じながら、これまで私は農村織物の織り手たち、漁村で働く海女たち、行商列車にのるかつぎの女性たち、山村のレース工場や毛織物工場で働く女工たち、葡萄と葡萄酒によって地域を切り拓いてきた人たちの意志や人生そのものの中に歴史を見出してきた。しかし、こうした私の姿勢と歴史叙述はしばしば、詩情に依りすぎて客観的分析に欠ける、という批判にも晒されてきた。その時々に支えになったのは、平凡に見えて、しかしかけがえのない日常を生きる人びととの無数の出会いと、すぐそばの足もとにあるものから説き起こし、広く社会構造までをも視野に入れた深淵な考察に辿りつくことを証明してみせた『明治大正史世相篇』をおいて他になかった。その意味で、本書は私にとって、座右の書と呼ぶにふさわしい一書なのである。

（1）佐藤健二「解説」（柳田國男『柳田國男全集二六』ちくま文庫、一九九七年）、六四五頁。
（2）色川大吉『昭和史世相篇』（小学館、一九九〇年）、一二頁。
（3）F・ブローデル『物質文明・経済・資本主義　一五～十八世紀　日常性の構造1』（村上光彦訳、みすず書房、一九八五年、原書は一九七九年刊行）。
（4）色川大吉『日本民俗文化体系（1）柳田國男』（講談社、一九七八年）、一五頁。
（5）鶴見和子「常民と世相史――『明治大正史世相篇』」（神島二郎・伊藤幹治編『シンポジウム　柳田國男』日本放送

協会、一九七三年）、一二三―一三九頁、鶴見和子「社会変動のパラダイム」（『思想の冒険』筑摩書房、一九七四年）。

（6）益田勝美「解説」（柳田國男『明治大正史世相篇』東洋文庫一〇五、平凡社、一九七一年）、三四四、三五〇頁。

（7）色川大吉『昭和史世相篇』（小学館、一九九〇年）。

［『柳田國男全集26』ちくま文庫、一九九〇年（ほかに講談社学術文庫、新装版、一九九三年など。初出は朝日新聞社、一九三一年）］

たたかいの歌を想像する
黒羽清隆『昭和史（上）　戦争と民衆』

北村嘉恵

お前は歌うな
お前は赤ままの花やとんぼの羽根を歌うな
風のささやきや女の髪の毛の匂いを歌うな

二十台半ばの中野重治がうたった「歌」の冒頭である。(1)「歌うな」「撥《はじ》き去れ」「擯斥《ひんせき》せよ」と畳みかける言葉は、「歌え」「歌い上げよ」「胸廓にたたきこめ」という後半の言葉と呼応して、容易に忘れがたい響きを湛えている。その響き方は、受けとり手により時々により無限であろう。中野とともに同人誌『驢馬』のメンバーであった堀辰雄は、この歌いだしが「ふしぎに僕等の心をとらえる」のは「彼が赤ままの花やとんぼの羽根を歌うことをしなかったからではなく、むしろ赤ままの花やとんぼの羽根を彼らしく歌っているからではないか」と述べる。(2)

何をいかに「歌う」のか。おそらくあらゆる表現者にとって切実な、そして日常生活の一部をもなす、この問いを、中野の「歌」は繰り返しわたしに投げかける。そして、しばしば歌いあぐね行きなやむなかで一歩を進めるための手がかりを示し意気を支えてくれる、黒羽清隆の諸作品はそのような存在である。

「十五年戦争」という歴史的な経験をいわば〈虫の眼〉と〈鳥の眼〉とで描き続けた黒羽の作品群には、生身をもつ人間たちの生きざま・死にざまに肉迫し、それぞれにとってのリアリティを想像し肌感覚で受けとめようとする、しなやかな勁《つよ》さが脈打っている。それは、前の時代の人びとがいかに生き死んでいったのかを確かめつつ、自らがいかに生きているのか、生きていくのかを問い続けたひとりの人間の足跡でもある。その道行きの底深さは読み手の歩みに応じてのみ実感されるということを、読み返すたびに思い知らされる。

『昭和史（上）戦争と民衆』（一九八九年）は、黒羽が五十三歳で世を去った後に編集・刊行された第一冊目の論集にあたる。[3]「民衆史としての昭和史」と題する長編の未発表論考と「十五年戦争」を主題とする既発表論考・講演記録九本が、本体をなす。いずれも、一九八〇年代初頭から半ばの時代状況のなかで執筆され語られたものである。これらの論考を含めて、黒羽は自らの発表作品を「習作《エチュード》」「素描《デッサン》」「試作品」などと呼ぶことが多かった。「個別論文の止揚としての「通史」[4]」の再構成を絶えず追求していた彼の活動において、それは謙遜ではなかっただろう。問いの深さと迂遠ともみえる道行きとは相応しており、社会に蔓延する「短絡」への抗いは歴史研究・歴史教育の手法においても徹底している。現在の時代状況において彼ならどこでどのような言葉を語り、どのような歴史叙述を試みるだろうか。黒羽自身による「止揚」の諸作品はもはや望みえないけれども、遺された作品群から汲み出しうるものは豊かに尽きない。ここでは、今回読み直してとくに心を捉えられた主題について黒羽の探究の跡をたどってみたい。

十五年戦争と日常生活

黒羽の作品群の特徴のひとつは、十五年戦争期を生きた人間たちの生活の様態と意識の流れを複雑なままに描き出していることだ。〈戦場〉であれ〈銃後〉であれ、とりわけ食べる・はたらくという営みから焦点を外すことなく、「非常時」の日常として描出される生死の諸相は、自らの日常を問い返す視点を示すと同時に、人間理解の視野をも広げてくれる。人びとの顔立ちや声音、背格好が千差万別であるように、ある時代・社会における人びとの体験およびそこから生成される意識は多面的だ。この単純な事実のもつ重みを歴史叙述として表現しきり、そのようにしてのみ接近可能な十五年戦争下の「常識」（共通感覚《コモンセンス》）(5)とその構造を描出していく、手法においても叙述においても稀有な仕事である。

本書所収の諸論考においても、戦場となった街や山野や海における兵士たちのたたかいの諸相とともに、戦時に進行した国家の統制・介入をそれぞれの負荷量において背負い、あるいは国家の保護・救済に刹那の拠り所を得ようとした人びとや、戦争終結が困苦の終わりとはならなかった人びとのたたかいの諸相が、叙述のコアをなす。もとより、さまざまな人のさまざまな戦争体験を総和しても戦争という事象を把握することはできない。豊かな史料を駆使してディテールを描出し続ける黒羽の叙述には、どこか別のところから引っ張ってきた大状況と個別的な体験とを貼り合わせて〈戦争経験〉を意味づけるような飛躍はなく、むしろ、身近な人の生死あるいは自分の行先についてすら限られた情報しか得られなかった人びとの世界が浮かび上がるような、ある種の見通しの悪さがつきまとう。そこに黒羽の追求した〈民衆史〉の比類なさがあり、問題提起があるように感じる。単に情報から閉ざされているというだけではない、噂や占いや縁起担ぎへの傾倒が公式情報への不信あるいは共同幻想の表出であるような民衆意識の深層を掘り進めているのだ。

民衆の生活史・意識史を基軸とする歴史像が、十五年戦争の歴史過程を日本帝国および国際政治史上の「事件」として、また日本資本主義の「本能」として把握する明晰な叙述といかに有機的に結びついているかは、黒羽の作品群を読み合わせることにより幾重にも確かめられる。だが、黒羽の叙述に導かれて読み手の視界が広がるのは、十五年戦争史の全体像を俯瞰する安定した視座ゆえではない。十五年戦争を生き死んでいった人間たちの痕跡に分け入り「微視と凝視」に徹する眼力と、痕跡を残さなかった人間たちの生き死にのありように対する想像力に導かれてのことである。

このようなアプローチを貫くのは、人間たちの生存・生活の危機として戦争を捉える視点とともに、戦争を支える日常的基盤が人びとのなかにどのように形成されたのかを問う視点であろう。それらを貫いて、人間たちの経験あるいは存在そのものを類型化し仕分けしていく思考や社会的しくみへの抗いがある。そして、十五年戦争を支えた日常的基盤は現在においても崩れていないのではないか、という問題意識も明確である。

戦争遂行を支える

民衆の日常的な生活様態の追究は、十五年戦争史に関わるいくつもの重要な主題の追究と連なっている。戦争の「主体」としての民衆という主題はそのひとつである。戦争遂行業務に参加する民衆たちの様態が、イデオロギーや言説、あるいは類型化された行動の次元ではなく、それぞれの日常生活の重量感において捉えられていることが特徴だ。

たとえば、一九三七年の朝日新聞社主催による「軍用機献納運動」に関する考察は、「同調」による支配」という主題とも関わり重要な視点を提示している。一口一円以上の「献金」を読者に募った同キャンペーンは、「北支事変」から一ヵ月余で四百万円を突破し、さらに日本軍が南京へ「猛進撃」する十一月には六百万円を突破、同社主筆は二次にわたって陸海軍大臣それぞれに計三百万円を手交し、偵察機・戦闘機・爆撃機など計九十機の「献納」へと結実した。黒羽の筆は、これら「最優秀新鋭機」の向かう華北・華中の空、その下に広がる大地に生活する人びとへと読み手の眼を向かわせるともに、「軍用機献納」を支えた人びとの生活へと及ぶ。新聞紙上に連日掲載された献金受付リスト（たとえば、東邦電力社長・一万円を筆頭に、第百銀行・五千円、神奈川県の荻野村青年団・十八円七十二銭、新潟県の羽茂尋常小学校職員児童一同・十三円十銭など）の意味合いを量る手がかりとして黒羽が着目するのは、サラリーマンや農家の生計状況である。たとえば山形県の一村落の「精農、奥山与吉宅」では、朝暗いうちから夜更けまで子どもたちも加勢して織りあげた筵二千枚の価格が百十円、原料の藁代を引くと七十七円に満たない。藁を打ち縄を綯い筵二千枚を織りあげるのに要する時間は延べ二千七百五十三時間に及ぶ（一日八時間労働に換算すると三百四十四日強）。一時間あたりの労賃は「二十銭と四厘」だ。――「光を放つ〝貧者の灯〟」「農・山・漁村からの零細な献金」といった「美談」が繰り返し紙面を飾ったことの意義も、第一次集約ののち献金額の「増加テンポが相当におちている」という事情も、このような地点から照射される。

生活に絡む「自分自身の問題」をだれもがかかえている。今日食べるもの、今日中のノルマ、未完済の借金、自分や身近な人の心身の不調、学校や職場や近所の人間関係……。「私」の問題への没入は、現存の秩序への黙従につながるか。あるいは、「公」的権力の動員に対する重石となるか。「公」的な責務や「公」「私」ないまぜの要請ないし期待から身を引くはずみを与えるか。黒羽は、ファシズム運動の担い手として注目されていた中間社会層[6]に限定することなく、献身・奉公といった「美徳」の重みを担った人びとの生活に視点を据えて、対中戦争を「聖戦」とみなす観念がいかにして人びとを捉えていったか、「聖戦」に参加しているという実感が人びとにいかなる活力や支えを与え得たのか（得なかったのか）を問い、また、人びととのそうした誠意や熱意が非同調者・不同調者をあぶりだす動力となっていく構造を見極めつつ、「戦線」からの離脱を志向することの可能と不可能について考えをめぐらせる。それは、十五年戦争への支持・参加という行為に対する直線的な否定や肯定あるいは諦観とは異なり、個々人が自律的に離脱を志向することが可能となるような現実的条件を問う困難な試みでもある。そして、「国民的な努力の結集として、未曾有の侵略戦争はなしとげられていった」という歴史像は、戦争の開始、継続、降伏の決定において政治史的主体としてヘゲモニーを発揮した天皇の判断のありかた、人や馬を「戦力」として振り分け配置するシステム稼働の諸相、「敵」イメージを膨らませて人びとの敵愾心を水路づけ煽り立てるマス・メディアのはたらきなどの分析と読み合わせることで、より立体的な像を結ぶ。

昨日も今日も変わらず明日も変わりようのない生活のなかで鬱積する疲労や苛立ちが、どのような「仮排水路」へと導かれうるのか。閉塞感や被収奪感から解き放たれて自らの存在意義を確かめたいという欲動は、どのような行為へと跳躍しうるのか。「民衆のひとりひとりを「毎日の生きるための闘いの小さな世界」から連れ出して、一個壮大な「聖戦」劇のまばゆい舞台に立たせるメカニズム」、あるいは、「「聖戦」観念という「公」的意識を狙撃する「個」のトーチカ」についての黒羽の思索の跡をたどりつつ、これらの問いに対する解答群とそれぞれを可能とする現実的基盤の、さらなる追究へと促される。

日々の生活とそこで紡がれる意識から眼を離すことなく民衆の戦争参加の様態を問うというアプローチは、戦場としての中国大陸における日本軍兵士たちと中国人兵士・民衆たちとの対面場面の考察にも貫かれている。

「敵」に対面する

　激戦の末の小休止あるいは行軍・宿営の最中に、日本軍兵士たちの中国人民衆に対する掠奪、性暴行、殺傷害は連続的・相関的に生起し、そうした行為と相関的・連続的に所属部隊の上官・同僚に対する暴行や脅迫あるいは軍中逃亡が生起した。あるいはどこにでもある戦場体験の一コマだと感じかねないこれらの事象について、黒羽は、〈軍紀頽廃〉と〈職務精励・軍紀維持による頽廃〉とを腑分けしつつ兵士たちの置かれた戦線・戦況と重ねあわせて克明に描写する。さらに、それらの行為主体となった「日本民衆兵士」たちを自らの十五年戦争史像・日本民衆史像にどのように描出するのかという課題に取り組んだ。

　その核心のひとつは、日本民衆の戦争体験として加害と被害の両局面を盛り込むことではなく、いかにして「被害という形態をとった民衆の悲惨」と「加害という形態にまで追いつめられた民衆の悲惨」とに分け入り歴史叙述として表出させうるかということにあったといえる。この点、NHK連続ドラマ「おしん」の父と兄に演出された「口数の少ない不機嫌さ」や「黙々とはたらき、楽しそうにでなくぐびりぐびりと酒をのんでいる」イメージを捉えて、「日本民衆兵士の内面形成」の場に立ち会っているような気がしたというエピソードは、黒羽のまなざしをよく示しているだろう。〈戦う人間〉の内面形成は、日常生活の中で進んでいる。黒羽は、溜息とともに反復する日常生活の具体相に分け入り、そのただなかに「たたかいの韻律[7]」

を聴きわけながら、同時に、そこで醸成された意識の流れが、ある条件のもとで特定の対象に対する憎悪に満ちた攻撃として表出する、その機制（しくみ）について「制動機」の機能をも含めて追究し続けた。「加害者になるところまで苦しめられ追いつめられた被害者」という黒羽の把握が、加害と被害の「両面性」「重層性」を単に指摘するだけの議論、あるいは、「被害者」「弱者」としての民衆観のみを再生産し加害行為とその責任の曖昧化にまでつながりかねないような議論と一線を画する根拠の一端は、このような点にあるだろう。

生身の人間としての日本軍兵士の生態への執着は、彼らが「敵」として対面せざるをえなかった中国の民衆たちをも生身の人間として浮かび上がらせる。「みずからの戦争史像に、「敵・味方」双方の「人間たち」をどう呼吸させるか」という課題を自分に課していた黒羽の実践は特異だ。黒羽は、「敵」側の戦う者たちの生態そのものに踏み込むのではなく、日本軍兵士たちの体感を媒介として「敵」の姿に接近するという手法に徹した。兵士たちの手記や短歌を通じて描き出されるのは、「敵か味方かわからない」「平生多く百姓姿に化け」た「匪賊」たち、「虚脱したような動作やポーカーフェイスをきめこんだ痴呆のような挙動言動」の内に牢破りの「気迫と智謀」を潜める捕虜たち、「急ごしらえの紙製の日の丸」を手にし「無表情」に行軍を出迎える住民たち、大人に立ち交じり「我等」を見据える「眼の鋭き少年二人」、「進上《シンジョウ》」という一語とともに野芹一束をたずさえきた「もう力に媚びる」子、石地にこぼれ落ちた馬糧の麦粒を拾い集める老婆……の姿だ。そして、そうした「敵」認識のうちに、憎悪、敵愾心、警戒心、恐怖、同情、愛憐、驚きなど「あらゆる感情のアンサンブルがあって、ただ一つ、侮蔑だけがない」こと、「生々しいリアリティの分だけ「聖戦」観念に麻痺していない」ことをも確かめている。

日本軍兵士たちの中国軍・中国兵観念について「全面的なパノラマ」を描こうとすれば「それだけで優に

一冊のほんが成る」という言葉が誇張ではないだけの徹底した史料探索と鋭敏な読解に支えられた叙述は、歴史的文脈から切り離された人道主義的断片の抽出作業とは無縁である。矛盾や混濁に満ちた敵愾心の表出の様態を凝視しつつ、空疎で硬直した「敵」観念が揺さぶられる手がかりを生身の「敵」との対面場面に探り、「敵・味方」として分かたれ組織された双方が「人間たち」になる細い道筋の起点を日本軍兵士たちの体感のうちに探っていたと受けとめることができるだろう。

黒羽は、民衆の史的生態から民衆運動史との連動へと歴史叙述の糸を紡いでいく展望をもちながら、〈民衆運動〉と〈民衆〉とのあいだの乖離を現在に通ずる課題として受けとめ、民衆それぞれの個体的な困苦・悲惨・奮闘に分け入ることに執着した。また、「戦争の生態学」の精密な構造化という課題を遠望しつつ、リアリティの欠落した抽象論や個体差を溶解させる範疇《カテゴリー》論を徹底して却け、〈たたかう人間たち〉の生態を核とした十五年戦争史の描出に打ち込んだ。(8) そしてそうした地点から、「追いつめられた民衆が、追いつめられたことをテコとして自力で立ちあがるときの掛け声(9)」について考え続けた。この営為の所産を織り継いでいくのに早道はない。

「絶望の虚妄なること、まさに希望と相同じい(10)」という魯迅の〈希望〉の歌の根拠を、その屈折やせめぎあいのままに歴史的現実の中に確かめていくこと。それは、後生に手渡された切なる要請である。

（1）中野重治「〔機関車〕歌」（『驢馬』第五号、一九二六年九月。のちに、「歌」『中野重治全集』第一巻、筑摩書房、一九九六年）。

（2）堀辰雄「中野重治と僕」（『詩神』第六巻第七号、一九三〇年七月。のちに、「二人の友」『堀辰雄作品集』第四巻、筑摩書房、一九八二年）。

（3）黒羽生前の公刊物の全体像については、鹿野政直「「民衆」史と「庶民」史を架橋する——黒羽清隆氏のまなざし」（『歴史評論』第四五七号、一九八八年五月）が手がかりとなる。同論文は、付記・追記とともに、加藤正彦・八耳文之編『黒羽清隆歴史教育論集——子どもとともに歴史を学び、歴史をつくる』（竹林館、二〇一〇年）に載録。

（4）黒羽清隆『十五年戦争史序説』（三省堂、一九七九年）、一二六頁。

（5）戸坂潤「「常識」の分析」（『唯物論研究』第二八号、一九三五年二月。のちに、『日本イデオロギー論』白揚社、一九三五年）。中村雄二郎『共通感覚論——知の組みかえのために』（岩波書店、一九七九年）。

（6）丸山真男『日本ファシズムの思想と運動』（未來社、一九六四年）。

（7）黒羽清隆『十五年戦争と平和教育——弱者・庶民史からの実践的ノート』（地歴社、一九八三年）。栈敷よし子の生活史叙述に織り込まれた「たたかいの韻律」は圧倒的だ。

（8）近年「戦争生態学（Warfare ecology）」という分野横断的な学術領域の体系化が提起されているが、黒羽の指向した「戦争の生態学」とは趣を異にする。「戦場」として陸海空と宇宙・サイバー空間を包含し、人間を含む多様な生物の生命現象を長期的に見渡す議論から学ぶことは少なくないものの、〈戦争〉という事象の把握や〈平和〉実現への道筋において黒羽の議論とは対照的な短絡も目につく。Gary E. Machlis *et al.* ed., *Warfare Ecology: A New Synthesis for Peace and Security*（Dordrecht: Springer, 2011）.

（9）竹内好「中国人の抗戦意識と日本人の道徳意識」（『知性』第二巻第五号、一九四九年。のちに、「中国のレジスタンス」『竹内好全集』第四巻、一九八〇年）。

（10）魯迅「希望」（『語絲』第十期、一九二五年一月。のちに、『野草』北京：北新書局、一九二七年）。この詞は、黒羽自身が「胸裡につぶやく」ことばとして、前掲『十五年戦争と平和教育』に引用されている。

［飛鳥、一九八九年（発売＝地歴社）］

「下からの歴史」のヴァージョンアップ
トッド『ザ・ピープル――イギリス労働者階級の盛衰』

長谷川貴彦

階級

英国の人気テレビ・ドラマ『ダウントン・アビー』の舞台となるのは、二十世紀初頭の貴族の館。英国の衰退の時代を背景に、主人である貴族と召使いたちの人間劇が繰り広げられる。細部にいたるまで当時の姿を再現することにこだわったこの作品は、英国人にとっては、過去へのノスタルジーを喚起すると同時に、日本でも遠く離れた英国に対するイメージを構築していったとされる。折しも、カズオ・イシグロがノーベル文学賞を受賞したこともあり、彼の代表的作品『日の名残り』（原著一九八九年）とともに、「われら失いし世界」への関心がかき立てられる。本書『ザ・ピープル』[1]は、一九一〇年から二〇一〇年にいたる労働者階級の勃興と衰退を描いた二十世紀の通史ともいえる作品であるが、その『ザ・ピープル』の出発点も、主人と召使いからなる伝統的世界の解体過程に焦点が当てられることになる。

『ザ・ピープル』の著者セリーナ・トッドは、一九七四年生まれ。労働史研究における若手のホープといったところだろうか。『ザ・ピープル』が、マスター（主人）とサーヴァント（召使い）の世界からその叙述を始めているのは偶然のことではない。彼女の師にあたるキャロライン・スティードマンは、イギリスを代表するフェミニスト史家であり、オーラル・ヒストリーの古典ともいわれる『善き女性の光景』（原書一九八七年）で戦後一九五〇年代のロンドンに生きる母子家庭の親子（スティードマン自身）を題材として、通説における「禁欲的な労働者階級の女性（母親）」像を完膚なきまでに批判・解体した[2]。その後のスティードマンは、産業革命期の社会史に軸足を移すことになるが、その代表作が『マスターとサーヴァント』（二〇〇九年）であった[3]。したがって、主人と召使いを論じる冒頭の叙述は、師スティードマンへのオマージュともなる。

そもそも、イギリスで労働者階級を論じることには、どのような意味があるのだろうか。一九六三年にエドワード・トムスン『イングランド労働者階級の形成』[4]（以下『形成』と略）が出版されたが、この古典的名著は福祉国家のもとでの豊かな社会のなかで政治的無気力に陥っている労働者階級の戦闘性を復権するために、戦う民衆の伝統を掘り起こした作品であった。それは、戦後イギリスで展開した「下からの歴史」あるいは社会史研究に大いなる刺激を与え、労働者階級の歴史をアカデミズムのメインストリームに位置づけることになった。トムスンが戦後労働史研究の第一世代であるとすれば、ギャレス・ステッドマン・ジョーンズに代表される第二世代は、言語や象徴など記号体系の規定性を重視する言語論的転回の影響を受けながら、トムスン『形成』を批判的に継承していった。ステッドマン・ジョーンズの主著『階級という言語』[5]（原著一九八三年）は、労働者階級による最初の参政権要求であるチャーティズムの言語分析を通じて言語と実態の複雑な関係を再構築する試みをおこなったものである。

キャロライン・スティードマンは、それに続く第三世代。そして著者セリーナ・トッドは、この第三世代の問題意識を継承するフェミニストにして社会主義者という歴史家である。だが、スティードマンが産業革命期を主たる研究の対象としたのとは異なり、トッドの専門とする領域は二十世紀史であり、しかも女性の労働市場に関する研究で博士号を取得している。トッドの学位論文を刊行した『英国の若年女性、家族、労働、一九一八〜一九五〇年』(6)(二〇〇七年)は、厳密な社会科学的アプローチによる分析的な研究書であった。本書のトッドは、前著をベースとしながらも、文化史や言語論的転回の成果も取り入れて、新たな段階の労働史の可能性を示しているのである。そして、労働者階級の歴史という伝統的テーマの通史を多くの読者に伝えるという試みをおこない、実際に成功を収めることになった。

「世代」という経験

トムスン『形成』におけるキー概念は「共通する経験」であり、それは「他者に対する利害の同一性を認識」して階級が成立するための必要条件とされた。しかし、階級という「経験」に依拠してひとつの通史を描こうとする場合でも、そこにはいくつかの異なる位相が含まれるはずである。そこで著者のトッドは、本書の隠された方法として「世代」というアプローチを採用している。この「世代」は、多様な経験を包摂して叙述する方法概念として歴史学で注目されるようになっている。たとえば、アメリカ史では、大恐慌を克服し反ファシズム戦争を闘い、戦後は草の根レヴェルでの民主主義の発展に寄与したニューディール世代に注目し、イタリア史では、ポー川の大洪水からフィレンツェの美術品を守り、工場や大学で激烈な抵抗運動が展開された一九六八年を経験した世代に着目する同時代史が試みられている。

「世代」という観点を採用することには、単純な段階論や断絶説から歴史をみることへの批判が含まれている。たとえば、二十世紀前半のイギリス史を通観してみると、この時期は、大恐慌、戦争、福祉国家と続く歴史的変動の時代でもあったが、戦前と戦後とのコントラストが戦争という断絶をともなって発生したことが強調されてきた。しかし、トッドは一九三〇年代を大恐慌に苛まれる暗黒の時代として染め上げてしまうことには否定的である。むしろ、一九三〇年代後半には経済は回復基調にあり、若者のあいだではダンスホールが流行するなど消費文化・娯楽文化が花咲いた時期でもあったとしている。また階級論からいえば、この時代には人格的従属を強いられるサーヴァントが消滅する時期とも重なり合った。そこには一定の欲求をもった「主体」が構築されていたのであり、その主体が戦争による耐乏の時代の経験をへて福祉国家への期待を膨らませていくひとつの「世代」を形成していたのである。

「ゆりかごから墓場まで」をスローガンとする福祉国家は、住宅・医療・教育など生活の基盤を整え、戦後のベービブームを創出していった。戦後生まれのベビーブーマーたちは「豆の木世代」と呼ばれ、一九五〇年代には十代半ばとなり、多くが賃金労働者として、化粧品、タバコ、レコード、スクーターなどの生産に携わると同時に、それらの消費者ともなった。一九六〇年代には、無償教育の恩恵を受け、労働者階級出身でも大学への進学を果たして社会的階梯を上昇していくものもあらわれ、文化の領域では、ビートルズやミニスカートなどのファッションを生み出す創造的エネルギーを発揮していった。いわゆる「労働者階級の英雄」が誕生したのである。最近の研究によれば、この世代こそが、完全雇用と平等主義の原則のもとで豊かな民衆文化を開花させ、民衆が自己決定権と自己実現を追求していく「民衆的個人主義」の担い手であったとされている。

だが、この「民衆的個人主義」は、一九八〇年代には市場の自由・選択の自由を強調するネオ・リベラリズム的個人主義に回収されていくことになる。サッチャー政権下では、グローバル化による産業への保護規制の撤廃による構造的失業、労働組合の規制力の後退による賃金の停滞などが慢性化して、「ピープル」はみずからが依拠してきた物語が支配する世界とは異なる環境で生きていくことを強いられた。一九八〇年代の終わりに実施された将来への期待と希望に関する社会学的な調査によれば、若者たちのあいだでは、個人主義的な欲望が支配的となり、失業に関して心配し、「普通にやっているだけでは安定した生活を保障されない社会に生きている」ことを自覚するようになったという。この世代では、親や祖父の世代がもちえたような楽観主義は消え去っていた。中産階級であろうとも、労働者階級であろうとも、そして「アンダークラス」（＝福祉依存者）であろうとも、不安定性のなかを生きることでは共通する「ピープル」としての意識を共有していたのである。

女性史

フェミニスト史家としてのトッドがとりわけて強調するのが、女性という視点である。二〇一八年は女性参政権の獲得から百周年を迎えて、イギリス各地では顕彰するイヴェントが開催されており、アカデミズムのレヴェルでは、女性参政権運動が、中産階級などの上流階級だけではなく、労働者階級の一般大衆の支持を得て広範な規模で展開していたことが注目されるようになっている。そこからは、参政権獲得の背景には、「普通の」女性の自立を支えた労働の質的変容が存在したことが指摘される。前述のトッドの作品『英国の若年女性、家族、労働、一九一八～一九五〇年』も女性労働に関する研究であるが、そこでは伝統社会を象徴する存在で、かつ労働者階級の最大の集団として位置づけられてきた女性サーヴァントを分析対象として考察が進められている。

本書の叙述の起点である一九一〇年においては、マスターとサーヴァントの雇用関係が、連綿と続く伝統社会の階級関係の基軸を形成していた。だが、第一次世界大戦はそれに激震をもたらす。サーヴァントたちは、軍需工場に動員されることを通じて労働者階級としての意識を覚醒させていったのである。他方、工場労働、店舗員、事務職など新たな女性の職業が創出されて労働市場が広がったことにより、人格的な従属を強要される貴族の館の世界でのサーヴァントという職業は時代遅れとなりつつあった。戦間期の女性たちは労働者としてストライキ運動の中心的な存在となり、サーヴァントにとどまった場合でも「ショートカット」の髪型で反抗心を示す。一九三九年に家内奉公人の世界から離脱した女性たちは、多くはそこに戻ることはなく、一九四五年にはアトリーの労働党政権を誕生させるなど根本的な社会変革の担い手となっていったのである。

彼女たちの娘が、戦後のいわゆる第二波フェミニズムを経験する世代となる。イギリスにおけるフェミニズムが、労働者階級を担い手として社会的平等の志向性を含んでいたことが、本書の叙述からも明らかとなってくる。女性労働者の組合組織率は一九六〇年代初頭までは二五パーセントであったが、一九六二年以降になると多くの女性が加入し始め、女性たちの闘いが過去との根本的な断絶を示していくことになった。一九六八年、フォードのダゲナム工場で働くミシン工の女性たちは男女の賃金の平等を要求してストライキに立ち上がる。雇用主と労組幹部の性差別に対して挑戦したこのミシン工たちが収めた成功によって、労働組合のなかに「女性の平等を求める全国合同行動運動」が設立され、それはまた一九七〇年の平等賃金法の成立にも寄与することになった。一九七〇年代には、女性の労働組合加入率は、工場労働者だけではなく、事務職員、看護師、教師のあいだで上昇していった。

一九七〇年代に展開する「女性解放運動」（Women's Liberation Movement）に関しては、英国図書館によって運動参加者に対する体系的なライフストーリーの記録事業もおこなわれており、そこからはこの運動がロンドンを拠点とする中産階級のグループによる啓蒙的な運動にとどまらず、さまざまな形態をとったことが明らかになる。そのひとつが、本書でも触れられている全国各地の公営住宅（団地）で展開した家賃不払い運動であり、それは中産階級と労働者階級の女性の協同の場を提供することになった。女性たちは妻として母として抗議運動で主導的役割を果たした。母親たちのほとんどは労働者階級であったが、大卒の中産階級も参加し、階級を超えた母親としての共通の土台が運動の基盤となった。こうした女性たちの生活圏における戦闘性は、一九八四〜一九八五年の炭坑労働者のストライキの際にも示されており、戦後史の転換点にあって女性たちの活動が大きな役割を果たしていたことが強調されている。

個人史

このように本書は、階級、世代、女性といった視点によりながら、労働者階級の歴史を「下から」叙述するものであるが、さらに集団に代わって個人に焦点を当てる手法を挿入していることも特徴的だ。これは、より日常生活に密着した普通の個人を分析の起点にすえ、それらの主観性の再構築が主題となっている現代歴史学の最近の動向とも軌を一にする。言語論的転回の最大の成果が個人（personhood）に対する認識の深化であるとされ、言語や象徴などの規定性を強調してきたポスト構造主義への批判から「主体の復権」が叫ばれ、また認知心理学との交流から自己の内面に即した記憶や情動などの分析が主たる研究対象となってきているのである。そこでは、様ざまな背景をもち、また個性と能力をもった個人によって「共通の事件」がどのように経験されるのかといった点が、中心的な関心事となっている。

その際の史料として活用されているのが、エゴ・ドキュメントといわれる史料群である。エゴ・ドキュメントとは、「一人称」で書かれた史料、具体的には、日記、書簡、自叙伝、回想録、証書などを示す歴史用語であり、あえて翻訳をするとすれば、「自己文書」や「私文書」などが試訳としてあてられている。このエゴ・ドキュメントが、政治的事件、経済指標、構造変化などのマクロなレヴェルに焦点を当てる研究では到達しえない個人の主観的経験に対する洞察を深めるための手段となっている。本書で利用されるエゴ・ドキュメントとは、世論調査機関『マス・オブザベーション』（一九三七年設立）、マイケル・ヤングとピーター・ウィルモットによるイースト・ロンドン（一九五七年）、ジョン・ゴールドソープによるルートン（一九六〇年代）、リチャード・ブラウンのタインサイド（一九七〇年）などの調査が提出する庶民の声の記録にあった。社会調査の伝統をもつイギリスならではのオーラル・ヒストリーの記録である。

たとえば、一九五〇年代はハロルド・マクミランによって「こんなに豊かな時代はなかった」といわれた。だが、実際のところ、こうした言説に包摂される社会層は、中産階級に加えて安定した賃金の得られる熟練労働者に限定されていたことが、統計的にも個人の経験としても析出されていく。多くの労働者階級の家庭では、広告産業の奏でる消費財を購入するためには分割払いなどのローンを利用せざるをえない状況であり、また家計補助として女性のパートタイム労働が促されていく結果となった。「豊かさを獲得するために必死で働いた」のである。また同じく五〇年代に関連して、社会的上昇の回路としての学校＝グラマースクールにおいて労働者階級が直面した差別や偏見の経験の記憶が明らかにされる。単純な「成功物語」を排して、労働者階級の経験に即して制度と社会構造との衝突や軋轢が提示されていくのである。こうした個人の経験という主観性に依拠した社会分析は、より流動性が増した現代の社会状況を捉えるうえでは、一層の重要性が増しているように思われる。

個人の経験に即して労働者階級の歴史を描くという本書のモチーフにとって、象徴的な意味をもっているのが、ヴィヴィ・ニコルソンという女性の生涯が各章をつなぐ「幕間」として挿入されていることである。ヴィヴィ・ニコルスンは労働者階級出身、社会的上昇欲に満ちていた女性であり、結婚はしたものの、若い労働者と恋に落ち、はからずも妊娠、そして離婚。破産寸前にまで窮したヴィヴィだったが、一九六一年九月に購入した宝くじが当選、大金持ちへと変身する。消費社会に欲望を掻き立てられ、「使って、使って、使いまくる生活」で時代の寵児ともなった。のちに憧れの一戸建て住宅を購入するも、中産階級の隣人から蔑まれ、閉塞感に陥り、夫も交通事故で死亡、再婚相手からはＤＶを受けて生活は暗転した。踊り子としてストリップではたらくも失敗、零落していった。ヴィヴィの半生はテレビ・ドラマ化され、戦後の労働者階級の勃興と没落の歴史を体現するアイコンとして捉えられるようになったという。

過去と現在

本書のテーマは、タイトルにもあるように、二十世紀のイギリス史を労働者階級の勃興と衰退の歴史として描くことにあった。伝統社会の解体が、女性労働者の労働市場への進出をうながし、それによって女性の解放が促進されていったこと。また戦後福祉国家が総力戦の対価として獲得され、たとえ限定されたものであったとはいえ、労働者階級を貧困から解放していったこと。これらは、「勃興」の物語であった。戦後史の分水嶺となった一九七〇年代も、新自由主義の成功物語に組み入れられた「危機と混乱の時代」といった表層的な理解とは異なり、自己決定権を高めてきた労働者階級がさらに人種とジェンダーの境界を乗り越えて、「解放」の領域を拡大しようとしていたことを指摘する。そこには、戦後史の失われたオルタナティヴへの視点が組み込まれており、近年、この問題は学界全体でも再検討が試みられるようになっている。

　原著は二〇一〇年に刊行され、翻訳書の底本は二〇一四年の増補版である。金融危機後の緊縮財政を踏まえて執筆された増補版の「後記」では、サッチャリズム以降の「衰退」を経験してきた労働者階級の現状をめぐる通俗的理解に対して力を込めた批判を展開している。現代の金融危機は、大恐慌や石油危機につぐ「第三の危機」であるということがつとに指摘される。過去の危機は、福祉国家を生み、サッチャリズムを生み出すなど歴史の転換点となってきた。ならば、現代の危機は、何をもたらすのだろうか。ヴァージョンアップされた新自由主義であるのか、福祉国家の再建へと向かうのか。岐路に立つイギリスの行く末を占ううえでも、また遠く離れた地を生きる私たちの未来を考えるうえでも、新世代のフェミニスト史家によって、新自由主義の成功物語に染め上げられているあまたの文献とは異なる観点から叙述された『ザ・ピープル』は、読者に多くの示唆を与えてくれるといえよう。

（1）Selina Todd, *The People : The Rise and Fall of the Working Class, 1910–2010* (London : John Murry, 2010/2014).
（2）Carolyn Steedman, *Landscape for a Good Woman : A story of Two Lives* (London : Virago Press, 1986/2005).
（3）Carolyn Steedman, *Master and Servant : Love and Labour in the English Industrial Age* (Cambridge : Cambridge University Press, 2007).
（4）E. P. Thompson, *The Making of the English Working Class* (London : Victor Granz, 1963).〔市橋秀夫・芳賀健一訳『イングランド労働者階級の形成』青弓社、二〇〇三年〕
（5）Gareth Stedman-Jones, *Languages of Class : Studies in English Working Class History 1832–1982* (Cambridge : Cambridge University Press, 1983).〔拙訳『階級という言語　イングランド労働者階級の政治社会史、一八三二～一九八二年』刀水書房、二〇一〇年〕
（6）Selina Todd, *Young Women, Work, and Family in England 1918–1950* (Oxford : Oxford University Press, 2007).

〔近藤康裕訳、みすず書房、二〇一六年（Selina Todd, The People : *The Rise and Fall of the Working Class, 1910–2010*, John Murray, 2010）〕

社会史の愉悦

喜安朗『パリの聖月曜日——一九世紀都市騒乱の舞台裏』

山手昌樹

喜安朗『パリの聖月曜日——一九世紀都市騒乱の舞台裏』（以下『聖月曜日』と略）は、一九八二年に平凡社から出版された。当時、日本ではのちに社会史の名著と評されることになる歴史書がいくつか出版されており、一般読者からも高い関心が寄せられていた。『聖月曜日』もそのひとつで、十九世紀前半パリに暮らした下層民の生活が描き出されている。

十九世紀前半のフランスといえば、一七八九年にはじまるフランス革命が、ナポレオンの台頭と失脚を経て、一八一五年に王政の復活にいたるも、完全に旧体制へと逆戻りしたわけではなく、一八三〇年の七月革命、一八四八年の二月革命を経て共和政の成立をみた、まさに政治的混乱を極めた時代であった。そのため、歴史研究の関心も自ずと政治面に集中しがちだった。こうしたなか、パリ住民の生活を語る『聖月曜日』は、社会史ブームの一翼を担うことになる。

もっとも喜安自身は、社会史ブームには批判的であった。喜安は、たしかに『聖月曜日』において、下層民の生活実態を詳述しているのだが、それは下層民のなかから抗議運動が自然に生まれ、それが誰からの指導や組織化も伴わずに、自律的になされた背景を明らかにしたかったからである。

一方、一九七〇年代後半に日本でわき上がった社会史ブームには、権力関係を政治史研究とは異なる視点で捉えるという問題意識を欠いた、好事家的で興味本位のものも多く含まれていた。喜安にとって社会史は、あくまで方法として意識されていたのであり、意図して政治史と区別されているわけではない点に留意しておく必要があるだろう[1]。

本稿は二〇〇八年に岩波書店から出版された文庫版に基づくが、この文庫版には一九七八年に雑誌『思想』で発表された論文が第九章「都市の騒擾としてのストライキ」として、第四章「コレラの恐怖」とともに追加されている。わたしにはこの追加が「社会史は本来、舞台裏だけを興味本位で覗き見するものではない」というメッセージに思えて仕方ない。

史料と出会う

歴史学者がもっとも喜びを感じるのは、面白い「史料」と出会い、それを誰からも邪魔されずに読んでいるときである。史料とは、歴史研究において議論の拠りどころとする情報源のことであり、かつては行政文書や裁判記録、日記や回想録に手紙といった文字資料が中心をなした。だが、近年では絵画や写真、伝承、当事者への聞き取りといった非文字資料も積極的に用いられるようになっている。

史料はあらかじめ歴史研究者の前に用意されているわけではない。歴史研究者は、自分の関心に応じて問いを立て、その問いを解明するのに適切な手がかりを探し出し、それが史料となるのである。したがって「面白い」史料とは、決して興味本位の面白さを意味するのではなく、この史料を使えば問いを解明できそうだという期待感を示しているのである。もちろん、最適な史料は必ずしも見つかるわけではないので、いやむしろ見つからないことの方が多いので、間接的な手がかりを探したり、問い自体の変更を余儀なくされたりもする。その結果、必然的に手がかりが豊富にあるテーマの研究が雪だるま式に進展することになるのである。

史料の点からいえば、十九世紀前半の下層民の生活を明らかにすることはとても難しい。なぜなら当時、読み書きができた者はほとんどおらず、たとえできたとしても日常生活について記録を残すことは希だったし、下層民について記した警察や行政の文書は一般的に事件や災害など非日常的なできごとを記録したものが多かったからである。

だから、喜安がマルタン・ナドの回想録に出会ったときの喜びは計り知れないものだっただろう。ナドは、一八一五年にフランス中央部の寒村に生まれ、十四歳のときに父親に連れられパリに出稼ぎに行き、石工となった人物である。彼は、その後イギリスでの亡命生活を経て、政治家として活躍、晩年に回想録を執筆し、一八九五年に出版するのであった[2]。

ナドが文字を読み書きできたのは、父親が家族や村人の猛反対にもかかわらず、ナドに教育を受けさせようと考えたからである。当時、彼の父親のような考え方はむしろ例外的で、農村では一般的に働き手である子どもへの教育は労働力を奪うものだと考えられていた。回想録によると、ナドは苦労して読み書きできるようになったのち、親方職人になってからは若い石工たちに読み書き、計算、製図法を教えたようである。

もちろん、この回想録は、彼が労働者として過ごした時期からかなりの年数が経過して書かれているので、記憶違いもあるだろうし、意図的な作り話もあるかもしれない。しかし、書かれたものは多かれ少なかれ、そうした性質を持っているのであり、書かれていることがすべて真実だという立場を歴史研究は取らない。歴史研究では、史料の真偽を、ほかの様々な情報と突き合わせながら確認する作業が求められ、この「史料批判」と呼ばれる手順を踏むことで、研究の客観性が担保されている。
その点で、ナドの回想録は情報が具体的であるため、むしろ十九世紀半ばに実施されたパリ商工会議所の調査記録に誤りを発見するのにも役立っている。たとえば、この調査記録では、石工が勤勉で倹約家であると評価されているが、ナドの回想録からは彼らが日常的に居酒屋へ通い、喧嘩騒ぎを起こしていたことが分かる、といった具合に。

神は細部に宿る

『聖月曜日』は、ナドの回想録のような具体的情報に富む史料を手がかりにすることで、読者が当時の労働者の生活状況を理解できるようになっている。たとえば、一八三〇年三月にパリにやって来たナドが七月革命後の混乱のなかで暮らしはじめた部屋については、次のように描写される。

彼の部屋は四階で、彼と同じ村か、村から近いポンタリオンの町から来ている人びとが住んでいた。六つのベッドに一二人の住人、部屋のなかで人が通れるところは五〇センチほどの幅しかなかった。この貧民宿の住人六〇人に対して便所は一つ、それがこの部屋についていた。（一九〇頁）

もしもこの部分が「労働者は狭くて劣悪な環境に暮らしていた」としか書かれていなかったなら、読者は各々が思い描く狭さでナドの部屋を理解するだろう。ナドの暮らした部屋の情報そのものがほかの労働者の住居にそのまま当てはまるわけではないが、具体的描写のおかげで、彼の同郷人で同じく石工として建設業にたずさわった人びとが多かれ少なかれ似たような住環境に置かれたであろうことが思い描かれるのである。

一方で、終始そうした具体的描写に徹するわけではないところも『聖月曜日』の魅力になっている。細部の正確な描写に対するこだわりは歴史研究の武器ではあるが、議論の展開なき情報の羅列はかえって理解の妨げになる。それがまさに喜安の批判した好事家的な社会史であり、また社会史ブームが長続きしなかった一因でもあったのだろう。

『聖月曜日』の節々に絶妙なタイミングで引用される史料は、ときに独特な臭いを放ちさえする。パリで一八三二年にコレラが流行すると、治安当局や公衆衛生学者らは事態把握の一環として下層民の住居への立ち入り調査を強化した。この調査に基づく報告書には次のような一節が出てくる。

勇気を出してこのような貧民宿にはいってみた人は、そこに足を踏みいれるや、いきなり、黒ずんで崩れそうになった壁に囲まれた部屋の中に身をおくことになる。この陰鬱で侘しい住居は空気もよどんでおり、狭い中庭の高い壁ごしにもれてくる弱い陽の光が、汚れた窓を通して多少ははいってくるといったものなのだ。そしてこの狭い中庭には、樋を伝わってくる雨水や生活汚水があふれ出ていて、悪臭を放つ井戸のような有様になっている。こうした住居の便器には、あらゆる塵芥や溜めから逆流してきたものまでが充満しており、それが各階の朽ち果てた階段に流れ出ているのだ。そして各部屋にまでその汚物は流れ込んでおり、石版がすでにはげてしまって地面の露出した部屋の床をひたして、ものすごい臭いを漲らせている。（一七三―一七四頁）

この一節は喜安自身が書いたものではないが、膨大な史料のなかでこの箇所に目を止め、訳出するところに歴史家としての感性が現れている。そして史料をどの程度、直接引用するか、あるいは概略を書くだけにとどめるか、決まりがないだけに、そのバランスが取れた作品は歴史書の手本ともなるのである。

さて、細部にこだわる描写は臭いまでもわき立たせたが、臭いとならび本では伝わりにくいのが音である。当時、パリではどのような音が聞かれたのだろうか。十八世紀末には、生活必需品を売り歩く人の声で路上はあふれかえっていた。

牛乳売りなどは長い呼び声を立てていたといわれ、朝の街角でのその売り声は次のようなものだったという。「温かいおいしい牛乳だよ！　おいしい牛乳はいかが。赤ちゃんのある人、さあ早くポットを持っといで！　牛乳売りだよ、さあ早く！」。牛乳売りは女性の仕事だったようで、頭に牛乳をみたした甕をのせ、手にポットを持って歩き、街角や家の門のかたわらに座り込んで、近隣の人びとにこのように呼びかけたのである。（二二一頁）

しかし、十九世紀後半までには、このような呼び声は聞かれなくなった。パリが都市として発展するなかで新興のアーケード商店街が立ち並び、中上流層むけのこの街路から下層民である呼売り人は締め出されたからである。

このように『聖月曜日』は、ある時点における下層民の生活状況を細部にわたって再現するだけでなく、社会史が本来、ときの経過にしたがい変化するものに着目し、そこに権力の介在を見いだそうとする方法であることも教えてくれるのである。

異なるまなざし

十九世紀のフランスでは、政治的にも経済的にも近代化が急速に進んだ。国は中央集権体制を確立するため、国勢調査をはじめとする様々な社会調査をおこない、実状を把握しようとした。統計学の発展がそれを後押しした。こうした社会に対する国の関心の高まりは、膨大な数の調査記録を生み出した。『聖月曜日』において細部にこだわる描写が可能だったのは、ナドの回想録の存在も大きいが、むしろそうした調査記録があったからにほかならない。喜安は、パリ警視総監の回想録や公衆衛生学者らの報告書を史料とすることで、細部にこだわりながらも社会全体を俯瞰することができたのである。

とはいえ、それらの活用には注意が必要である。報告書は、事実を伝えるだけでなく、問題点を指摘し、その解決策を提示するが、その問題点はあくまで報告者にとっての「社会問題」であり、当事者にとっての問題とは必ずしも一致しないからである。この点に自覚的な喜安は、報告書から当時の状況を再現するだけでなく、報告者の認識をも考察対象にし、そこが『聖月曜日』の読みどころのひとつになっている。

それでは当時、パリではどのような問題が生じていたのだろうか。一八三二年にコレラが流行したとき、知識人はその惨状を「病めるパリ」と表現した。十九世紀前半のパリは流入する人口に都市機能が対処しきれず、様々な問題が生じていた。こうした問題がコレラの流行で病めるパリとして顕在化したのである。

パリが抱える問題としていくつか紹介されるエピソードのうち、「解剖教室の怪」（四六―五二頁）が興味深い。十九世紀初頭、解剖教室は病院だけでなく、医学校の教授が個人で民家や廃屋にも設けていた。そこから放たれる悪臭に近隣住民は苦情を申し立て、解剖教室の統合が行政の課題になった。こうして解剖教室に対する行政の監視の目が強化されたとき、解剖後の死体を廃棄する使用人たちが、人の脂肪を馬の脂と称して販売していることが明るみに出た。ところが、彼らはその行為を犯罪と認識し隠れて販売するどころか、組合をつくり大量に販売していたのである。このエピソードからは、支配者層と下層民とが同じ価値観を共有していなかった事実が読み取れるだろう。

さらに報告書のなかには、報告者の価値観に基づく評価がより鮮明に含まれているものもあった。たとえば、先に引用した悪臭を放つ下層民の住環境について、一八五二年に公衆衛生学者が県知事に宛てた報告書には次のような指摘がある。

彼らはこの社会のあらゆる法の埒外で自分たちがつくり上げたその生活を、好ましいものと思っているようなのである。もし彼らを宮殿のなかに住まわせたとしても、彼らはその宮殿をすぐさま、彼らがそこで生まれそこで死ぬことを望んでいる貧民宿と同じような、すさまじい、そして悪臭を放つ貧困の巣窟にしてしまうだろう。どのように説得しても彼らに言うことを聞かせることはできないし、どんなに忠告してみても彼らの心を動かすことはできない。もし彼らを齢のいかないうちに管理し、子供を心から世話するならば、時間と良き施設のみが、この生まれてすぐに身につける汚染された本性を改めさせうるものとなろう。そうでなければ、この腐敗し禽獣の住むような生活環境で育った子供たちは、次に続く彼らの世代に、彼ら自身が前の世代から受けついだ頽廃と病気と衰弱の種をさらに伝えていくことになろう（一八〇頁）

この記述からは、狭くて劣悪な住環境ではなく、そこに暮らす下層民自体の生き方が問題視されていたことが分かる。近代国家は、法の名の下に権力を行使し住民の行動を統制するが、この統制のおよばない住民に対しては教育を通じて教養市民層の価値観を内面化させていこうとする。実際、ナドが回想録のなかで労働者時代のことを詳しく記しているのも十九世紀前半にみられた自律的な労働者文化が世紀末には失われようとしていたからであった。

だが、下層民は自律的な生活世界の危機に瀕して、一方的に支配されていったわけではなかった。むしろ、近代化のなかで押しつけられようとしたブルジョワ的価値観に抗して彼らは立ち上がったのである。『聖月曜日』の醍醐味は、その展開を、公衆衛生学者らの「上からのまなざし」と、ナドの「下からのまなざし」とを交差させて描いた点に見出すことができる。

社会史が問うもの

社会史は、いまや大学の講義科目名にも使われ、歴史学の一分野にもなった。「……の社会史」をタイトルにもつ書籍は毎年のように出版され、巷にあふれている。だが、『聖月曜日』を読むとき、われわれは社会史が軽々しく語れる歴史でないことを強く意識させられる。この意識は、改めて自らが立てた問いを見つめ直すきっかけになるし、新たな問いの出発点にもなるだろう。

たしかに社会史は、民衆がどのような服装をし、何を食べ、どのような場所に暮らしていたか、従来の歴史研究が見過ごしてきた民衆の日常生活に光を当て、歴史に関心を示さなかった一般読者の心をつかんだ。しかし、それは本来、失われた文化を懐かしむ気持ちからきていたのではなかった。人びとがそうした生活のなかで何を感じとり、どのような問題を抱え、そしてそこから、どのような人間関係を築いて、彼ら固有の「まなざし」を獲得していったのか。これらを明らかにし、権力関係を考えるという問題意識に根差していたのである。

ところが、社会史が対象とする民衆の生活世界を、当事者の記録を通して明らかにできることは希であり、一般的には支配者層や知識人の記録を手がかりにする必要がある。そこに大きな落とし穴があった。支配者層にも彼ら固有の「まなざし」があり、そのまなざしを通して民衆の生活世界を見ていたのである。

歴史研究は議論の裏付けを重視する科学であり、それが歴史学者を細部へといざない、嬉々として膨大な史料に挑む属性をつくり上げてきた。そうであるがゆえに、歴史研究にたずさわる者は、ときに史料を読む愉しさの渦に吸い込まれ、史料を批判的に見る眼を失い、史料と同じ側に立って議論を展開する恐れがある。まなざしに注目した『聖月曜日』は、そのことに気づかせてくれるだろう。

（1）　喜安の研究スタンスについては、喜安朗・成田龍一・岩崎稔『立ちすくむ歴史――E・H・カー『歴史とは何か』から五〇年』（せりか書房、二〇一二年）、喜安朗・北原敦・岡本充弘・谷川稔編『歴史として、記憶として――「社会運動史」一九七〇〜一九八五』（御茶の水書房、二〇一三年）および喜安朗『転成する歴史家たちの軌跡――網野善彦、安丸良夫、二宮宏之、そして私』（せりか書房、二〇一四年）を参照。

（2）　マルタン・ナド『ある出稼石工の回想』（喜安朗訳、岩波文庫、一九九七年）。

〔岩波現代文庫、二〇〇八年（初出は平凡社、一九八二年）〕

動物と人間の歴史、それから南方熊楠

リトヴォ『階級としての動物——ヴィクトリア時代の英国人と動物たち』

志村真幸

一万冊の読書日記から

いきなり私的な話題で申し訳ないのだが、この原稿の依頼の来る少し前の二〇一七年末に私の読書日記が一万冊を超えた。記録を付け始めたのは、大学院博士課程の二回生だった二〇〇三年九月十三日。それから十四年あまりをかけ、二〇一七年十二月二十五日、ついに一万冊に到達したのである。院生／研究者とはこんなにも暇なものなのか。我ながら、これでいいのかと疑問に思う。

そのなかで何度も読みかえし、歴史家として進むべき道を教えてもらった本というと、ハリエット・リトヴォ『階級としての動物——ヴィクトリア時代の英国人と動物たち』（三好みゆき訳、国文社、二〇〇一年）が第一に挙げられる。十九世紀イギリスにおける動物の歴史を解析した研究書で、もちろん動物自身は言葉をしゃべったり、記録を残したりしないから、人間の側の変化を描くことで、人間と動物の関係史が語られている。

リトヴォは一九四六年生まれのアメリカ人。マサチューセッツ工科大学教授を務めたイギリス史／環境史の研究者である。『階級としての動物』は、もともと *The Animal Estate: The English and Other Creatures in the Victorian Age* のタイトルで、一九八七年にハーヴァード大学出版会から出た。これを『階級としての動物』という邦題にしたのは、訳者の三好みゆきさんの卓見だろう。イギリスと階級意識はきりはなせない。

ほかにリトヴォには、『カモノハシ・人魚・その他の想像上の動物たち――想像力の分類学』（一九九七年）、『緑の夜明け――マンチェスターとサールミア湖と近代環境主義』（二〇〇九年）、『高貴な牛と混血のシマウマ――動物と歴史についての試論』（二〇一〇年）の研究書、編著に『十九世紀文学のマクロポリティック――ナショナリズム、帝国主義、異国趣味』（一九九一年）や『チャールズ・ダーウィンとヴィクトリア時代の家畜化、栽培植物の作出』（一九九八年）がある。ただし、日本語で読めるのは『階級としての動物』だけだ。

『階級としての動物』

『階級としての動物』について、簡単に内容を紹介しておこう。全体の構成は、次のようなものである。序章「動物の性質」、【第一部　威信と血統】「第一章　牛の両腰肉男爵」「第二章　一流のペット」、【第二部　危険な階級】「第三章　同情のしかた」「第四章　犬に気をつけろ」、【第三部　動物と帝国】「第五章　檻のなかのエキゾチックな動物」「第六章　狩猟のスリル」。これらの章題を見ただけでもワクワクしてくるではないか。

序章「動物の性質」では、もともと動物は人間から独立した存在だったが、十九世紀になって人間の支配下に入ったとされる。動物裁判などが例に挙げられるが、ようは人間の「階級」に動物たちも組みこまれたというのだ。
【第一部　威信と血統】では、上層社会と家畜やペットの品種改良の結びつきがとりあげられる。十九世紀初頭、品評会や畜産クラブが全国的に組織され、貴族やジェントリ層が食用牛の品種改良に携わるようになる。同時期にペット熱も広まり、上流階級で猟犬、ミドルクラスで愛玩犬の飼育が広まる。これが実際には動物への愛というよりも、みずからの階級を高め、威信づけるためだったとされるのである。
【第二部　危険な階級】では、下層社会が扱われる。イギリスでは一八二二年に動物愛護法のはしりとされるマーティン法が成立し、一八二四年には動物愛護協会が発足する。動物に優しいイギリス人というイメージが形成されていくわけだが、実際には下層階級で頻発する動物虐待を取り締まり、社会の保全を目指したのだと指摘される。また狂犬病流行に対する対策も、社会秩序維持を目的としたという。
【第三部　動物と帝国】では、植民地から珍しい動物がもたらされ、動物園で公開されたことが、帝国建設事業の象徴であったとされる。また植民地での大型獣を獲物とするビッグ・ゲーム・シューティングが植民地支配と重ねられる。
いまとなってはあたりまえのことばかりだが、出版当時の衝撃は大きかった。動物という存在が、歴史学にとりくむ上での重要な手がかりとなることが「発見」されたのである。そして現在、イギリスやアメリカはもとより、日本でも動物と人間の関係史は大流行となっている。たぶん、歴史家には動物好きな人間が多いのだろう。考えてみれば、文書館で膨大な記録を読みふけるのと、無数の動物たちをじっくり観察するのは、どこか似ているではないか。ちなみに少し話はずれるが、歴史学の「発見」は、いわれてしまえばあたりまえというものが多い。大切なのは「気付き」なのだ。
『動物という階級』で、私がもっとも影響を受けたのは、「第二章　一流のペット」の部分だ。ここについて、少し詳しくとりあげてみよう。かつてイギリスでペットの代表といえば犬であった。もちろん上流階級には馬が欠かせないが、都市化したロンドンではちょっと飼いにくい（とはいえ、いまでもハイドパークには馬場があり、朝には馬に乗ったひとたちが、どこからともなく集まってくる）し、ちゃんと騎乗するには子どものころからの経験が不可欠である。そのため、十九世紀に社会の中心となったミドルクラスには、犬が広まった。しかし、需要が増えれば、生産の側も整備しなければならない。また、紳士淑女に「ふさわしい犬」が必要になる。

リトヴォはこの章を、ジュディス・ネヴィル・リットン『小型犬とその祖先』（一九一一年）をとりあげることから始める。ジュディスはネヴィル・ブルワー＝リットンの妻。ネヴィルの兄はリットン調査団で知られるヴィクター・ブルワー＝リットン。ネヴィルの祖父は『ポンペイ最後の日』などで知られる小説家のエドワード・ブルワー＝リットン。ジュディスはバイロンのひ孫でもあった。ようするに、イギリスでもきわめてきらびやかな一族、上流階級の女性だったのである。さて、ジュディスは十九世紀後半に確立されたケネルクラブと、そこで「つくりだされた」純血犬を手厳しく批判する。そんなのは偽物だという。そして都市に住むミドルクラスこそが、そうした混乱と欺瞞を引き起こした犯人なのだと述べる。

これについてリトヴォは鋭い分析をくりひろげる。十八世紀末まで、一般のひとびとがペットを飼うことはなかった。ところが、ヴィクトリア時代になると、ペット趣味が爆発的に流行する。ブラシや犬小屋などの飼育用品が飛ぶように売れ、犬の本も無数に出版される。ただ、本当に犬が可愛いからというより、上流階級の文化の模倣という側面が強かった。「動物に優しい紳士淑女」こそが文化的であり、目指すべき姿だと考えられたのである。

リトヴォはケネルクラブについても見逃さない。一八七三年に設立されたケネルクラブは、犬の血統を管理する愛犬家の団体で、こちらもやはり上流階級を模倣したものであった。ジョッキークラブ（一七五〇年にできた馬に関する団体。馬の血統を血統台帳で管理した）をまねていたのである。一八七四年から発行の始まった『ケネルクラブの血統台帳』によってすべての「純血」の犬が管理されるようになり、台帳をもとに血統書が発行された。それに載っていない犬は「雑種＝飼うに値しない犬」として排除された。純血種と雑種の区別がなされるようになったのである。

また純血種の犬が登場したことで、犬種の流行が始まり、さまざまな犬が次々と人気を得ては廃れた。しかし、実際にはケネルクラブのいう「本物の犬」は、虚偽と欺瞞に満ちていた。イギリスの伝統的な犬といえば、ビーグルやブルドッグが知られているだろう。ところが、ヴィクトリア時代にこれらの名で呼ばれた犬は、十八世紀以前の同名の犬とは似ても似つかない姿をしているのである。つまり、由緒ある名を利用して、新しい犬がつくりだされたことになる。

ドッグ・ショーが始まったのもこの時代であった。一八五九年にニューカースルで初めて開かれ、世紀末には激増する。こちらも当初は上流階級／猟犬を対象としていたものが、次第にミドルクラス／愛玩犬中心に変わっていく。ドッグ・ショーの役割は、犬の品種改良、模範犬の明示、雑種犬の抑制にあった。しかし、実際にはきわめて問題ぶくみで、上位入賞犬の血筋だけが高額で取引され、その他の犬は淘汰された。

リトヴォが指摘してみせるのは、ミドルクラスの拡大という社会的情勢を背景に、上流階級的な生活スタイルがさまざまな側面で模倣され、そのなかにペットも位置づけられたものの、そこには動物への暴虐と抑圧が入りこんでいたということだ。必要とされたのは、飼いやすい愛玩犬であり、そのために新しい犬の品種が続々とつくりだされたのであった。なおかつ、いったんつくられた品種は、ケネルクラブや血統台帳が「新たな権威」となることで守られていく。そして、それ以外の犬や、血統登録されていない犬は雑種とみなされる。労働者階級の犬はおとしめられ、飼い主である労働者への蔑視にもつながった。
動物を扱うことで、いかに歴史がクリアに見えてくるか、ご理解いただけただろうか。

歴史と文学

私は幼い頃からヒュー・ロフティングの〈ドリトル先生〉シリーズ、マイケル・ボンドの〈くまのパディントン〉シリーズ、ヴィクター・カニングの〈スマイラー少年の旅〉三部作などを読みふけってきた。ちょっと大人になってからは、アイザック・ウォルトン『釣魚大全』、ギルバート・ホワイト『セルボーンの博物誌』、ジョージ・オーウェル『動物農場』といったあたり。かくのごとく、イギリスには動物を扱った文学作品が多い（ロフティングはほとんどアメリカに住んでいたが）。『階級としての動物』でも、無数の小説が扱われている。

そして歴史を勉強してから小説を読むと、これがまたびっくりするくらいよく理解できるようになっているのだ。たとえば『ドリトル先生アフリカ行き』（井伏鱒二訳、光文社、一九四六年）の冒頭に、「先生がシルクハットをかぶつて街を行くと、みんな目ひき袖ひき、「ああ、あすこにお医者が歩いてる。ありやえらい先生だ。」と言ふのが、おきまりでした」というシーンがある。私も幼い頃はそれだけドリトル先生が尊敬されているのだと思っていたが、イギリスにおける医師の社会的地位とかプロフェッションという概念について知ったいまでは、脳内で「ああ、そういうことだったのか！」の声が鳴り止まない。そして、歴史を勉強してきたのは、イギリスの小説をより楽しめるようになるためだったのだと確信するのである。

南條竹則『ドリトル先生の世界』（国書刊行会、二〇一一年）は、まさにそのような発想から書かれたものだ。「興行の世界」「ドリトル家の食卓」「ドリトル先生と女性」「ドリトル先生と階級社会」といった章が並んでおり、歴史研究者なら即座に内容が想像できるだろう。歴史と文学はわかりあえるのである（ただし、歴史研究者と文学研究者は永久にわかりあえないような気がする。前者が普遍性に、後者が唯一性に価値をおいているためである）。

さて、やがて留学することになったとか、科研費がとれたとかで、実際にイギリスへ渡ってみると、そこがけっして自然の豊かな国ではないことに気付かされる。植物相をとってみれば、高等植物は三百種程度しかない。氷期に表土が氷で削られたため、きわめて貧弱なのである。日本の約四千種とは雲泥の差だ。そして、植物相の薄さにともなって動物も少ない。どうしてこれであんなにも豊かな動物文学が産まれたのだろうと疑問に思う。

ところが、ロンドン市内の公園をうろついたり、郊外へ出かけたりしているうちに、イギリスの自然が「優しい」ことがわかってくる。グリーン・パークではリスが遊んでいるし、キュー・ガーデンでは放し飼いのクジャクが恐れげもなく近よってくる。そもそも芝生に雑草はほとんど生えず、夏場でも蚊や蝿に悩まされることがない。クマは七世紀には絶滅したし、オオカミもイングランドでは十五世紀に、スコットランドとアイルランドでも十八世紀なかばには姿を消した。毒蛇ではヨーロッパクサリヘビが分布していることになっているが、まず見かけることはないし、噛まれても死に至ることはまれだ。ようするにイギリスには、アカシカやキツネ、リス、カエルといった「親しみやすく安全な」生きものたちしかいないのである。それが〈ドリトル先生〉や、ケネス・グレアム『たのしい川べ』（一九〇八年）につながったのだろう。日本人からすると、人間も動物もみんな仲良しという世界は嘘くさく感じられるかもしれないが、あれはまぎれもない真実なのだ。

先日渡英した際に、『イギリスの哺乳類』『イギリスのワイルドライフ』といった動物図鑑を買ってきたのだが、表紙にはつぶらな瞳のイタチの写真が使われており、いまもイギリス人の動物イメージが変わっていないことを強く感じさせられた。

自然環境や気候が人間の歴史に与える影響については、いまだに議論がつづいているが、危険な動物もおらず、ひとの立ち入りを拒む密林もない国だからこそ、イギリスでは人間と動物の親密な関係が生まれたのではないか。さらにいえば、薄い植物相、動物環境は簡単に崩壊してしまう。だからこそ、リトヴォが『緑の夜明け』で述べたように、環境保護の思想もあらわれえたのであろう。

南方熊楠、南方熊楠顕彰館での特別企画会

私はイギリス近代史の出身だが、ひょんなことから南方熊楠（一八六七〜一九四一年）という博物学者・民俗学者を研究することになった。在野の学者として活躍した熊楠の遺品は、ほぼ手つかずのまま、娘の文枝によって管理されてきた。一九九〇年代後半になりようやく本格的な整理が始まったが、あまりに広い分野を手がけた人物だったため、いろいろな領域から専門家を集め、分担して調査にあたるという方針がとられた。そして私も、大学院に入学した途端に、洋書類を担当していた指導教官に半強制的に連行されたのであった（とはいえ、もともと熊楠には関心があった）。

熊楠は大学予備門（現在の東京大学）を中退後、アメリカ、イギリスと遊学し、一九〇〇年に帰国したのちは、和歌山県中南部に位置する田辺市で過ごした。熊楠旧邸には本や標本を詰めこんだ二階建ての蔵があり、そこで私は数千点にのぼる書籍類を一点ずつ調査することになった。薄暗くほこりっぽく、もちろん冷

暖房もない蔵のなかでの作業はつらかったが、次第に熊楠の魅力にはまりこみ（紀南の魚や柑橘類がおいしかったのもあるが）、いつのまにか熊楠研究者となってしまった。

熊楠は一八九二〜一九〇〇年の八年あまりをイギリスで暮らし、ハイド・パークやグリーン・パークなどで植物採集に励んだ。たとえば、一八九三年五月三一日の日記には、「ハイドパーク車道の傍の小溜水中オッシラリア・ニグラを得。*Oscillaria nigra*（Vauch.）及 *Euglena*」とあるし、一八九四年五月三日には「グリーンパークにて *Stereum* sp. を獲」と記録されている。なお、*Oscillaria nigra* は細長い緑色の淡水藻、*Euglena* はミドリムシ、*Stereum* はキウロコタケ属のキノコである。

このように彼が在英中に集めたのはキノコと淡水藻が主であった。おそらく地面を這うようにしてキノコを探し、水たまりをのぞきこんでは藻をすくっていたのだろう。現在ならば、「怪しいアジア人が変なことをしている！」と通報されかねないが、とくに問題になったようすはない。リン・バーバー『博物学の黄金時代』（高山宏訳、国書刊行会、一九九五年）や、リン・メリル『博物学のロマンス』（大橋洋一・照屋由佳・原田祐貨訳、国文社、二〇〇四年）を読むと、その理由がわかる。十九世紀後半のイギリスは博物学の円熟期であり、公園には植物採集に勤しむ紳士淑女があふれていたのだ。イギリスの「優しい自然」は趣味・教養としての博物学を可能とし、採集観察があたかも高尚な行為のように考えられた。そこに熊楠もうまいこと紛れこむことができたのだ。

一方で熊楠は動物も好きだった。ロンドン動物園に通いつめ、リトヴォが「第五章　檻のなかのエキゾチックな動物」でとりあげた動物たちも実際に目にしている。ただし、珍しい動物を眺める彼自身こそが、ロンドンにおいてはエキゾチックな存在であり、周囲から「眺められ」、しばしば人種差別される存在でもあった。大英博物館のリーディング・ルームでは、差別的なイギリス人への殴打事件を起こし、館を追放されることにもなった。生意気な東洋人には、海外からもたらされた動物たちと同様、馴化の圧力がふりかかったが、熊楠は簡単に馴らされてしまうような人間ではなかった。

また、熊楠は指紋への関心が高く、『ネイチャー』（一八九四年十二月二十七日号）に「「指紋」法の古さについて」という論文を発表している。指紋によって個人を特定する方法の起源が東洋にあると主張したもので、江戸時代の拇印、爪印、血判などがとりあげられている。橋本一径『指紋論――心霊主義から生体認証まで』（青土社、二〇一〇年）は、熊楠の論文が『ネイチャー』に掲載されえたコンテクストを教えてくれる。当時のイギリスでは、急増する常習的犯罪者を識別するための捜査術が求められていた。そんなか、一八八〇年の『ネイチャー』に、日本に滞在した経験もある医師ヘンリー・フォールズが、指紋の利用についての論文を出す。これを皮切りに、ウィリアム・ハーシェル、フランシス・ゴールトンらによって、指紋の有用性が明らかにされていく。熊楠はその文脈にのっとり、論文を執筆したからこそ、『ネイチャー』にも認められたのであった。

熊楠は『ネイチャー』や大英博物館で、貴重な東洋の知をもたらす存在として歓迎された一方で、前述のように嫌がらせをされたり、街でからかわれて喧嘩になったりしている。十九世紀末のイギリスは外国恐怖の時代でもあった。丹治愛『ドラキュラの世紀末――ヴィクトリア朝外国恐怖症の文化研究』（東京大学出版会、一九九七年）も、何度も読みかえした本だ。当時のイギリスは海外へさかんに出ていくとともに、海外からの侵入者におびえていた。東欧やアジア、アフリカから流入する外国人がイギリスに害をもたらし、やがて侵略されるのではないかとの不安が存在したのである。そうした恐怖が小説のかたちをとったのが、たとえばブラム・ストーカー『ドラキュラ』（一八九七年）であった。

実はこれは動物においても同様であった。リトヴォが指摘するように、アジアやアフリカに植民地を拡大したイギリスは、ライオン、リカオン、チーター、ジャッカル、トラ、ヒョウ、オオカミなどと遭遇するはめになった。いずれも人間や家畜を襲う凶暴な動物で、イギリス人入植者が犠牲となる事件も多発した。

こうした状況が、イギリス本国への猛獣の侵入という不安を生み出し、フィクションにも反映される。H・G・ウェルズのSF小説には、侵入してきた動物に人間が食われるテーマが頻出する。「珍しい蘭の花が咲く」（一八九四年）では、アンダマン産の美しい蘭が吸血植物だとわかるし、「海からの襲撃者」（一八九六年）では、海水浴客たちが謎のタコっぽい生きものに襲われる。『宇宙戦争』（一八九八年）も、そのバリエーションのひとつと位置づけられよう。イギリスは植民地を広げたことで、手に負えない危険な自然をも抱えこむことになったのであった。そして熊楠も、イギリスが国際化したことで招き寄せられた「怪物」だったのである。

歴史と動物

歴史書の魅力のひとつは、各時代のディテールを教えてくれる点にある。動物にまつわる歴史は、まさにその代表例といえよう。『階級としての動物』は、歴史学に「動物」という視点をもちこんだ偉大な作品であるのみならず、動物に関する個別のエピソードが満載で、何度読んでも新たな発見があって楽しめる。

また、しばしば歴史学の役割は、「声なき民」に語らせることだといわれる。これは動物の場合には、よりいっそうのことだろう。動物たちは言葉をもたず、記録を残すこともない。けれども、歴史的な研究によって、彼らの感じていたことや、置かれていた立場を跡づけることができる。動物たちは、ただ生きていただけである。しかし、人間の欲望がいかに反映されたかを検討することで、時代そのものがよく見えるようになる。これぞ歴史研究の醍醐味であろう。物言わぬ存在である動物たちに、いかにしゃべらせるか。それこそが歴史家の仕事なのである。

そして『階級としての動物』を読んだあとには、従来の歴史とは、ちょっと違った景色が見えるようになる。たとえば、十九世紀のロンドンに、医師となって社会的上昇を果たしたミドルクラスの男性、優雅に午後のティーを楽しむ上流階級の婦人、テムズの河原で錆びた釘を拾う貧民の少年がいたとする。一般の歴史や社会史は、彼ら彼女らの経済状況とか、食べものとか、貧民救済について明らかにする。それに対して『階級としての動物』は、医師には銃猟用のセッター、婦人には愛玩用のヨークシャーテリア、貧民の少年には痩せた雑種犬がそっと寄り添っているのをイメージできるようにしてくれるのである。

〔三好みゆき訳、国文社、二〇〇一年（Harriet Ritvo, *The Animal Estate : The English and Other Creatures in Victorian England*, Harvard University Press, 1987）〕

近代の切なさに届く調査と表現

野添憲治『開拓農民の記録——日本農業史の光と影』

藤原辰史

手のひらのうえで

遠くにある、見知らぬものに恋い焦がれ、慣れない道を歩く。見たことのない色の列車に乗って、聞いたことのない地名の駅に降り、聞いたことのない方言の人たちと話をして、長い旅路の末に故郷に戻ったあと、部屋の本棚に手を伸ばし、古びた本を読むと、その本には自分が経験した新しい現象や新しい事実が、もっと鮮やかに色濃く描かれていて、あの旅はいったいなんだったんだろうと、がっくり肩を落とす。わたしにとって、野添健治の『開拓農民の記録』という本は、正直なところ、そんなありがたくない本でもある。

卒業論文で、ナチスが戦争を仕掛ける前になされていた内地植民政策を扱ったとき、比較として日本国内の植民について知りたくなって手に取ったのがこの本だった。同級生たちがベンヤミンやデリダを語っているとき、この本を読んでいたのはちょっと恥ずかしかった。正直にいえば、フェルナン・ブローデルもアラン・コルバンもピーター・バークも知らない学生だった。

一九七六年に刊行された本はわたしと同い年である。おそらく、明治時代に現在の北海道旭川市に入植した人たちの末裔がわたしの母にあたり、その縁でわたしは旭川市で生まれたので、他人事とは思えなかったのもこの本を手に取った理由だろう。だが、そんな個人的な思いとは全く別に、明治維新以降の旧士族の開墾、屯田兵、南米への移民、満蒙への移民、敗戦後の日本国内の僻地への入植など、辺境へ辺境へと押し流されていった人びとへの聞き取りに基づく歴史叙述は、悲しく、つらく、重いのに、とてもダイナミックで、「開拓民」という視点からだけで百五十年の歴史が描けることに驚いた。そして、そこで描かれる人たちの信じられないくらい強靭な心と体は、若造の眼にはとても眩しく映ったし、それだけに開拓民たちがことごとく失敗していくことは、とても切なかった。わたしは、この「切ない」という感情を歴史にこれほどうまく描写できる人はなかなかいないと思っている。

その後、わたしは、満洲国の移民政策を担った農業経済学者の杉野忠夫や橋本伝佐衛門、秋田県の貧困農村を描いた農民作家、伊藤永之介などを研究することになるが、そのときには『開拓農民の記録』はほとんど忘れていた。その後の研究でも、歴史の根底を流れる飢えへの恐怖、農産社会にさえ根付けない流浪の人びとの生きざま、開発から取り残された地域の悲しさとそこから生まれる近代社会への痛烈な批判のまなざし、食料の分配の可能性、農業技術の発展とそれに同調できない人びとの技術、底辺からしか見えない近代社会の歪み、農村過剰人口論の問題点など、第一次世界大戦の研究やナチ時代の農業研究をするなかでも『開拓農民の記録』は忘却の彼方にあったし、トラクター、児島湾、大潟村、分村移民などの自分にとって欠かせない素材もこれを再読せずに研究してきた。だが、これらすべてが『開拓農民の記録』に書いてあることを、今回久しぶりに再読して知り、愕然としたのだった。おそらく、野添はわたしにとってのブローデルであり、バークであったのかもしれない。世界を知りたいと思って各地に旅に出たけれど、結局のところお釈迦様の手のひらの上をぐるぐる回っているだけだったという、あの感覚である。

荒野に鍬を打つように

野添憲治は、一九三五年に秋田県藤琴村（現在の藤里町）に生まれ、藤琴新生中学校を卒業後、山林の伐採人夫として出稼ぎで各地を歩くこと八年、国有林の作業員を七年勤めたあと、能代市に転住、大館職業訓練所自動車整備科を修了し、木材業界紙の記者、秋田放送のラジオキャスター、秋田経済法科大学非常勤講師を経て、著述業に入ったという異色の経歴の持ち主である。

いうまでもなく、大学で歴史学や文化人類学の訓練を積んだわけでもない。だが、『開拓農民の記録』は、少なくとも歴史学の査読に耐えうる歴史書だと思っている。オーラルヒストリーという言葉がなかった時代、聞き手と話し手ができうるかぎり同時に表現形成にかかわるような聞き書きという形式で、たとえば、東京の早乙女勝元や筑豊の森崎和江や上野英信、水俣の石牟礼道子が試みていたように、秋田の野添も、大学製の理論や分析枠組を信ずることなく、歩き、聞き、また歩くことで歴史を生活言語で構成することに成功している。

では、本書のモチベーションはどこにあったのか。野添は「あとがき」でこう述べている。「伐採人夫の泊まる飯場《はんば》はどこでも山奥にあったが、その山奥の飯場から里に下ってくると、いちばん近くにあるのが戦後に入植した開拓農家という場合が多かった。また飯場に泊りがけで、あるいは通いで働きにくるのもその人たちであった」（二六九頁）。

開拓農家は野添の仕事の隣人であり仲間でさえあった。だが、それだけではない。野添のおじ一家が日本での開拓生活に見切りをつけ、一九六一年にパラグアイ移民に旅立った事実も、本書を書かせる重い動機であった。

もともとこの時期に政府が大々的に音頭をとった海外移住政策も、営農の不振な戦後入植者を入植地から追い出すための政策の一環だったわけだが、さらにそのおじが移民して二年目に病没したことを知らされたときのショックは大きかった。パラグアイへ移民するために開拓地を離れる前のひと晩を酒を酌み交わしながら、いかに日本の開拓政策はだめかということを涙を流さんばかりに聞かされていただけに、三度目の開拓に挑んだ間際に亡くならなければならなかったおじの無念さが思われて、心が痛んだ。

（二七〇頁）

野添の書き方は、荒野に鍬を打ち込むように素朴で抑えが効いているが、「亡くならなければならなかった」という助動詞の使い方に見られるように、皮膚の下の毛細血管にどっと血が流れるかのような熱を紙面に帯びることがある。それまでの収入生活に縁を切り、著述一本の道に入ったとき野添がやろうと思ったテーマが戦後開拓だったのもそれゆえ不自然ではない。五十以上の開拓地を歩き、この本を書き切ったのである。

開拓者たちの知

開拓者たちは、日本の政治経済の矛盾によって生業では食べていけなくなった人たちである。ほとんどの場合が、自分の責任ではなく、なにか大きな力のゆえに、やむなくそうならざるをえなかった。野添は、そんな開拓農民の歴史を明治の始まりから説き起こしていく。

悲惨だったのは、青森県下北半島の斗南《となみ》ヶ丘に移民してきた会津藩士たちだった。戊辰戦争で官軍に徹底的に抵抗した会津藩は、下北半島か猪苗代湖周辺かに移住せよと二者択一を命じられ、一八七〇年三月から少しずつ下北半島に向かうことになる。しかし、藩士とその家族は到着するまでに飢えと寒さでかなり死んでしまう。さらに、移住後も、掘建小屋で寒さをやりすごし、食べものもなく、政府からの扶持米もすぐ底をつく。耕した土地にジャガイモ、まめ、そばを植えるが、冷たい偏東風でほとんど育たない。川に棲む貝や魚、浜辺の昆布を拾っては食いつなぎ、地元の人さえ知らない山菜までも食べて、「ゲダカ」と呼ばれたという。毛虫という意味である。一八七三年になって会津に戻ることが許されたが、下北半島に残った三百戸もほとんど食べていけず、成功者はほぼゼロであった。陸にあがった昆布を拾って食べる人たちの様子が、やはり切ない。

他方で、青森から北海道に船でわたって移住した仙台藩のなかの小藩である亘理《わたり》藩は、「決心移住の上は草根木皮を食い斃て後止むの心得をもって主従共に奮励罷在」という並々ならぬ決意を抱き、家財道具をいっさい売ったが、武士としての恥は捨てず、鎧兜に刀槍一式を持ち、正装して上陸したという。野添の歴史描写で凄みを帯びるのは、このようなドラマティックなところだけでなく、下記のように、些細なところのモノの描写にもいっさい手を抜かず、視覚も痛覚も張り巡らせるところである。「食器がないために海岸で拾い集めた帆立貝柱の貝殻で食事をしたので、口を切って血を流す子どももいた」（三一頁）。わたしは、ここを読むといつも自分の口元に痛みを覚える。これが野添の作品の基底である、生活と物理の法則と経験に根ざした野添独特の描写力だと思う。野添自身、工事現場の出稼ぎや森林での肉体労働で物の論理を知らないと命に関わる仕事をしていたが、それが歴史叙述に生きているのである。
さて、亘理藩は、この本の事例のなかでは例外的に生き残る。久保栄が劇作で描いたように、入植地は火山灰地で農耕に適さないうえに、亘理からもってきた種が北海道で目を出さないという絶体絶命の状態にもかかわらず、どうして危機を乗り越えることができたのか。野添憲治は、こうさっぱりと説明している。

この成功の裡には、家老田村顕允《あきまさ》の綿密な移住計画があげられる。単身移住を認めず、全員が妻子や兄弟同伴で行くことを条件にしたことや、大工・鍛冶屋などの職人を連れていったこと、それに先住者のアイヌの人たちと積極的に友好関係を結び、北海道というきびしい風土で生きるための生活の知恵を学ぶことができた、などの点である。（三三二頁）

火山灰地でも、アイヌの人びとが植えている「イカシロ」という粟がよく成長していることを知った亘理藩の人びとは、それを分けてもらった。というのは、アイヌの人びととの友好関係があったからである。世にいう知識というものが、生存の危機にさらされたときに、その空論性があらわになってしまうことは、三・一一以後の日本で幾度となく目撃されたことである。飢えによる危機が迫っている場合、アイヌの人びとからものを奪うのではなく、親しくして情報を得るという戦略が選べるかどうかは、その知識の強靭さにかかっている。野添は空中浮遊する知識はすべて省き、物理に根ざした知識だけを信じて開拓農民を描いているが、この方法と目的の合一は野添の書きものの重要な性格であるといえる。

政府への批判

それゆえに、野添が開拓者たちの口を借りて社会を批判する口調も重みがある。

戦後に北海道足寄《あしょろ》郡の開拓地に入植した関根安司さんの人生もすさまじい。一九一一年に埼玉県に生まれ、十九歳で軍隊に入り、二・二六事件に関わり免官、一九三七年に満洲にわたり、東満総省の刑務課に勤め、警察学校の教官をしていた。満洲で結婚し四人の子どもをもうけていたが、ソ連侵攻後はひとり子どもを失いながら、日本に戻ってきた。

「ほかの人たちにくらべると、恵まれたほうじゃないでしょうか」と関根さんは語る。

野添憲治は、もちろん、満洲移民の逃避行についても描いている。ただ、かなりの蓄積を得た満洲移民者の研究との違いは、満洲移民と戦後開拓とをつなげつつ、大きな開拓の歴史のなかに置き直していることだろう。明治維新から高度経済成長期までずっと同じ人間が登場することはない。その意味では群像であるが、野添の本では、それぞれの顔が重なってみえてくる。限界状況で生き抜いた生命のリレー。ため息だらけの重い読書なのに、そこに愉悦を感じてしまうのは、このようなダイナミズムがあるからだと思う。

戦後、北海道上川郡美瑛町の開拓地に住む神小素まつ子さんのもとを野添が訪れたとき、まつ子さんも満洲からの引き上げの悲惨さを訴えた。まつ子さんはもともと福島の炭鉱の長屋に生まれたが、一九四二年に親の反対を押し切って満洲にわたり、そこで満洲拓殖公社の社員と結婚するが、身重のときにソ連軍が攻めてくる。「満洲から引揚げる途中のことは、いまでも瞼に焼きついて離れません。とくに、錦州の元軍厩舎に足どめされた引揚者のなかから、突然コレラ患者が発生し、わずかの間に多くの人たちに伝染したわけです。医者もいませんし、薬もありません。罹病者は高熱と下痢のためにもだえ苦しみ、身につけている物を全部脱ぎとばし、骨と皮ばかりの痛々しい姿になって、目の前で次から次へと死んでいくのです。見ている間に死相があらわれて、死んでいくんですよ」。まつ子さん自身も逃避行の過程で長男を亡くし、遺骨を抱いて日本に戻っている。ほかにも、回想録から、逃避行中に一家心中を図って夫が妻を絞め殺そうとしたが、息を吹き返した事例などが取り上げられているが、わたしは、こうしたつらい経験を、戦後開拓地でも聞き取ったという事実がまさに開拓の歴史の本質的なところだと思うのである。

さて、関根さんに戻ろう。彼はふるさとに戻って働いていたが、地元の人たちが足寄に集団入植していて、そこで学校の先生がいないので、奥さんにきて欲しい、ということを聞く。関根さんは配偶者とともに北海道に向かうことになった。妻は、笹が一面に茂っている開拓地の小屋から学校に通い、夫は島田鍬を振って開墾の仕事をした。最初の冬は笹葺きの小屋だったが、「吹雪の晩は寝ている顔にパラパラと雪が落ちてきて、朝起きると布団の上に雪が積って真っ白になっていることも」何度もあったという。この描写にもやはり独特の鋭い物の論理への観察が貫かれている。

「幼い子どものお守りをしながらでは仕事にならないので、上の子どもを一日おきに交代で学校を休ませて子守りをさせた」。関根さんはこう振り返る。「子どもにはボロを着せ、しかも一日交代で学校を休ませるなんて、いったいなんのために北海道にきたのだろう」。

野添は、開拓は食糧問題がもっとも深刻だったと繰り返し述べている。関根さんの場合もそうである。

開拓団本部から配給になるのはじゃがいもや豆類が主で、ときにはそばの粉や燕麦の精白したものなどだったが、常食はじゃがいもと豆類であった。じゃがいもは皮をむき、サイコロのように四角に切って豆と一緒に煮て、さらにすりこぎで潰して食べたが、そのじゃがいもの配給も十分にない時は、皮をむくと食べる量が減るので、皮付きのまま煮ることもあった。燕麦やそば粉などの配給も量が少なかったので、大根葉や山菜などをどっさり入れて煮たが、いくら箸でかきまわしても燕麦が見つからないほどであった。(二〇六頁)

白米が食べられるのは月に一回。二十二キロも離れた配給所へもらいに行く。「米を洗ってストーブにかけるとやがて釜から湯気があがり、米の御飯の甘い香りがプーンと匂ってくるストーブのまわりに、子どもたちは喉を鳴らしながら集まるのがいつものことだった」。あるとき、湯気があがってくると、息子が、「僕、お米の御飯ならおかずなんかいらないや」と言ったという。関根さん夫妻は「それを聞いて涙を流した」。

どんなにかきまわしても燕麦が見つからない、という描写も、ストーブにかけた釜から漂う米の香りも、ジャガイモと豆の料理の細かな調理方法の紹介も、帆立貝で口を切ってしまう描写と同様に、じっくり腰を据えて聞き取っていないとでてこないような細部に至る表現である。あるいは、自身の出稼ぎの経験がないと、そもそも拾い上げられない言葉だったかもしれない。野添の描写はつねに身体的である。肉体労働の描写はいつも物理的である。それだけではない。野添はとりわけ食べものに対して細かな描写を好む。食べものはそれを食べる人の生活を映し出すだけでなく、普段は沈殿しているはずの思いをふっと口まで運んでくれる。そうやって口をついた息子の親への気遣いが、やはり、あまりにも切ない。

関根さんはこのあと酪農を始める。道も整っておらず、牧草がないなかでの酪農は「苦農」だったと関根さんは笑う。漆黒に塗られた本書のなかでは珍しい笑いも漆黒の表現でしかない。彼の農政への怒りがあらわになるのはこの笑いのあとだ。「最近の酪農は、カネのかかる施設をちゃんとつくれない人は、やれなくなってきている。わたしはあまり負債をつくらないようにしてきたので、収入も少なかったが、なんとかやってこれた。ところが国の指導は、生産を大いに高めろ、生産を高めるために機械化をしろ、機械や施設は国で補助するし、家畜の国有貸付制度を利用して頭数も増やすようにという」（二〇九頁）。

ずっと、政府の猫の目農政に振り回されているうちに、周辺に追いやられていた開拓者たちの言葉に耳を傾けているなかでも、野添は自分からは怒りをあらわにしない。書き手の主観が入ることに、ある意味、大学の歴史学者よりも慎重であろうとしているように思える。それは、まさに科学的立場であり、科学の基本である。科学的というのも、科学を信奉しているからではない。逆に、いまにも暴発しそうなやり場のない怒りがこの本には満ちている以上、科学的立場しかそれをおさえるものはないからである。

「切なさ」の向こうに

『開拓農民の記録』は、開拓農民の切なさに身をよじらせて読む、いまとなっては貴重な歴史証言である。日本にはずっとかわいそうな人たちがいた、という感傷は物理に根ざした叙述のなかで原則として排されている。日本国家の開拓者たちの言葉を黙々と拾い集め、再構成した「記録」にすぎない。

本書の限界は、とくに満洲移民の章で明らかであるが、入植される側の視点が少ないことだろう。「日本人」が中心であり、どうしても日本の悲劇としてとらえられがちになる。ただ、いうまでもなく、国民国家なるものが国民を守らないというのは語義矛盾であるし、その矛盾が平然と繰り広げられていた事実は、どうしても人びとに知らせなくてはならない。

さらにいえば、野添自身が秋田の花岡事件の調査をライフワークとしてきた事実は、いくら強調してもしすぎることはない。戦争末期に秋田県花岡町の鹿島組が受け持つ工事現場に強制連行されてきた中国人たちに対する日本人の想像を絶するひどい扱いとそれへの蜂起を扱った『聞き書き花岡事件　増補版』(御茶の水書房、一九九二年)などは、単なる告発の本であることを超えて、手に汗握る歴史小説のような作品に仕上がっている。『開拓農民の記録』では比較的後景に退いていた日本人の「他者」は、わたしのような人間が指摘するまでもなく、野添自身が一連の花岡事件の仕事のなかでずっと手放さなかったテーマであった。

しかも、ここに描かれる中国人たちへの日本人の虐待は、「一日のノルマが果たせなかったといってはなぐられ、歩き方が悪いといっては蹴られ、食事も、一日にパンが二つ、骨と皮ばかりになって仲間はつぎつぎに死んでいきました。多いときで、一日五～六人、一九四五年の六月ころが、そのピークでした」(一二七頁)というようなナチスの強制収容所に匹敵するような残虐さに満ちていている。その一方で、中国人たちの蜂起の計画、その微妙な狂い、そして決行、逮捕にいたるまでのスリリングで上質な描写も鑑賞に耐えうるものになっている。

告発本であり、歴史書であり、作品である。三拍子揃うことは本当に難しい。『開拓農民の記録』にも『聞き書き　花岡事件』にも、この三つが共存している。どちらも主人公はひとりではない。とくに「開拓農民」は、時代さえも超越した存在を名指す言葉だ。しかもみなは全く別の経験をし、接点もほとんどない。にもかかわらず、どうしてこれほど、存在としての統一感が生まれ、それが作品の統一性を担保できるのだろうか。野添自身の出稼ぎの経験が登場人物に投影されているからかもしれないが、わたしはやはり、野添の物理現象にも及ぶ丹念な取材力によるものだと思う。別個の人間であることを前提に、それぞれから落ちてくる言葉を積み上げてきた結果、「開拓農民」という人工的な輪郭のもとに、追いやられてきたものの集合心性と肉体の動きが、もっといえば死んでいった人びとの叫びがゆるゆると集まってくる。『聞き書き花岡事件』と比べると硬さがどうしても否めないが、この本を読むと不思議と元気が出るのは、おそらく、この輪郭という形式と切なさという中身の類稀《たぐいまれ》な結合に理由があると思う。

［現代教養文庫、社会思想社、一九九六年（初出は『開拓農民の記録——農政のひずみを負って』NHKブックス、一九七六年）］

第Ⅲ章　精神の森に分け入る

「改革」のなかの反知性主義
ホーフスタッター『改革の時代――農民神話からニューディールへ』

中野耕太郎

一九五〇年代の「大衆社会」と地位政治

本書の著者リチャード・ホーフスタッターは、冷戦期の米国コロンビア大学で教鞭をとった歴史学者である。パラノイド型や地位不安といった社会心理学的な概念を駆使して、アメリカ史上に遍在する保守的な大衆政治を分析した手法は、ピュリッツアー賞を二度受賞するなど、当時非常に高い評価を受けた。そんな彼の名を近年、政治評論のなかでよく見かけるようになった。その背景には、大衆迎合政治や反知性主義の社会風潮への関心がある。特に、英国でブレクジット派が多数を占め、「トランプ現象」がアメリカを席巻するに至り、半世紀以上も前にいち早く大衆民主主義のなかの「反動」を論じたその著作がますます注目を集めている。[1]

さて、『改革の時代』の原著は一九五五年に上梓されたアメリカ現代史の「概説」である。十九世紀末の人民党・農民運動から二十世紀前半の革新主義、ニューディールへと断続的に続く「改革政治」が主たる検討対象だった。[2] この五五年当時は、冷戦初期の反共マッカーシズムがようやく終息に向かう時期にあたる。醜悪な政治ヒステリアを目の当たりにした若い研究者の間には、数年前から大衆民主主義を批判的に再考する機運が高まっており、前年コロンビア大で開催されたマッカーシズムに関する教員セミナーもまた、そうした知的潮流を背景としたものだった。そして、この研究集会への出席がホーフスタッターの『改革の時代』執筆のきっかけになった。

社会学者のダニエル・ベルを中心に組織された同セミナーと翌年刊行されたその成果論集には、シーモア・リプセットやデイビッド・リースマンらも参加したが、彼らの多くはホーフスタッターと同じく、一九三〇年代に高等教育を受けたユダヤ系のニューヨーカーで、社会主義運動への参加歴もよく似ていた。そして、この新世代の知識人たちは、アメリカ人の政治行動を、流動化する社会的地位とそれに起因する心理的抑圧の観点から論じた点でも共通していた。[3]

もっとも地位政治論への関心自体は、この時までにホーフスタッターの中で相当程度熟成されていたように見える。なにより、この分野の先駆者でコロンビア大の同僚、C・ライト・ミルズとの知的交流はつとに知られるところである。むしろベルの影響が顕著なのは、その「大衆社会理論」、すなわち、モダニティによる共同体の破断がマッカーシズムのような「非合理」かつ情緒的な権威主義への動員の前提にあるという見方であった。ベルは同時期の論文でこう書いている。「(資本主義の高度化が進むにつれ) 家族や地域コミュニティといった、旧来の第一次集団の紐帯は粉砕され……統合的な諸価値は失われた。……その結果……諸個人間の関係は間接的で分節化されたものとなり、同時により大きな空間的、社会的流動性が地位不安を増大させた。……(人々は) 新しい信仰を探し求め、ここに世俗の救世主たるカリスマ指導者のための舞台が整った」と。[4] 後に詳述するように、『改革の時代』を通貫する歴史観は、右のベルの議論と深く共鳴し合うものであった。

また、歴史学者としてのホーフスタッターがこうした新進の社会理論を自身の現代史叙述に取り入れたとき、その仮想敵がビアードやヒックス等前世代の「革新主義史学」であったことは明らかだ。アメリカ史の展開を対立する諸勢力の利害と経済的合理性の観点から説明しようとするビアード等の立場は、究極的には草の根の大衆民主主義に同情的だった[5]。これに対して、ホーフスタッターは地位政治と伝統回帰の心理という、まったく異なる視角からアメリカ民主主義の歴史を見直そうとした。この試みは、戦後の「豊かな社会」が生んだ反動政治という、およそ経済的利害では推し量れない政治状況と切り離しては考えられないが、同時にアメリカ史学に方法論上の一大変革を起こそうという強烈な学問的野心を表現するものでもあった。

「農民」の神話と現実

ホーフスタッターにとって『改革の時代』の第一の課題は、一九五〇年代に彼が直面した「人種的・宗教的・土着主義的恐怖症、大企業・労働組合・インテリ……に対する復讐心」（一八頁）の起源を究明することであった。その際、著者がとった興味深い戦略は、KKKのような排外主義者や極右・人種主義の運動を研究するのではなく、意図的に「改革政治」を分析の俎上に載せ、その動機付けや将来展望に固着した「後ろ向きな」諸要素を明らかにしたことである。ここで描かれたのは、まさに邦語版訳者のひとり斎藤眞が喝破したように、「改革と反動とが共存するというパラドクス」（二九五頁）の空間であった。いうなれば本書の歴史叙述は、工業化や国際化といった現代史の不可避の流れにもかかわらず、旧い道徳主義的な政治文化を克服できない、アメリカ・リベラリズムの閉塞性を暗示するものだったのである。

まず、「アメリカ合衆国は農業地帯で生れ、都市へと移動した」（二〇頁）、という意味深長な一節で始まる第一章は、人民党運動（ポピュリスト）の活動家が鼓吹した「「農民」の神話」の歴史的な意味を読み解いていく。「農民」の神話とは、要するに大地を耕す財産所有者たる「自営農民（こそ）が……理想的な市民」（二一頁）であり、アメリカ合衆国の聖なる礎であるという信念である。そして、一八九〇年代の不景気と経済構造の激変の中で、離農の危機に瀕したアメリカ農民は、この過ぎ去りしヨーマン（自営農民）の「黄金時代」への懐旧の情を募らせていったという。それはまさに世紀末の地位不安が生んだ「工業化の犠牲者」としての自己認識と表裏一体の心的傾向であった。だが、ホーフスタッターの慧眼はこの「神話」の虚構性を見逃さない。すなわち、人民党運動に結集した農民の多くはすでに営利的な換金農業を行い、土地投機を繰り返す小企業家であり、彼ら自身が広い意味での工業化に順応した存在だったと。つまり、ポピュリストは自らの農業経営者としての営みを感情的に否定する自己矛盾に陥っていたというのである。

もとより、人民党運動の盛り上がりは世界的な不況を背景としていた。そのため、ホーフスタッターは運動の経済的要因を排除しない。だが、彼はこの点を農民運動の「ハード面」として、農本主義的で時に他者に対して不条理な攻撃性を示す「ソフト面」と切断して捉えた。そして彼があくまで後者の「感情」の領域にこそ運動の本質を見出していたことは多言を要しまい。こうした立論は、ヒックスら一九三〇年代、四〇年代の革新主義史学が描いた民主的な反独占運動の英雄、ニューディールへと続く改革政治の先駆者としての人民党像とは大きな隔たりがある。『改革の時代』の行間から滲み出る「没落する自営農民」に対する辛辣さには、かつてエリック・フォナーが指摘したように、同時代（十九世紀末）のデ・レオン派アメリカ・マルクス主義によるプチブル社会運動批判と同種の軽侮の念が看取できるのである。(6)

この「農民の正義」への不信感は、続く章ではアメリカ農本主義と帝国的膨張主義や人種主義との親和性ないしは共犯性の指摘にたどり着く。わけてもイグネイシャス・ドネリーら人民党運動指導者の言辞に根深い反ユダヤ主義を発見したことは重要だった。ホーフスタッターによると、追い詰められた農民の被害者意識は、彼の苦境の大元たる「国際的金融勢力の不断の陰謀」（六五頁）を妄信させ、そのことは「反ユダヤ主義としばしば結合した」（七二頁）のであった。こうした指摘は、実のところ人民党運動を生んだ地位政治が、南・東欧系新移民の台頭におびえるネイティブの不満を反映したものだったことを示唆していた。さらに、著者にとって問題だったのは、前世代の革新主義史学が歴史家自身のWASP的バイアスゆえにこの問題を等閑視してきたことだった。曰く、これまでの研究は「（農民運動の）感情が土着主義とナショナリズムとに対してどのような関係をもっているかについてはほとんどふれられていない。また、……（その）反ユダヤ主義的傾向については全く述べられていない」と（五六頁）。このようなエスニックな論点への鋭い感受性は、歴史学者ホーフスタッターのひとつの個性であった。

革新主義——組織社会と地位革命

本書の後半は「改革政治」の第二派、「革新主義」の叙述に多くが費やされる。二十世紀転換期に現れる革新主義は、政治浄化やトラスト（独占企業）の解体を主張した改良主義の思潮であったが、ホーフスタッターはこの運動を「都市的、中産階級的であり、そして全国的であった」（一二一頁）とし、人民党運動との差異を強調する。だが、同時に革新主義が「心情的には農村の福音主義的プロテスタンティズムの伝統を継いだ」道徳主義的な運動だったことにも触れ（一八二頁）、ポピュリストと同じく過去の理想社会への郷愁がその基層に横たわっていたと概括した。

ところで、革新主義者が活躍した二十世紀初頭は、人民党時代とは異なり、全般的な好況期であった。新しい政治行動の動機を経済的要因に求めるのは、一九五〇年代のマッカーシズムの場合と同様困難であり、著者はますます地位政治理論に依存せざるをえない。それでは、革新主義の担い手となった中産階級はなぜ、いかにしてその伝統的な権威と地位を失ったというのか。ここでもホーフスタッターの議論はモダニティの宿命に戻ってゆく。彼は工業化、都市化のテーゼをさらにすすめて、社会と経済の組織化、官僚制化を二十世紀の趨勢と捉え、革新主義をこの一般的な歴史傾向に対するある種の反動と位置付けるのである。つまり「大株式会社、労働組合、巨大な政党機関」（一九〇頁）の台頭が、伝統的な個人主義に固執する中産階級をして相対的な地位低下に向かわせ、ここに生じた抑圧的な心理が「改革」を動機付けたと。

さらに加えて、著者は革新主義者に蔓延した反移民感情にも言及する。「アングロ・サクソン的文明とアメリカの政治文化を信じ身につけている人間は、完全に異質の移民が大量に流れ込むことの将来におよぼす影響を考えて困惑」（一六二頁）し、あるいは「人種的同質性の喪失によって伝統的な民主主義が破壊されはしないかとの恐れから……わかりやすい「リベラル」な言葉で無制限の移民政策を攻撃した」（一六〇頁）のである。そして、そうした「革新主義的改革の最大の支持者はアメリカ生まれの不満階層」（一六六頁）だったという。

このようにトラストの支配と、工業化の産物であり推進者でもあった都市移民層の台頭に地位不安の源泉を見出し、それによって改革者の情動を説明するホーフスタッターにあっては、第三派の「改革政治」、すなわちニューディールと革新主義とは全く異質のものとなる。革新主義のエトスは第一次大戦期の総力戦体制によって「粉砕」されるのであり、その後、世界恐慌の中から立ち現れるニューディールは、より「プラグマティック」で「現実的」な」（二八六頁）施策の蓄積、すなわち、「道徳的改革よりはむしろ経済的実験作業」（二七九頁）であったというのだ。なによりニューディールは組織された産業と組織された労働を体制内に統合し、エスニックな文化的多元主義を前提とした秩序を形成した。ホーフスタッターは、ついにWASP的伝統主義から自由になったニューディールは「アメリカの改革運動にはかつて現れたことのなかった社会民主主義的な色彩を付与することになった」（二七一頁）と評価したのである。

だがそれにもかかわらず、『改革の時代』の最終頁は、一九五〇年代の「現状」を参照してこう記す。「アメリカ人の多くは依然としてかつての個人主義とかつての孤立状態に復帰することを切望して」いる。しかし、この「黄金時代」信仰の「約束とそこで空想された無邪気さとを享受することは、もはやわれわれの力の及ぶ範囲ではない」（二九〇頁）と。やはり著者は自身の歴史解釈が、戦後の「今」を生きる知識人としての在り方と深く関わることを隠そうとはしない。

批判と再検討

こうした稀代の問題作『改革の時代』は、数世代にわたる研究者によって様々に論及されてきた。まず本書の刊行直後より出された批判は、その実証性を疑問視するものだった。マッカーシズムの範型として人民党運動を描こうとするホーフスタッターの行論は、最初から特定の農民イデオローグの著作に限られた、選択的な読書に依存しているというのである。この点はおそらく本書の最大の弱点であった。その後、新しい社会史研究がローカルな一次史料を発掘し、草の根の農民運動像を提示したとき、その叙述に見られる「偏り」は否定しがたいものとなった。特に、人民党運動の基盤であった各地の互助的な協同組合活動がいかにも過小評価されていたことは明らかだ。また、農民組織が模索した国営の穀物倉庫や鉄道公有化案が示すように、農産物の交換・流通過程に現れた集産主義的発想は、単なる「ヨーマンの夢」を越えた営為と見える。これに関連して、一九七〇年代には新左翼系の論客による人民党擁護の主張も現れた。それは、ホーフスタッターが難じた農民運動のローカリズムや共同性を、むしろ反資本主義的な、「近代」のオルタナティブとして評価する立場であった。たしかにポピュリストの運動を工業化への適応の手段と見るか、逆にこれに抗う闘いと見るかは立場の別れるところだろう。だがひとつ言えるのは、『改革の時代』においては、農民が組織防衛のためにあえて「神話」の麗句を身にまとい、その実、生き残りをかけた日々の協同活動に尽力した――そうしたリアリズムへの洞察が非常に弱いことである(7)。

次に『改革の時代』の革新主義論への批判に目を移そう。ここでの最大の論点は、「革新主義者とは誰なのか」という問いにつきる。もちろん改革者の中にはパラノイド的な心理から社会事業に身を投じた名望家出身の若者もいただろう。だが、その後の研究の進展は実質的な革新主義の活動家がより下の階層にまで広がっていたことを明らかにした。例えばウィービーは開明的な企業家や専門職、人事管理者といった新興テクノクラート（新中産階級）こそが運動の担い手であり、彼らはむしろ二十世紀の官僚的秩序形成に掉さす存在だったと論じた。こうした指摘は、実のところ「組織化」現象に注目するホーフスタッターのウェーバー的な歴史観を逆手にとって、反主知主義に解消されない「改革」の近代性を浮き彫りにするものだった。また、そのように革新主義にプラグマティックな側面を見出すことは、同時代の西欧各地で勃興していた「社会的な政治」との関連性を想起させずにはおかない。近年の研究には、二十世紀の改革思潮はアメリカと西欧の知識人を結ぶ越境的な言論圏で生成したという主張も現れている。このようにグローバルな観点から革新主義を再定位し、これを「北大西洋世界全体の政治および思想運動の一部」と考える発想はホーフスタッターにはない。『改革の時代』の歴史叙述はすこぶるドメスティックであり、ここに本書が書かれた時代の制約からくる限界を指摘することは容易である[8]。

最後に『改革の時代』の排外主義叙述に対して批判があったことも記すべきだろう。例えば本書が暴露した農民の反ユダヤ主義は、十九世紀末の「常識」に照らして特段逸脱したものではないという意見がある。この批判は、歴史の中のエスニック問題をいか程に重視するかという歴史家の体質に関わる問題であり、ここでは、若干著者の出自と成育歴を参照しておきたい。ホーフスタッターは一九一六年、ユダヤ系ポーランド人の父とドイツ人の母の間に生まれた移民二世世代のアメリカ人である。彼が育ったニューヨーク州西部の工業都市バッファローは南・東欧系の新移民が多数を占めるコスモポリタンな空間で、彼はこの地に大学を出るまで暮らしている。二十歳の時には、急進的な左翼思想を持つユダヤ系の女性と結婚し、彼自身もニューヨークのラディカル・コミュニティの一員となっていく。翌年、コロンビア大学の大学院に進学するも、奨学金の選考に漏れて金銭面での苦労を強いられた。ホーフスタッターはこのことに強い不満を感じ、民族差別（ユダヤ人枠）の存在を確信したという。さらに数年後、世界を震撼させたホロコーストの報は、彼を含む若いユダヤ系の学徒に計り知れない衝撃を与えただろう[9]。「彼は、イーディッシュ語を話すポーランド人の父とルーテル派の母との中間のだれのものでもない奇妙な国土に住んで、多くのことを秘密にしていた」、作家アルフレッド・ケイジンは著書の中で、親友ホーフスタッターの複雑なアイデンティティをそう記している。またケイジンは彼のユダヤ性を示唆してこうも書く。「半分ユダヤ人（の）……ホーフスタッターはよくぼくのヘンリー・アダムズへの傾倒をあざ笑って、アダムズのユダヤ人にたいする、とくに移民ユダヤ人にたいする気違《マ》いじみ《マ》た憎悪ぶりを引用した」。このホーフスタッター世代の生々しい「民族」経験が前世代のビアードのような研究者や七〇年代に台頭するエスニック・リバイバル世代の研究者とも異なる独特の感受性を生み出したことは否定できない。普遍を語るアメリカ・リベラリズムにＷＡＳＰ的なバイアスを看取したことは、彼らの大きな学問的功績であった[10]。

『改革の時代』の読まれ方

『改革の時代』は刊行後すでに六十四年（日本語語版は五十二年）が経過した現代史の「古典」である。「古典」とは、各世代の読者がその人が生きる時代の感性でもってその書物と向き合い、それぞれに「過去と現在の対話」を構築できる作品だと思われる。そうだとすると、二十世紀末に研究者となった筆者の世代の読書に少し触れることも許されるかもしれない。

これまで、『改革の時代』を批判的な意見を重視するかたちで紹介してきたが、実は、筆者自身の読書体験は決して否定的なものではなかった。筆者が初めて本書を手に取ったのは、学部学生時代の八〇年代後半だった。当時はポピュリスト関連の地方史調査がにわかに進捗し、革新主義についても詳細なケーススタディが提出されていた。畢竟これらの運動はあまりに多義的に描かれ、その性格を一般的に定義するのが困難な状況となっていた。生意気にもそうした社会史研究の「蛸壺化」や史的評価の相対化に不満を感じていた筆者にとって、人民党からニューディールまでを一望し、大胆な仮説で一刀両断する「概説」は実に魅力的だった。だが、そもそも新しい社会史は、ホーフスタッターら前世代の政治思想史を実証的に乗り越えようとして始まった面があり、それはやや倒錯した読書でもあった。ともあれ、「社会史」がいわば研究の出発点となっていた当時の若い世代にとっては、遅れて読んだ『改革の時代』の巨視的な叙述がむしろ新鮮に感じられたのだった。

もっともそれは、あくまで初学者の直感の話で、アメリカ史研究の前線ではホーフスタッターの評価は、今日からは想像できないほど低落していた。社会史が多様な事実を掘り起こすにつれ、地位革命や政治文化を強調した彼の議論は深刻に捉えられなくなっていた。例えばこのころ、本書の出版三十周年を記念して出されたアラン・ブリンクリーの論評はこう記している。「近年、『改革の時代』は何か遺物のように見えはじめている……今や同書は、さらなる研究の道標ではなく、打ち捨てられた仮説の象徴となってしまった」と[11]。当時、ホーフスタッターはすでに力を失った先行研究として等閑視されるか、保守的なアメリカ知識人の代表のように書かれがちだった。

たしかに、ホーフスタッターを保守と非難するのには理由がある。なにより冷戦コンフォミティを背景に形成された彼の学風は、利害の対立や紛争の連鎖として歴史を見るよりも、むしろ、一見対抗的と見える諸勢力が等しく囚われていた価値規範の力を重視する傾向がある。「改革と反動の共存」を強調するその議論は、能動的な社会運動やラディカルな抵抗に懐疑的で、そもそもモダニティと自由主義を越える代案を提示するすべを持たなかった。だが、このコンセンサス史観は彼の批判者が言うように、自由主義的資本主義を唯一絶対のイデオロギーとして賞揚する立場を示していたのだろうか。筆者にはむしろ、思想的な閉塞感を不本意ながらも引き受けた冷戦知識人の暗い諦念ばかりが印象に残った。それよりも問題に思えたのは、あまりに遠い大衆との隔たりだった。ホーフスタッターは工業化の荒波にもまれる農民や都市民の社会心理に執拗にアプローチするが、決して彼らに共感を示さない。市井の人々の生に寄り添い、民衆の知や土着文化に敬意を払う構えとはおよそ無縁であった。それどころか、民衆の中に入り運動の普及に尽くした「アマチュア知識人」をひどく軽蔑的に描いていた。ポピュリストの「指導者は……農民向けの新聞・雑誌の編集者（や）……職業的な改革者」であり、「煽動には多くの経験を持つが、責任や権力には……経験がない……既成の政治組織に処を得ることに失敗した変り者や立身出世主義者」だったというのだ（九五―九六頁）。

こうした記述には初読時から強い違和感を持たざるをえなかった。

おそらくこの大衆不信は彼の転向経験とも関係が深い。ホーフスタッターはスペイン内戦が激化した一九三八年共産党に入党している。しかし、数ヵ月の在籍後、スターリンが主導したモスクワ裁判に矛盾を感じて党を離れ、さらに、独ソ不可侵条約の締結によって失望を深めていった。そしてこの間、党内の「大衆」（支部の一般党員）から受けた「再教育」が若き日のホーフスタッターを深く傷つけたという。[12] その後、ホロコースト、マッカーシズムへと続く裏切りと失意の歴史は、冒頭で触れた多くのニューヨーク知識人にも共有された。なかでも、ホーフスタッターが『改革の時代』執筆時に行動を共にし、学問的影響を与え合ったベル・グループは、こうした経験を背景として、精緻な大衆社会批判を構築していったのだった。彼らは、一九六〇～七〇年代の左翼・学生運動とは距離を取り、筆者が『改革の時代』に出会った八〇年代後半には、いわゆるネオコンの論客として名を馳せるようになっていた。もしホーフスタッターが短命でなければ（一九七〇年に五十四歳で死去）、その晩節はいかなるものだったろう。一九八〇年代以降の保守攻勢と冷戦終結が長い「ニューディール」を瓦解せしめた後に、一体彼はどのような政治的、学問的立ち位置を占めただろうか。「正義」の運動の見えざる陰画を白日の下に晒すことができる——その歴史家としての稀有な才能はどのように発揮されただろうか。そのことを考えるにつけ、今日、二十一世紀の反知性主義との対抗という新しい文脈の中でホーフスタッターが再び読まれている事実は興味深い。願わくは今度こそは、『改革の時代』の蹉跌——大衆と知識人が分断され対峙する不幸——が乗り越えられんことを。

（1）　現在の反知性主義問題については、酒井隆史「現代日本の「反・反知性主義」?:」（『現代思想』第四三巻第三号、二〇一五年）、三〇—三八頁の議論が役に立つ。近年最もよく引かれるホーフスタッターの著作として、リチャード・ホーフスタッター『アメリカの反知性主義』（田村哲夫訳、みすず書房、二〇〇三年）を挙げることができる。

（2）Richard Hofstadter, *The Age of Reform : From Bryan to FDR*（A. A, Knopf, 1955）.

（3）ダニエル・ベル編『保守と反動――現代アメリカの右翼』（斎藤眞・泉昌一訳、みすず書房、一九五八年）。Daniel Bell, ed., *The Radical Right : The New American Right, Expanded and Updated*（Doubleday, 1963）.

（4）Daniel Bell, "The Theory of Mass Society : A Critique"（*Commentary*, 22–1, July 1, 1956）, p. 75.

（5）Charles A. Beard and Mary R. Beard, *The Rise of American Civilization*（Jonathan Cape, 1927）; John D. Hicks, *The Populist Revolt : A History of the Farmers' Alliance and the People's Party*（University of Minnesota Press, 1931）.

（6）Eric Foner, "Introduction," in Richard Hofstadter, *Social Darwinism in American Thought*（Beacon Press, 1992）.

（7）William Appleman Williams, "The Age of Re-Forming History"（*Nation*, June 30, 1956, pp. 552–554）; Norman Pollack, *The Populist Response to Industrial America : Midwestern Populist Thought*（Harvard University Press, 1962）; 横山良「オマハ綱領の世界――ポピュリズムにおける私有財産と協同社会」（『アメリカ研究』一八、一九八四年、八七―一〇五頁；Lawrence Goodwyn, *Democratic Promise : The Populist Movement in America*（Oxford Univ. Press, 1976）.

（8）Robert H. Wiebe, *The Search for Order : 1877–1920*（Hill and Wang, 1967）; Daniel T. Rodgers, *Atlantic Crossings : Social Politics in A Progressive Age*（Harvard University Press, 1998）, p. 3.

（9）David S. Brown, *Richard Hofstadter : An Intellectual Biography*（University of Chicago Press, 2006）, pp. 7–20.

（10）A・ケイジン『ニューヨークのユダヤ人たち――ある文学の回想 1940–60　I』（大津栄一郎・筒井正明訳、岩波書店、一九八七年）、二一四―二一五頁。

（11）Alan Brinkley, "Richard Hofstadter's *The Age of Reform* : A Reconsideration"（*Reviews in American History*, 13–3, Sept. 1985）, p. 463.

（12）Brown, *Richard Hofstadter*, pp. 24–25.

［清水知久・斎藤眞他訳、みすず書房、一九八八年（初出は斎藤眞・有賀弘他訳『アメリカ現代史――改革の時代』みすず書房、一九六七年。Richard Hofstadter, *The Age of Reform : From Bryan to FDR*, A. A. Knopf, 1955）］

映画史の年輪を刻む
サドゥール『世界映画全史』

小川佐和子

古生物学者としての歴史家

フランスの映画史家ジョルジュ・サドゥールが著した『世界映画全史』全六巻は、映画史という巨木の年輪をたどることができる古典的名著である（以下、出典については翻訳の巻と頁または章を示す）。ただし、「全史」と銘打たれていても、本書は一九二九年まで、すなわちトーキー映画が登場するまでを対象としている。サドゥールの「映画全史」は、いまだフィルムが声と音を持っていなかった時代の無声映画を対象とし、そこで取り上げられている映画は、そう簡単に上映機会に恵まれるものではない。チャップリンやエイゼンシテインはまだしも、無声映画のDVDも相対的に少ない。最近ではネットで手軽に見られる機会も増えたが、数としては不十分であり、そもそも現存していないフィルムも多く、サドゥールが言及した膨大な映画に目を通しつつ読破していくのは不可能である。

サドゥールがこの巨大プロジェクトに身を投じた当時、これらの映画を見ることは今日よりも容易ではなかった。彼が映画について書き始めた一九三〇年代半ばは、アンリ・ラングロワらがフィルムの保存や復元、その上映を目的に創設したシネマテーク・フランセーズの前身がようやく立ち上がろうとしていた時期である。当然、網羅的なカタログも存在しなかった。さらに調査と執筆の期間は第二次世界大戦下であったためアクセスできる資料には限りもあった（第一巻は一九三九年には書きあげられたが、刊行は戦後となった）。そこでサドゥールは、戦間期に映画仲間のつてをたどって可能な限り散在する資料を調査し、映画を試写し、必要な場合はニューヨークやロンドンにも足を伸ばした。彼は、「古生物学者や先史学者のように」（「序文（第一版）」一巻、二〇頁）、「後日の発見によって自分の仮説が打ち壊されないことを望みながら、幾つかの骨から一つの動物を再現しなければ」ならなかったのである（「序文」『世界映画史I』丸尾定訳、全二巻、みすず書房、一九八〇年、四頁）。その結果として誤謬は散見されるが、それはある程度やむをえないことだといわざるをえない。

こうした状況にもかかわらず、フランス映画研究者の飯島正をして、「現在のぞみうる最大そして最良の世界映画史」（飯島「サドゥールの『世界映画全史』によせて」一巻、五頁）であり、「映画のバイブル」を作り上げた「古典的映画の百科全書家ジョルジュ・サドゥール」（同、一〇頁）と言わしめたほど、本書ではその圧倒的な網羅力にもとづく実証的な映画史記述がなされている。草創期の映画はサドゥールにとって未知の分野であったために、彼は「遠い昔の中世史のように映画史を扱うこと」を余儀なくされ、「何年にもわたる探求と原典への依存、彼の威力を形成している参考資料の重視という方法論」（ラングロワ「序文」『世界映画史I』三頁）を徹底するほかなかった。今日では、当時の映画雑誌もデジタル化の波に乗り、現地に行かずともアクセスしやすくなったが、サドゥールの映画史はいまなお他の追随を許していない。彼の映画史を読んでいると、過去を歴史化しようとする者は誰しも、対象が未知の存在であり、自分は古生物学者であるという自覚を促される。

とはいえ、極端に言ってしまえば本書に登場する映画を読者が仮にひとつも鑑賞することができなかったとしても、『世界映画全史』は、専門家はもちろんのこと、西洋史・社会史・経済史・文化史・表象文化論などに従事する研究者にも多大な示唆を与えるものであると同時に、研究者という生業を取り払って、一読者としても本書はたいへんに読書欲をそそる魅力的な「読み物」である。それはまるで、サドゥールが青春時代に熱中したと言われている一九一〇年代のフランス連続映画のように——最後は必ず「登場人物の運命はいかに？」という展開で終わるのだが——、展開の続きが気になって仕方がなくなる映画史の一大絵巻となっているからだ。

『世界映画全史』の通時性と共時性

では、無声映画のみを対象にした映画史を四千頁も（邦訳）、網羅的に記述したサドゥールとはどういう人物なのか。ジョルジュ・サドゥール（Georges Sadoul 一九〇四〜一九六七年）はナンシー生まれの映画史家・映画批評家・映画学の教育者である。彼は法学を学んだのち一九二五年以降シュルレアリストたちと活動を共にしていたが、一九三二年に共産党員となり、彼らと袂を分かつ。当時は極左の雑誌で熱心な執筆活動を続け、一九三五年以降に映画批評を書き始める。占領下ではレジスタンス作家たちを支え、共産党の文芸雑誌『レ・レットル・フランセーズ』でも論陣を張っていた。一九五六年には『映画の歴史』と題された学位論文でソ連科学アカデミー芸術史研究所から芸術学の博士号を得る。そのほかに『レクラン・フランセ』や『カイエ・デュ・シネマ』、『ラヴァン＝セーヌ・シネマ』といった戦間期および戦後のフランスにおける映画ジャーナリズムの中核として活動を続けた。

他方で、ＩＤＨＥＣ（映画高等研究所）で教鞭を執り、教育者としても後世の育成に励んだ。各種の国際映画祭で審査員もつとめ、映画批評家連盟とも協働する傍ら、シネクラブやシネマテークへの協力も惜しまず、フィルム・アーカイヴ活動にも取り組んでいた。サドゥールは、一九四五年に刊行された初版の序文の最後で「読者のなかに、歴史学者にとって高価な参考資料を保存している方があれば、シネマテークに連絡していただきたい」（一巻、二〇頁）と訴えている。フィルム・アーカイヴの重要性が叫ばれる今日、半世紀さかのぼるサドゥールの映画フィルムおよび映画資料保存への意識はきわめて高かったと言えよう。ここには、映画史家はフィルム・アーカイヴへの理解を持つべきだという映画史領域に特殊な事情がある。

このような背景を持つサドゥールの代表作『世界映画全史』の構成は下記である。第一巻では、一八三二年から九五年までの映画前史を対象とし、映画の発明へといたる数多くのパイオニアたちの業績がまとめられる。第二巻では、映画が誕生した一八九五年（リュミエール兄弟がパリの映画館で一般興行として初の映画上映を行ったことに根拠を置く）から九七年までが対象とされる。第三巻および第四巻では、「映画の先駆者たち」としてジョルジュ・メリエスとパテ・フレールの初期映画の歴史が展開され、第五巻および第六巻では「無声映画芸術への道」と題して、第一次大戦前までのフランスを中心とするヨーロッパ映画が中心に扱われる。第七巻および第八巻は「無声映画芸術の開花」として、大戦後のアメリカ映画の世界制覇を主要テーマに据えている。第九巻から第十二巻は、「無声映画芸術の成熟」と規定され、大戦後のヨーロッパ映画、ハリウッド映画の確立、トーキーの登場といったテーマを軸に、一九一九年から二九年のディケードに焦点が当てられる。翻訳の各二巻分が原著の各一巻にあたる。

ここで注目すべきなのは、初期映画に三巻も費やされている点である。そもそも映画前史に最初の一巻があてられているのも驚異的だ。「初期映画」の定義は、狭義には一八九五年を起点に、アメリカの映画監督D・W・グリフィスが編集の技法を用いた最初の物語映画である『ドリーの冒険』が製作された一九〇八年までとされる。テリー・ラムゼイの『百万一夜』（一九二六年）やモーリス・バルデーシュとロベール・ブラジヤックの『映画史』（一九三五年）といった初期映画の古典的歴史書が刊行され、初期映画に注目が集まっていた。サドゥールはこれらの先行研究を踏まえた上で、新たな芸術としての映画がどのように誕生したのかを記述するために、映画が誕生する半世紀前の前史からそのプロセスを綿密にたどっている。ここには、映画芸術の系譜学を打ち立てようとする著者の意図がうかがわれよう。

映画が誕生したのはどの国かという議論は、いまも繰り広げられている。フランクフルトの映画博物館では、フランスよりもドイツの方が二ヵ月早いという証左のもとで映画史に関する常設展示をリュミエール兄弟のシネマトグラフではなく、ドイツのマックス・スクラダノフスキーのビオスコープから始めている。どちらの発明が先かという、映画史の現実とは無関係に見える競争意識に振り回された歴史の提示よりも、サドゥールの記述の方が信頼できる。リュミエール兄弟こそ映画の発明者であるという通説がフランスでまかり通っていた当時、サドゥールの映画史には、フランスが果たした貢献を過大評価するような愛国主義的な要素は見受けられない。むしろ、同時代の資料を渉猟することで、シネマトグラフが誕生した背景には、実はリュミエール以外の多数の発明者たちの努力があったことを明らかにしている（「一八九五年のパイオニアたち――ポール、ジョリ、パテ、グリモワン＝サンソンほか五〇人の発明家たち」一巻、二六一―二七六頁）。とりわけアメリカのパイオニアであるエディスンの映画史的位置づけをリュミエールと同等に置いたことは、彼が初めてだと言って良いだろう。こうした相対的に客観的な態度がサドゥールの映画史の寿命を永らえさせているのだ。

本書の全体構成を見ると、サドゥールはアメリカおよびフランスを中心に直線的な歴史記述をしているように誤解されるかもしれない。だが、サドゥールの映画史は、はるかに範囲が広く通時的（各国映画史としても読める）であるばかりでなく、共時的（世界中を同時に扱う）にも書かれている。たとえば第八巻の章構成を見てみよう。

12．ケレンスキー政権下のロシア映画　一九一七年二月十日
13．反抗者チャーリー（チャップリン　一九一七―一九一九）
14．退廃せるローマ人たち（イタリア　一九一五―一九二〇）
15．両大戦間のアメリカ映画
16．アベル・ガンスとルイ・デリュックのデビュー（フランス　一九一五―一九一九）
17．ソヴェート映画の第一歩　一九一八―一九二〇
18．デンマークの黄昏
19．ベルリンにおける戦争と革命　一九一四―一九二〇
20．マルセル・レルビエと一九一九年におけるフランス映画
21．〈シーザーよりも暴君的な〉ハリウッド（アメリカ　一九一八―一九二〇）
22．結論　フィルム・ダールから映画芸術のデビューへ

実際は、米仏だけでなくロシア、イタリア、フランス、ソヴィエト、ドイツ、デンマークと当時の主要な映画産業国全てが均等に対象とされている。訳者の丸尾定は、アジアや日本、南米が初期映画史に果たした

貢献を組み入れていないと留保しており（「訳者あとがき」一巻、三〇二頁）、サドゥールの映画史がいささか西欧中心であるというその指摘は正しい。しかし、本著の縮小版『世界映画史Ⅰ』で紙幅は少ないながらも「ラテン・アメリカ」、「極東の映画」、「インドとアジアの映画」、「アラブ世界とアフリカ」といった章で初期から六〇年代までを記述しているため、その不均等さはある程度解消されている。現存する作品を中心にせず、現存するかしないにかかわらず、映画史を語り尽くすところは瞠目に値し、まさに「書物によるフィルム・アーカイヴ」として本書は機能する。

芸術としての映画史、産業としての映画史、「事実の集積」としての歴史叙述

サドゥールの百科全書的な映画史はさまざまな顔を持つ。それは芸術としての映画史、産業としての映画史、文化史としての映画史、現代史としての映画史である。次に著者の映画史観を掘り下げるべく、彼の発言を見てみよう。

映画は他の多くの芸術の総和であり、総合であるところに、その偉大さがあるのだ。……その産業としての諸々の面を考えないで、芸術としての映画の歴史——それが本書の目的である——を研究することはできない。そのうえ、この産業は、社会と、その経済、その技術と切り離しては考えられないのである。従って、私たちの構想は、産業、経済、社会、技術と密接に条件づけられた芸術としての映画を研究することである。（「序文」『世界映画史Ⅰ』四頁）

ここでの争点は二つある。他の芸術の歴史と比肩するような映画の発展の歴史を提唱し、映画に芸術的な正当性を与えようとすることと、経済的なデータを根拠とし、映画史に学術的な正当性を与えようとすることである。そのためには普遍的でパノラマのような視点を提示せねばならず、あらゆる国と時代の映画を含み込む必要があった。サドゥールは、このように野心的な概括の方法論を用いて、経済的および技術的データをもとに映画の現象を詳細に分析したのである。

芸術かつ産業としての映画史を目指したサドゥールに対し、フランスでは彼を「映画のマルクス主義的歴史家」（シネマテーク・フランセーズ）と位置づけている。若い頃、共産党員として執筆活動をしていたサドゥールが、唯物史観の持ち主とみなされるのは自然な流れではあるだろう。実際、唯物論史観への執着は、芸術としての映画が大衆によって産業的に形成されたという基本的図式に見てとることができる。それは時に戦闘的な言説にもなった。「要するに、世界中の労働者たち大衆が映画芸術を生み出したのである」（「結論　フィルム・ダールから映画芸術のデビューへ」八巻、三五九頁）といった結論や、家内工業的な産業の段階からアメリカのトラストへ、そして映画産業の資本家による支配へと円滑に推移していく叙述の仕方はマルクス主義的な傾向の表れだろう。

だが、サドゥールの映画史は、基本的に彼の思想的立場とは切り離されている。彼は、映画史叙述を著者自身の政治観や歴史観に回収するのではなく、事実の集積をありのままに提示しているからだ。その点で「映画のマルクス主義的歴史家」というレッテル貼りは筋違いに見える。第一次大戦後のヨーロッパ映画の展開は、ソヴィエト映画とフランス映画に分けられ、それぞれにかなりの紙幅が割かれてはいるが、一般的な映画史におけるソヴィエト映画の重要な位置づけと比べて偏重があるわけではなく、この巻の書かれた時期がスターリン全盛期であったことと関係しているようにも思えない。そのことは、ソ連がドイツに進軍した背景とも無関係に、ソヴィエト映画の章とドイツ映画の章が並んで叙述されていることからも分かる。また、ロシア本国において長らく封印されてきた革命前のロシア映画の記述もかなりなされている。「ロシア映画の第一歩」（六巻、一一章）、「帝政ロシア映画の最後」（七巻、七章）、「ケレンスキー政権下のロシア映画」（八巻、一二章）と、三章にわたって割かれており、その後も革命期を対象とした「ソヴェート映画の第一歩」（八巻、一七章）が設定されている。

さらに、ナチス占領下にフランスとドイツが敵国関係であった文脈とも切り離され、ドイツ映画にも十分な章が割かれている。初期映画におけるドイツの貢献に関する記述は相対的に少ないが、それはドイツ国内のアーカイヴで資料調査が実現できなかったからである。その偏りについて一九四五年八月の序文でサドゥール自身が断りを入れている。それは「確かな資料の欠如による無知」のせいであった。「冷静に、もしくは先入観にとらわれることなく」（一巻、一八頁）記述を努め、重版のたびに映画史の空白を埋め、誤謬を訂正し続けたというサドゥールの言葉は信頼に足るだろう。

六〇年代にはヌーヴェル・ヴァーグの旗手たちによるサドゥール批判が沸き起こった。クロード・シャブロルの有名な言葉に「映画史を脱サドゥール化（désadouliser）しなければならない」とある。彼らはサドゥールの映画史というよりも、その中で詳述された戦前のフランス映画に対して批判の矛先を向けたのであり、それは多分にヌーヴェル・ヴァーグの党派的なイデオロギーから生じた批判でもあった。仮にサドゥール自身に彼らの批判する「イデオロギー的な厳正さ」の基準があったとしても、彼の映画史記述にそこまでの偏りをもたらしてはいない。

サドゥールの政治的な背景やマルクス主義への傾倒を根拠に、彼の映画史観をもそうした価値観に縛って読むことは、本書が本来有する生き生きとした歴史記述の魅力を損なう恐れがある。サドゥールの「事実」

への執着と百科全書的で網羅的な性格は、政治が介入することで色づけされる世界観とは別個の彼の独自性として発揮されている。歴史に、もしくは歴史の叙述に、著者自身の思想の枠組みを当てはめることは、その歴史書を位置づけるための有効な手段であることは疑いない。だが、その枠組みからこぼれ落ちる個々の事実を捨象したり、一面だけを照射したりするわけにもいかないだろう。むしろ歴史を忠実に記述するには、歴史に内在するさまざまな矛盾を隠さないためにも、特定の枠組みを取り払い、最終的には「事実の集積」を見せる方法にたどり着くのかもしれない。説得力のある枠組みよりも、事実そのものが持つ魅力が読者を惹きつけていく、サドゥールを読んでいるとそのような事実の集積に牽引されていく。

ただしサドゥールは辞書のように単に事実を羅列しているのではない。彼は、個々の事実をひとつひとつのショットのように組み合わせ、段落（シーン）を作り、節（シークェンス）を組み立て、最終的に「映画史」という作品を完成させているのだ。もとのショット＝事実は、ほかのショットと組み合わさることで初めて意味が生じる。サドゥールの特徴は、時代背景の史実や産業のデータと、映画史の事実・証言をつなぎ合わせ、歴史叙述、すなわち編集による語りを施している点にある。そしてそこには、過去の事実に対して、叙述主体である映画史家の優位性が生じてしまうことへの自意識もたしかにうかがわれる。そうでなければ「古生物学者」という自己批評は出なかったであろう。ただ事実を並べるのではなく、「芸術としての映画史」という自身の映画史観に基づいて体系的に事実をモンタージェしていく点に、本書の学術的意義は担保される。その際には、体系化に伴う叙述主体の圧倒的な超越性を自覚しつつ、素材としての事実そのものが持つ力を最大限に引き出すよう、個々のショット＝事実が配されている。これが他に真似できないサドゥールの魅力的な文体となっているのであり、これほどの大著となった所以である。

ポストコロニアリズムやフェミニズム、精神分析、認知論的映画論など、新しい映画分析の方法論は説得力があり、かつ時代に即したものと受け取られやすい。こうした理論はあくまで方法論にすぎないにもかかわらず、研究の世界ではときに理論のために映画作品が利用されているような印象を受けることもある。サドゥールには、理論や思想の枠組みのために映画史の事実を散りばめるのではなく、丹念に集めた個々の事実をもとに歴史叙述をしていく最大限の努力がうかがわれるのだ。

ショットの組み立て、すなわち編集は、ハリウッド映画のように洗練されたメロドラマを仕立てることもあれば、ソヴィエト映画のように共産主義や社会主義リアリズムのイデオロギーを表象することもある。「古生物学者」であるサドゥールは、映画史をフィクションではなく、あくまでドキュメンタリーとして編集し、再現する。もちろん「記録」にも虚構性やイデオロギーが介入することはあるが、観客＝読者が受動的にではなく、批評的に対象を見る＝読むことでしか、その問題は解消されない。

ラングロワが『世界映画史Ｉ』の序文で奇しくも述べているように、「今日、われわれは、ゴダール以前とゴダール以後の映画が存在するのと同じ様に、サドゥール以前とサドゥール以後の映画史が存在することを確認できるのである」（三頁）。ゴダールはまさしく『映画史』と題した作品を一九八八年から一九九八年にかけて撮影しているが、さまざまな証言や歴史的事実をつなぎ合わせたサドゥールの『世界映画全史』は、それ自体が「映画史」を対象にした言葉によるドキュメンタリーなのである。

［丸尾定・村山匡一郎他訳、全十二巻、国書刊行会、一九九二―二〇〇〇年（George Sadoul, *Histoire générale du cinéma*, Denoël, 1946–50）〔第二版：1975〕］

ヒトだけではなく、生き物にも歴史がある
塚本学『生類をめぐる政治――元禄のフォークロア』

武井弘一

生類憐みとは何か

日常会話のなかで、「生類」という言葉を使うことはあるだろうか。それでも「生類」という名のつく、この歴史用語は知っていよう。世にいう生類憐みの令だ。

江戸幕府五代将軍となった徳川綱吉（一六四六〜一七〇九年）は、あいにく幼い息子を亡くした。そこで戌年生まれの綱吉は、ある僧の進言をうけて、イヌを大切にすべきことを厳命する。こうして、それまでの野良犬は「御犬様」となり、広大なイヌ小屋も建設された。もし「御犬様」にケガなどを負わせてしまったならば処罰されてしまう。だから、庶民は「御犬様」をおそれた。このような厳しい規制は綱吉が死去する一七〇九年まで、二十年以上も続いた。世間で流布している生類憐みの令のイメージをかいつまんで説明すれば、こんな具合になろうか。

ところが、じつは生類憐みによって大切にされたのはイヌだけではない。それに何より、そもそも綱吉は

「生類憐みの令」という名の法令を出してはいなかった。はたして、生類憐みとはいったい何だったのかを問うたのが、『生類をめぐる政治』（以下、本書と記す）なのである。著者の塚本学（一九二七〜二〇一三年）は日本近世史を専門とし、高校教諭や信州大学教授、国立歴史民俗博物館教授を歴任した。多くの著作があるなかで、本書は二作目の単著にあたる。これに続くものとしては、『江戸時代人と動物』（日本エディタースクール出版部、一九九五年）、『徳川綱吉』（吉川弘文館、一九九八年）などがあげられよう。

まずは本書で述べられている、いわゆる生類憐みのポイントをおさえておく。綱吉は、イヌだけではなく、生き物すべてを愛護する法令を次々と出した。それらが後世になって、「生類憐みの令」と呼ばれるようになった。したがって、どの法令をもって、生類憐みの始まりをするのかは諸説があり、見解の一致をみていない。たとえば、将軍が外出した先でイヌやネコをつなぎおかなくてもよいという一六八五年に出された法令を生類憐みの始まりとみなし、それから二年後の一六八七年からそれが著しくなったといわれている。

著者は、生き物を愛護することを命じた、綱吉のこれら一連の施策のことを「生類憐み政策」と評す。そう表現する、積極的な理由がある。綱吉が、とくにイヌの愛護について厳しく、そこに彼の個人的な感情や偏執によって、異常とみえる面があったことは否定できない。だが、全国に徹底された捨て子の禁止や鉄砲改めと比べると、ふつうに考えられるほど、イヌは中心的な課題であったとはいえない。それどころか、イヌへの対策も、その時代に社会のニーズに応じたものであり、政権として考え得る選択肢のひとつとして、いわば合理的な側面をもっていた。

ともあれ、生類憐みの時期は、ヒトと動物との関係がたいへん大きく変化していた。それへの対応策のことを「生類憐み政策」と評したのだ。では、どういう立場から、このような施策を講じたのかといえば、綱吉は将軍になってすぐの一六八〇年に、幕府の領地を支配する代官に対して、「民は国の本」であることなどを命じている。民の力によって国が成り立つ。その民を養うのは領主の責任という論理にもとづく。つまり、「生類憐み政策」もまた、このような人民保護策のうえに位置づけることができる。

すなわち、本書は、生類憐みが悪法だとする旧来からのイメージを一変させた歴史書なのである。しかも、一九八三年に刊行されてから十年後の一九九三年には平凡社ライブラリーから再版され、それから二十年後の二〇一三年には、講談社学術文庫からも刊行された。長い年月をかけて読み継がれていることから、歴史学の良書として、とりあげるに値する一冊といえよう。

登場する「生類」たち

本書には、おもに次の「生類」たちが登場する。その役割を手短にまとめたい。

《イヌ》江戸前期に刊行された料理本『料理物語』には、イヌの調理法がしっかり記されている。具体的には、吸い物にしたり、ホタテガイのような貝殻の上で肉を焼いたりして食べられていた。それなのに、生類憐み以降、イヌを食べる風習は、しだいに姿を消していく。現在からふりかえれば、生類憐みがあたえたインパクトの大きさがわかるだろう。けれども、イヌを愛護したのには、もっと別の社会的な理由があった。江戸の町をうろついていたイヌは、住民生活とのあいだにトラブルを生じさせていた。捨て子がいたとしよう。捨てられた幼子が、イヌの餌食になっていたのだ。つまり、イヌが小屋に収容されることによって、住民はイヌからの被害を避けることができたわけである。とはいえ、このような政権側の意図とは逆に、人びとの多くはイヌへの敵対感を助長させることになる。

《ヒト》生類憐み以前、都市において捨て子はかなり多くみられ、貧困の者は、夜に武家や富商の家の前に捨てていた。ただし、子を捨てても、それを拾って養育するものは少なく、幼子はイヌだけではなく、カラスの餌食になることさえあったという。こうした背景には、子を捨てること自体を、あまり大きな悪とはみなさない風潮があったとみられている。

よって、生類憐みの志のもと、一六八七年に捨て子は厳禁とされ、全国的に徹底するように命じられた。もし捨て子があったならば地域住民が助けなければならなくなったものの、それは万全な策ではなかった。なぜなら、目をぬすんで子が捨てられるようになってしまい、結果的にそれは子殺しにつながったからだ。

《ウマ》ウマは、その糞尿が肥料の供給源になり、その肥料の運び役となるなど、百姓にとって重要な生き物だった。生類憐みの始まる前の十七世紀は新田開発の時代であり、野山が切り拓かれ、そこが耕地と化していった。その反面、牛馬の飼料となる草を野山から得ることが難しくなっていく。

経済力の乏しい百姓は、ウマを養うことができなければ捨てるしかない。捨て子が禁じられた一六八七年には、病人だけではなく、病気のウマやウシを遺棄することが禁じられている。これは、生き物の命を大切にすることだけが目的ではない。領主にとって軍馬は必要であり、そのウマを百姓たちから入手するというねらいもあった。

《イノシシ・シカ》新田開発によって切り拓かれた野山は、当然ながらイノシシやシカといった獣たちの生息地でもあった。野山が耕地と化したことで、土地を耕すヒトと、そこを追われた野獣との攻防が繰りひろげられていく。これは、野山をとおした食料の奪いあいを意味した。

はたして、ヒトはどうやって野獣と戦ったのかといえば、鉄砲を使っていたのである。戦国の争乱に終止符がうたれた江戸時代には、平和な世が続いていた。その間、鉄砲が放棄されたわけではなく、鳥獣害を防ぐための道具として農山村に普及していたのだ。ところが、綱吉の治世下となり、ここで大きな変化がおとずれる。生類憐みの志のもとで、一六八七年に全国的に鉄砲が規制されたからである。これを鉄砲改めという。

《タカ》古代よりタカは、権力・権威の象徴として領主に飼われており、その飼い主が強大な権力をもつ者にかぎられたとき、タカは「御鷹」とよばれ、多くの人びとを戦慄させる生き物となった。江戸時代においても、歴代の将軍は鷹狩りを好み、諸大名もタカを飼育していた。タカは、自然や人びとを支配する手段として重要な役割を演じていたにもかかわらず、綱吉政権はタカの飼育を廃止した。一見すると、これは全国支配者としての将軍権力の強化とは矛盾するかにもみえる。しかるに、ここにもまた、現実的な理由があった。

鷹狩りは大変ぜいたくであり、多くの出費を要した。そのため、コストをかけても、鷹狩りの効力はそれにみあわぬものとなっていたので、儀式化され、縮小される傾向が生じていたのである。ちなみに、タカの餌としてイヌの肉も用いられていたので、タカが飼育されなくなった結果として、イヌは命拾いすることになる。

《徳川綱吉》とにもかくにも、イヌだけはなく、ヒト・ウマ・イノシシ・シカ・タカなどの生き物すべての命を大切にすることを厳令したのが、五代将軍綱吉であった。

初代将軍家康（一五四二～一六一六年）から三代将軍家光（一六〇四～一六五一年）にかけて、将軍はタカをとおして全国支配の体制をつくりあげようとしていた。しかし、綱吉は、「御鷹」の権威に委ねるのではなく、それにかわって生類憐みの志によって、全国支配をいっそう強固なものにしようとした。野鳥獣は鷹狩りの獲物としてではなく、「生類」として保護されるべきであり、それゆえヒトが鉄砲を所持することも厳しく規制された。

すなわち、生類憐みによって、すべての生き物が将軍を頂点とする権力の保護下におかれることになったのである。

銃規制の問題

本書を、単に生類憐みについて論じた歴史書だと断じるには惜しい。今後の歴史学において、本書をどのように読み進めるべきなのか。その指針を二つあげることにしよう。

個人的な話だが、初めて海外で一人旅をしたのは、今から二十年以上も前の一九九四年のことであった。アメリカ西部を、価格の安い長距離バスに乗って貧乏旅行をしたのである。とはいえ、楽しい旅ではなかった。バスターミナル自体が郊外にあり、けっして治安が良い場所にあるとはいえない。バスターミナルに向かう途中のダウンタウンには、銃を持った警官が通り沿いに立ち並び、事件がないように目を光らせていた。いつ発砲されるかはわからないという、不安をかかえながら街中を歩いたのを覚えている。

他方で、今の日本では、こういう体験をすることはほとんどなかろう。はたして、どうやって、銃に悩まされない社会が実現できたのかといえば、日本に鉄砲が伝来したのは、戦国の争乱のさなかの一五四三年のこと。その後の歴史を述べたものとして、アメリカの文学者ノエル・ペリン（一九二七〜二〇〇四年）による『鉄砲をすてた日本人』（紀伊國屋書店、一九八四年）は有名だ。

『鉄砲をすてた日本人』は、もともとは一九七九年にアメリカで発刊されて大きな反響をよんだ。なぜなら、おりしも東西冷戦のさなかで、世界中が核兵器の恐怖におびえていたからである。はたして、核兵器を廃棄することはできるのか。元来、ヒトは、誕生してから技術とともに、武器も発達させながら進歩してきた。その武器発達の二大画期は、鉄砲と核兵器の発明だ。仮に歴史上、世界のどこかで鉄砲を廃棄できていたのなら、核兵器もそうできるかもしれない。

こうして世界中から探し出された唯一の国が、江戸時代の日本だった。なぜ鉄砲が廃棄されたのかといえば、江戸幕府が成立する前の一五八八年に、天下人となった豊臣秀吉（一五三七〜一五九八年）の刀狩りによって、百姓らが武装を放棄させられたからである。この試みを全世界は模範として見習うべきである、そう高く評されてもいる。

いまだに海外では、この『鉄砲をすてた日本人』の内容が信じられ、評判も高いと聞く。だが、江戸時代の百姓たちが武装放棄をさせられていたという見方が誤りであるのは、本書をふまえれば明白である。なぜなら、百姓たちが鉄砲を所持していたからだ。そもそも秀吉の刀狩りによって、鉄砲を含む武器すべてを没収することはできなかったとみられている。逆にいえば、鳥獣との攻防のなかで百姓たちが生きてゆくためには、鉄砲はなくてはならない農具だったから、そのまま村に残されたといえよう。

その鉄砲を初めて日本国中で規制したのは綱吉であった。けれども、彼の死後には規制が緩和され、基本的に領主は百姓が持つ鉄砲を登録しただけで、現実な管理は村に委ねられてしまう。こうして江戸時代の日本では、地域社会がコントロールすることによって、銃問題に悩まされない社会が実現することになった。

一方、アメリカの話にもどれば、二〇一一年には、一日に三十件の割合で、銃による殺人などの犯罪事件が起きている。銃の乱射によって、学校などで一度に多くの命が奪われる事件もあとを絶たない。アメリカの場合は、地域社会で銃使用がコントロールされているとは、とても言い難い。

たしかにアメリカの銃乱射事件は深刻だけれども、これは対岸の火事ではない。日本もふくめた世界各地では発砲事件は現実に起こっており、社会でいかに銃をコントロールしていけばよいのかは、世界中における社会問題なのである。さらに武器をいかに削減・制限して紛争を解決していくのかについても、国際社会レベルにおいて喫緊の課題であることはいうまでもない。

こういう現状をふまえたとき、銃はあるが、それを武器として使わない社会を維持していた江戸時代の日本には、銃問題を解決するため、ひいては武器廃絶へむけたヒントが何かあるのではなかろうか。本書を手がかりに、武器所持の実態について、江戸時代の日本と国際社会との比較・検討が進んでいくことを待ち望みたい。

ヒトも「生類」のひとつ

本書を読み進めるための指針として、もう一つあげたいのは、ヒトが自然とどう関わっていけばよいのかという難題についてである。

二〇一一年三月十一日、三陸沖で発生したマグニチュード九・〇の地震によって、東北・関東地方を中心に大災害が発生した。東日本大震災である。国内観測史上、最大の大津波は、巨大な堤防をいとも簡単に乗り越え、多くの命を奪い去った。それだけではなく、東京電力福島第一原子力発電所が損傷し、大量の放射性物質が漏れ出したことにより、人びとが何ともいえない暗い気持ちとなり、放射能汚染の酷薄さに苦しんだという真実を風化させてはならない。

この未曽有の大災害は、大きく二つに分類できるのではなかろうか。「人災」と「天災」である。原発事故は、ヒトがそれを建造した結果として起こったのであるから、きわめて「人災」といえよう。「人災」はヒトがきっかけで生じたのであるから、ヒトが全力でもってすれば、防ぐことができるかもしれないし、防がなければならない。一方、地震や津波は、自然がヒトに対して一方的に損害を与えたわけであるから「天災」となる。つまり、東日本大震災をとおして浮き彫りとなったのは、今後もヒトはいつどこで「天災」に巻き込まれるかはわからないという現実である。

そのためには、自然には自然の歴史があり、そのあゆみのなかで、ヒトは自然とどのように関わりながら生きてきたのかを歴史的に検証しておくべきだろう。とはいえ、自然界には、ヒト以外にもいろんな生き物がおり、それらの存在に目をそらすことなく、ヒトは暮らしていかなければならない。はたして、ヒトは多種多様な生き物にむきあい、どのように自然界で生きてゆけばよいのか。それを考えていくヒントも本書には示されている。「生類」という視点である。

そもそも「生類」とは、生き物のことをさす。当然ながら、ヒトも「生類」にふくまれる。ただし、本書によれば、「生類」とは、もともとはヒトと感情をつうじあうことができる生き物、すなわちヒトを中心として、ヒトに近い感覚でむかえられる生き物たちであるという。ヒトは、イヌ・ウマ・イノシシ・シカ・タカといった生き物と感情をつうじあう、同じ「生類」のひとつであったからこそ、綱吉は、ヒトをふくむ一切の「生類」を保護すべきという考え方にもとづいて「生類憐み政策」を講じたというわけだ。

地球という名のひとつの宇宙船のなかで、ヒトも、それ以外の生き物も、同じ「生類」として、自然と関わりながら歴史をあゆんできたことは、本書を読めば明らかになる。だが、現在はどうだろう。「生類」という概念は薄らぎ、ヒトとそれ以外の生き物は一線を画している。いや、すべての生き物のなかで、圧倒的にヒトが優位な立場におかれている。そうであるからこそ、ヒトは生き物に対して、ひいては自然に対して一方的に操れるものと過信し、逆に自然がもたらす「天災」に巻き込まれることを想定しなくなったのかもしれない。

東日本大震災をふまえ、ここでもう一度、ヒトはそれ以外の生き物と同じ「生類」であり、自然に働きかけ、自然の脅威にもさらされながら、ともに歴史をあゆんできたというスタンスに立つべきではなかろうか。こういう視点から、近年は水本邦彦編『環境の日本史4　人々の営みと近世の自然』（吉川弘文館、二〇一二年）のように、自然とヒト・動植物との歴史ついても論じられるようになった。このような新たな潮流に対する、著者がおくったエールを示して結びとしたい。

本書も、綱吉政権論としてよりも、そうした地球上の人類が生きていく上で、その環境のなかでの歴史の一環として、諸賢の御批判のなかで生かされていくことを期待したい。（「学術文庫版あとがき」、二〇一三年）

［平凡社選書、一九八三年（講談社学術文庫、二〇一三年として再々刊）］

「近代主義」との格闘
安丸良夫『日本の近代化と民衆思想』

福家崇洋

「軍国少年」の影

歴史書はなぜに人を惹きつけるのか。刊行から時をへて今なお愛される歴史書は多い。それらの書が私たちを魅了してやまないのは、歴史への真摯な向き合い方にある。どの時代を研究対象として選ぶかは、歴史家の学問的方法や問題意識と密接に関わっている。あわせて重要なことは、歴史書はひとつの時代を否応なく背負わされる一方で、ときに時代を超えた輝きを放つこともあるということである。そうした時代との共振や普遍性こそが、歴史書をひときわ魅力的なものにする。

ここでとりあげる安丸良夫『日本の近代化と民衆思想』もそのような書のひとつである。刊行は約四十五年前の一九七四年、前年はオイルショックの年で、長らく続いた高度経済成長の出口にあたる。七四年にはロッキード事件で田中角栄首相が退陣、翌年にはベトナム戦争が終結した。六八年に最高潮を迎える学生運動の余韻が続いていた時期でもある。

本書の版元は青木書店である。一九七四年に同書店から刊行された本を見てみると、『講座マルクス主義研究入門』やソ連邦科学アカデミー哲学研究所の翻訳書などが並ぶ。また、青木書店は歴史学研究会の機関誌『歴史学研究』の版元でもあった。つまり、当時の歴史（とくに日本史）研究は、客観性・実証性を重視しつつも、左派の政治的スタンスと近かったということである。『日本の近代化と民衆思想』も例外ではない。

著者安丸良夫は一九三四年、富山県で生まれた。敗戦の年はまだ幼く、実家も戦災を被っていない。しかし、自身で述べるように、戦時下の風潮を色濃くうけた「軍国少年」だった。それが敗戦で一変し、戦後民主主義のもとで再教育されていく。この転換の体験は彼の内面性を深く掘り下げていったと思われる。それは、なぜ「軍国少年」になってしまったのかという問い、そして、同じ自分が戦後民主主義に鞍替えしていくことのある種の違和感が思考にこびりついていたのではないかということである。これらの自問は、安丸青年の関心を次第に哲学へ向かわせていった。

安丸が関心を持ったのは、西田幾多郎、田辺元らの京都学派であった。一九五三年、彼は京都学派の本丸、京都大学文学部に進学した。哲学を学ぶためにドイツ語を選択したが、鶴見俊輔の本に触発されて、次第に哲学から思想史へ関心が移っていった。鶴見は日本共産党とは異なる立場から日本の思想史をとらえ直すために思想の科学研究会を主催し、『共同研究　転向』などすぐれた成果を世に送り出した。安丸も時代の影響を受けて、マルクス主義や経済学を学びはしたが、大学専門課程や大学院に進学するなかで、試行錯誤のすえ、思想史を自覚的に選択していった。

いまでも大学院生は研究会や学会に参加して報告したり、機関誌に論文を発表したりする。安丸の場合も、民主主義科学者協会京都支部（いわゆる京都民科）や日本史研究会、歴史学研究会に所属して大会や研究会で発表し、機関誌の『日本史研究』、『歴史学研究』などに論文を発表した。『日本の近代化と民衆思想』の第一章と第三章は『日本史研究』七八・七九号（一九六五年）と八五・八六号（一九六六年、ただし掲載時はひろた・まさきと共著）に、第二章は『歴史学研究』三四一号（一九六八年）に発表されたものである。

これに対して、第二篇の第四章と第五章は来歴を異にする。「あとがき」によれば、安丸も編者に加わった『民衆運動の思想』（一九七〇年）の解説論文がまずあって、この前半部を発展的に加筆修正したが、のちに一部を『思想』五八六号（一九七三年、岩波書店）に発表した。これが第四章となり、残りをまとめ直したのが第五章となったという。それゆえ、第二篇は書かれた時代が一九六〇年代から七〇年代前半へ移行していること、歴史学の学会誌よりも広い読者を持つ雑誌に向けて書かれたことになる。よって、時代の移行とともに安丸の問題関心と方法の深まりが、両篇のあいだに見られる。現実世界との関連でいえば、第一篇は六〇年安保闘争が、第二篇は六八年の大学闘争が関係する。こうした前半と後半のいい意味でのズレが本書を予定調和とは異なる面白いものにしている。

「人間らしさ」を求めて

まずもってお断りしておきたいのは、本書の歴史叙述を他の資料と比較・検証して、最新研究との齟齬や実証の甘さを批判することは、近世史の専門家ではない私には手にあまることである。ここでは、本書を通して安丸がどのような問題意識をいだき、読者に何を伝えようとしたかを考えたい。

本書には序章や終章はなく、各論文と「あとがき」がならぶ。本書のタイトルは、第一章のタイトルと同じである。つまり、第一章にこそ著者の思い入れが込められていると考えられる。また、第一章は、学説史上の位置づけに言及した第二章よりも先に置かれている。ここから、学説史上の意義よりも著者自身の問題意識が重視されなければならないという隠れたこだわりを感じとることができる。その問題意識について、安丸は次のように述べている。

近代日本社会において、さまざまな矛盾や困難の解決のためにささげられた広汎な人々の真摯で懸命な人間的努力は、きわめて厖大なものであったろう。だが、この人間的努力は、たえず勤勉、倹約、孝行などの通俗道徳的形態を通して発揮され、そのことによって支配体制を安定化させる方向に作用した。人間の能力やエネルギーは、人間がうみだしたものでありながら、こうした特有の形態をとることによって、本当の人間らしさにたいしては、よそよそしく外在的で抑圧的な力となっていった。イデオロギー的幻想は、人間が苦心してつくりあげたものであるからこそ、人間を規制してそのなかにとじこめる巨大な抑圧的な力ともなりえたのである。（七頁、傍点原文、以下同）

大学入学まで富山の散居村の農家で過ごしたことが、彼のなかでこうした問題意識を育んでいったと考えられる。しかも、安丸によって、この問題は過去ではなく現在進行形であった。つまり、「本当の人間らしさ」はどこへいったのか、それを取りもどすことは可能なのか、ということが本書のなかで過去と現在（高度経済成長期）をつなぐ重要な問いとなっている。

第二章の冒頭では、問題意識が学説史と結びつけて整理されている。一点目は、「日本の近代化をその最基底部から支えた民衆のエネルギーをその人格的な形態において、広汎な民衆の内面性を通してとらえるため」、二点目は、「近代日本のイデオロギー構造の全体をとらえるための基礎作業として」、三点目は、「民衆の伝統的日常的世界に密着しつつしかもそれをのりこえてゆく真に「土着的」な思想形成の可能性について考えたいという、いわば現代的な関心」である（五六―五八頁）。少し難しいので、説明が必要かもしれない。つまり、日本の「民衆」がいかなる思想を生活のなかで形成し、それが日本の近代化にどのような役割を果たしたのか、あるいは現代においで果たしているのかである。

一方で、民衆の思想は日本の近代化に寄与しつつも、民衆自身を抑圧する力となりうるものであった。そして、これらの視座と方法を通して、「天皇制イデオロギー」に代表される近代日本のイデオロギーをどのようにとらえ返していくのかが、彼の学問的問いとなる。この問いには、かつて「民衆」のひとりとして、「天皇制イデオロギー」のもとで「軍国少年」となった安丸自身の姿が影を落としているともいえよう。一点目は第一章と第二章に、三点目は第三章から第五章と関わる。二点目の、とりわけ天皇制との関係は一九八〇年代末以降に持ち越されるテーマではあるが、そこにいたる問題意識と取り組みはすでに第四章、第五章で顔をのぞかせている。

第一章では、近世後期において、石田梅岩、大原幽学、二宮尊徳らの思想的影響で民衆の思想形成がどのように促されたのが明らかにされている。安丸の論点の新しさは、通俗道徳（勤勉・倹約など）という「前近代的」なものを直裁に否定せず、それが日本の近代化にいかなる役割を果たしたかを俎上にのせて検討したことにある。ここには、安丸の言う「モダニズムのドグマ」（九頁）、つまり理念化された近代思想像に固執して歴史を裁断することに対する批判がある。ここで批判の対象となるのは丸山眞男のような近代主義者や、一九五〇年代以降日本で影響力をもった近代化論である。むしろ、通俗道徳の奨励が、民衆の「心」を確立させるとともに、ときに民衆自身に自己変革の可能性を与え、「膨大な社会的人間的エネルギー」（九頁）を生み出すことに、安丸は注目している。

ただ第一章後半と第二章で触れられるように、通俗道徳には負の側面も存在する。例えば、通俗道徳の実践はその人の人格と結びつきやすいために精神主義的、道徳主義的にならざるをえず、自分と関係者以外の世界の変革にむけてエネルギーが注がれにくい。また、明治中後期の「官製国民運動」による模範村誕生で、通俗道徳の喧伝が行われ、結果的に「通俗道徳は民衆の生活を制約しているさまざまの条件を無視し隠蔽する非人間的な強制となり、強力で普遍性をもった虚偽意識（イデオロギー）の体系が成立」した（六七頁）。

この袋小路から抜け出る経路を求める旅が第二章以降に描かれる。当時の学問的常識に照らせば、この解決の道こそ近代主義による合理性の貫徹だったはずである。しかし、安丸は同じ道をたどることに慎重だった。道徳主義があればこそかえって不道徳な支配体制を変革する論理が登場し、それらが絡まり合うことで「一揆や打ちこわしの巨大な政治的社会的エネルギー」（七六頁）を生み出したのではないかと問いかけた。しかも、これらの思想と運動を封建的とみるべきではないとし、そこに近代への道筋を描こうとした。ただ、一揆や打ちこわしにも限界がある。それは、現存する封建的な社会体制に代わりうる社会体制を構想できていないことである。しかし、それらの活動が「世直し観念の伝統」（八〇頁）と結びつくことで、次の社会体制への架け橋をかけることが可能になる。

幕藩体制とも天皇制国家とも異なった社会体制を民衆が独自に構想しようとすれば、それはかならず独自の世界観にもとづいたものでなければならない。現存の社会秩序は精神的なものの権威にもとづいて成立しているという転倒した意識が支配しているために、民衆は至高の精神的権威を自分のうちに樹立したときにのみ独自の社会体制を構想しうるのである。（八〇頁）

わざわざここに「天皇制国家」が加えられていることから、彼の問題意識の射程は明らかだろう。日本の歴史上、「至高の精神的権威」に変わりうるものを提供してきた「新宗教」（天理教、丸山教、大本教）に言及して、それらに対する弾圧が「国家権力による精神的権威の独占という天皇制イデオロギーの特質」（八二頁）と裏腹の関係にあるとする。天皇制国家は、民衆が「宗教的幻想を媒介としたトータルな社会変革の構想」（八二頁）を抱くことを警戒し、危険とみた宗教団体を次々に弾圧していった。

共同性と「可能意識」

この時点（第二章）で安丸は、一揆や打ちこわしよりも、宗教を媒介とした社会変革に可能性を認めている。しかし、第三章で丸山教などをおさえたうえで、第四章、第五章で一揆をとりあげており、一揆のほうに比重が移った論構成となっている。

第三章「「世直し」の論理の系譜　丸山教を中心に」は、ミロク信仰、富士信仰、丸山教を扱う。安丸の場合、各宗教にあらわれる世直しの観念が通俗道徳と結びつくことに大きな意義を認めている。世直しの観念はそれ自体では空想で漠としたものだが、通俗道徳の実践と結びつくことで、それが批判の論理へ転換していくからである。こうした批判は往々にして局所的であり、支配階級にとって都合がよいものですらあるが、ときに天皇制イデオロギーと対立することもある。安丸が明治初期の丸山教における「天皇制権力の主導のもとに展開する近代化へのはげしい批判が爆発したこと」（一二六頁）に注目するゆえんである。しかし、丸山教は近代化批判が主で、天皇制批判への経路は明確ではなかった。

この時期の安丸はこれまでの研究で検討の対象になりにくかった民衆の思想形成（＝主体形成とも表現さ

れる）を強調しており、宗教が持つ呪術性や幻想性は克服されるべきものとしてとらえていた。実際、「呪術性や幻想性は、民衆が社会体制全体を構想するさいに不可欠なものではあったが、民衆の思想形成＝主体形成の発展にともなってすこしずつ克服してゆかねばならぬものだった」（一三九頁）と述べている。つまり、そうした脱呪術化が通俗道徳によって促されることで合理的変革に向かう道筋に希望を見いだしていた。その意味では、安丸は丸山眞男を批判はしているものの、近代主義の軛にいまだとらわれていた。

このように考えると、宗教が提示した世直しの観念は、呪術性、幻想性があるためにそれらは克服されなければならない一方で、民衆の思想＝主体形成が蓄積されているだけにかえって天皇制支配を支えるエネルギーを提供してしまうという隘路を持つ。この難しい舵取りはひとえに、通俗道徳のゆくえに関わっていた。この分岐路からの跳躍が目指されるのが第四章、第五章である。第二章で述べたように、一揆が生みだすエネルギーは巨大でも、新たな社会体制の構想が充分ではないという限界があった。にもかかわらず、あえてこの一揆を論じた第四章、第五章を第二篇の最後に持ってきていることは、この限界を超える新たな一揆像が提起されているのではないか、ということである。

ただし、安丸は一揆の形態そのものよりもそれがいかにして民衆の思想形成を促したかに照準を合わせている。その際、彼は一揆の指導者における通俗道徳的自己鍛錬を指摘しつつも、表層にはあらわれにくい意識下の世界に着目することになった。「人々が協調と順応とをあたかも自明の生活態度として、彼らをとりまく世界の全体性を受容しているようにみえても、じつは人々はその断念や諦めや怨恨や憤激の大部分を、言葉にならないうちにのみこんで、意識下の世界にかくしたのである」（一五七頁）。全体性は吉本隆明の影響から「幻想的共同性」（一六五頁）とも言われるが、人々は日々いだく共同の幻想（その多くは支配層から供給される）のもとで、意識にならない意識を抑圧して生きている。

この意識下の塊をときに現実世界へと押し出す間欠泉こそが一揆である。しかし、噴出だけでは思想形成としては弱く、一揆において、民衆が「この世界の全体性を明白な善悪の二元的対抗へと構造化してとらえ、みずからがその一極をになって、〝悪〟を除去しなければならないし除去できるのだと確信すること」（一九三頁）が重要である。この善を代表する意識が彼ら民衆の行動に公的な正統性を与え、これらの活動が繰り返され、定着していくことで「まったくあらたな精神史的条件」（二二八頁）が生まれるのである。こうした状況は、一揆が発展していくなかで起こった打ちこわしにおいても見られ、安丸は民俗学の知見を援用しながら、打ちこわしにおける「祭り的オージ的」（二四八頁）な状況に注目し、そこにミクロの世に表象される人間的解放が顔をのぞかせると述べている。

これまで見てきた、全体性や無意識の世界、オージー（orgy、古代ギリシャの無秩序的な祝宴）などへの注目は、いわば合理的認識では把捉できない、非合理の世界へのまなざしの獲得であり、これによって第一篇で見られた近代主義の軛を安丸が克服しようと試みたことがわかる。あわせて、新たな世界を求める世直し観念にかかわる袋小路を突破することで、天皇制国家をこえていく道筋を照らそうとしている。これらの解放をもたらす意識を安丸はL・ベルクマンに依拠して、「可能意識」と述べている。

……社会体制の変革期がおとずれると、これまでは事実性として受容するしかなかった社会的諸制度や権力や秩序原理の問題について、既成の意味が崩れるとともに、民衆自身の意識が真に納得できるあらたな意味をもとめて彷徨するようになるだろう。そのとき、人々は、その日常的願望にあたらしい意味と内容をもりこんで発展させ、それぞれの階級的存在としての可能意識のマキシマムにむけて、あらたな社会的規約や世界像をつくりあげてゆくことになろう。（二七一頁）

ただ、改めていえば、安丸自身の問題意識こそが振り返られねばならず、そこにこそ本書の核心がある。あえて大胆に裁断するならば、共同性の問い直しこそが安丸自身の、そして本書の問題意識であったと私は考える。もともと、通俗道徳も「共同体的道徳主義的民衆意識」などと称されたように、民衆の共同性において浸透する生活規範であり、さきの民衆の世界における「幻想的共同性」とも対応・親和しているものである。そして、この相関から裂け出る共同性に、安丸は活路を見いだしていた。

彼は、民衆が一揆や打ちこわしに参加するなかで、「個々人は、蜂起した集団のなかに溶融して、共同的人格とでもいうべきものを構成し、集団の権威と威力とを、日常性からはげしく転換したみずからの思いがけない可能性として生きる」（二二八頁）とＪ・Ｐ・サルトルに依拠しながら述べている。ここには主体化にともない、人間的解放を取りもどす共同性をあわせて獲得していくことが提起されている。この可能性こそ安丸がいう「可能意識」である。人々は可能なる自分を生きることで日常の自己を越境し、解放への階梯をかけあがるなかで他者との共同性を築き、そこから既存の生きにくい世界に代わる新たな世界を立ち上げていくことができるのである。安丸のこの重たくも深い提起は、自ら道化を演じることでしか生きることができない今の日本社会においてこそ振り返られるべき地点ではなかろうか。官製「明治百五十年」から天皇譲位へいたる流れのなかで、今、私はこのように考えている。

［青木書店、一九七四年（平凡社ライブラリー、一九九九年として再刊）］

前頭葉の時代を生きること
藤田省三『精神史的考察』

駒込　武

あの青い空の波の音が聞こえるあたりに
何かとんでもない落とし物を
僕はしてきてしまったらしい
——谷川俊太郎「かなしみ」『二十億光年の孤独』（一九五二年）

喪失の経験と向かい合うこと

藤田省三『精神史的考察』は、谷川俊太郎の詩「かなしみ」を思い起こさせる。かたやとてつもない博学を隠し味のように潜ませる硬質な文体の散文であり、かたやともすれば「青春の抒情」という文脈で解釈される詩の一連であるから、不釣り合いのように思える。ただ、喪失という主題は共通している。何かが「なくなった」と認識できるのは、なくなる前のことをはっきりと知っている者だけである。遅れてきた者には、「なくなった」ことすらもわからない。「なんだかよくわからないけれど、大切なものがなくなってしまったらしい」という感覚だけが刻まれる。喪失感の深さは「時代」によっても「世代」によっても異なるだろうが、喪失感からまったく自由な「時代」や「世代」があるとも思えない。大切なものが少しずつ、しかし決定的に失われていく……。時代の流れにはあらがいがたいという無力感にさいなまれながら、それでもやはり「とんでもない落とし物」は何だったのかと考えたくもなる。『精神史的考察』は、そうした喪失の経験と向かい合うことが歴史的想像力の起点に存在することを示す。

藤田はいう。「私たちはいますさまじい時代を生きつつある。物と人間との関係が根本的に変わって了ったのである」（一頁）。街の構造も、建造物も、手にする物も、あらゆるものが所与の「製品」として、あるいは完結した「装置」として与えられている。物の自然的材質に抵抗を感じながら戸板を修繕する、あるいは綻びを継ぎはぎした時に生じる「更められた新しさ」はそこにはない。人間のうちにあって生きて働くはずの理性は所与の新品の中に吸収され、「入魂」された製品や装置が崇拝される。製品や装置の製作は「その直線性において官僚制に相似し軍事的処置に相応する」。これに対して、「経験の結晶は、物（事）との交渉の個別的なあり方に伴って生ずる一回的な固有性をどこかに含み持っている。それが相互性の痕跡であり社会的なるものの胚種である」（六頁）。

藤田省三は、『精神史的考察』（一九八二年、平凡社）の増補改訂版を『藤田省三著作集5　精神史的考察』（一九九七年、みすず書房）として刊行するにあたって、「序章に代えて」という言葉を添えて、この「新品文化」と題する文章を冒頭に置いた。人と物（事）との相互交渉としての経験の喪失という、本書の主題を簡潔に語りきったものだからだろう。

「装置」としての国家を物神化することへの批判は、丸山真男門下の俊英としての藤田の代表的著作『天皇制国家の支配原理』（未來社、一九六六年）に通じる。だが、それから約三十年後に書かれた本書の射程ははるかに広く、深い。時間的には「平安京」が先進大国たる中華帝国を模倣した「モダニティ」（新品性）

の追求だったという次元にまで射程を広げる。さらには、国家体制に先立って、あるいはその基層に存在する「社会」のあり方を凝視している。「新品文化」に続く「或る喪失の経験――隠れん坊の精神史」では、「路地で子供の隠れん坊を見掛けなくなってから既に時久しい」（一一〇頁）と何気ない風情で語り始めながら、隠れん坊の鬼が目の前に誰もいなくなった時に感じる孤独のうちに世界各地のおとぎ話にも通底する、比喩的な死と再生の経験の祖型を見出す。国家制度上の「公道」と同じように路地を自動車が疾駆し、人々が多目的に使う公共空間としての路地裏の世界が失われ、隠れん坊の経験が消えたことは、「人類の生活史」上の重大事件ということになる。たかが子どもの遊びごときでなにを大袈裟な……とこれを笑う者は、藤田によりその不明を嗤われることになる。日常の生活様式のなかの些細とも見える変化の重大さを見抜くものこそ、歴史的な想像力のはずだからである。

本書の論の前提のひとつとして、現代管理社会に鋭い批判を投げかけたフランクフルト学派の論がある。そのことは、テオドール・アドルノの亡命経験に一章を割いていることからもわかる。だが、「アドルノ曰く……」という形で、理論それ自体の祖述に努める書ではない。むしろ「日本史学」への批判的介入を試みながら、相互交渉的な経験の可能性を丹念に掘り起こそうとした歴史書といえる。「過去は既存の所与ではない、更めて発見されるもの」（一九四頁）と宣言する藤田は、律令国家体制の崩壊、江戸幕府の崩壊、天皇制国家の崩壊のように、社会的な逆転現象が生じた時代にとりわけ着目する。この逆転の時代にも「保育機構のエレベーター」（四〇頁）の中に止まりながら「制度の部品となっている函数的境遇の中での気晴らし」（二〇四頁）にいそしむ者がいる一方で、「保育機構」の外側に「落伍」しながら、権力者の忌諱に触れることを恐れぬ「異議申し立て」をおこなったり、「横議・横行」したりする者たちも登場した（一〇一頁）。藤田が注視しているのは、この「落伍」者たちが、時代との格闘の中で生み出した表現である。

たとえば、芭蕉は、「名利驕慢」な京の俳諧師たちと袂を分かって「乞食者」へと「没落」する過程で「日常の何気ない風俗や生活や眼前の風景やそこで働く人びと」に出会い直し、「空言」の繁茂していた俳諧という表現形式を再生させた。その足跡が物語るように、「感受力の深みから開拓する言葉」は言葉自身の中からは出てこない、言葉は言葉以外の物との関係において初めて物事の多様性、複雑さを象徴する力をもつと藤田は論じる（二七四頁）。かくして、人と物との相互交渉としての経験を通じて「表現」が可能となるのであり、経験の喪失は「表現」の喪失でもあることが浮き彫りにされる。

タテカンという表現形式の消滅

藤田省三『精神史的考察』は、どこかに忘れてきた「とんでもない落とし物」の所在を感知させてくれる。ふだん漠然と感じながらもしかと見定めることはできない、現代社会における危機の核心に目を向けさせてくれるといってもよい。「危機」という言葉は、思考停止を迫る「空言」として増殖しがちなので、その使い方には慎重でなくてはならない。それでも、やはり危機の多義的な正体を見極めようとすることは必要である。しばし書物を閉じて、藤田の目を通じて、自らの経験を省みることにしたい。

たとえば、タテカンは、戦後日本の学生運動が創り出した、独自の表現形式といえる。それは、あつらえの「製品」ではない。ひとつひとつがユニークである。たいていは大学の自治寮の裏手などに投げ捨てられているものを補修し、再生させる。ベニヤと角材から枠を製作する場合、釘を打ち損なって痛い思いをすることもあるし、微妙に平行四辺形になってしまうこともある。製作も、運搬も、ひとりでは難しい。集団作業が基本である。設置場所には一定の慣行があるものの、どこにタテカンを立てるかは、大学界隈で横議・

横行する者たちの自由に委ねられる。その前をただ通り過ぎることも、思わず立ち止まって大学執行部や警察への風刺に目をとめることも、サークルへの勧誘に巧みなデザインや奇抜なアイデアを見出すことも、歩行者の自由である。タテカンは臨時的であり、一回的である。なかば永続的に同じ場所を占有し続けるものは、タテカンらしくない。

学生運動が下火になるのにともなってタテカン文化も衰退してきたが、絶滅したわけではなかった。とりわけ筆者の勤務する京都大学界隈では、この絶滅危惧種が生息してきた。二〇一七年から一八年にかけて、京都市と京都大学は手を携えて、その管理統制に乗り出した。「歴史都市・京都の良好な景観」の整備を掲げる京都市は、景観にかかわる条例を盾としてタテカン撤去を京都大学に求めた。京都大学は学生管理強化のためにトップダウン方式で「京都大学立看板規程」を制定、沿道からは見えない構内の特定のスペースに、公認サークルにかぎって設置することを認め、それ以外は強制的に撤去すると宣言した。横議・横行を本質的な属性とするメディアを標本化する試みともいえる。沿道に立ち続けたタテカンはある朝早く一斉撤去されて、京大当局が厳重に保管するスペースに移送された。そこにすっかり変わってしまった風景が現出することになった。

「京都大学立看板規程」の施行を目前にした段階で開催された集会「表現者と語り合う立て看板」では、タテカンの重要性が「表現」という観点から話し合われた。映画監督の瀬々敬久氏は、「かつては、人と人とがダイレクトにつながりあう身体的動きのなかで、街と一体化したタテカンと出くわすことがあった。タテカンがなくなれば、いま日本の地方がそうなっているように、風景が均質化していく、そんな街にはドラマは生まれない。猥雑なパワーを持った場所こそが文化を生み出すのだ」と語った。美術家の伊藤存氏は「ひとつの技術が根絶やしにされることは、重大である。タテカンは物質であり、物である。ペンキを使ったり、ロープでつないで固定したりするのに苦労したりする。そこが大切。代わりにＳＮＳがあるからいいとはいえない」と訴えた。ふたりの表現者の提示した論点は期せずして藤田省三の論と響き合う。そして、タテカン規制が大学の精神的自由と文化創造のエネルギーを自ら投げ捨てるに等しい行為であることを浮き彫りにしている。

伊藤氏の論は、京大当局がタテカンの代わりにネットでの発信を工夫せよという趣旨の見解を示したことに向けられている。それが「時代」の大勢であることは、否定できない。ネットの威力は絶大である。手のひらサイズにその威光を凝縮したスマートフォンは、携帯電話であるばかりでなく、小型ＰＣであり、カメラであり、音楽プレイヤーであり、手帳であり、お財布であり、百科事典ですらある。自動車の代役こそできないものの、持ち運び可能な物については、ほとんどありとあらゆる製品への欲望を吸収してしまう、「究極兵器」ならぬ「究極製品」といえる。電車の中では誰もが脇目もふらずにスマホに見入り、街角からは本屋が消え、言葉は記号（「いいね！」）に近づき、記号を交換する反射神経ばかりが研ぎ澄まされる……。スマホの液晶を媒介とした経験では、物理的な「痛み」を感じさせられる恐れはまずないから、安心して他者を侮辱し嘲笑することさえできる……。

このように記したからといって、筆者自身、スマホを手放すことはできないし、手放すつもりもない。ネットを通じて、大手メディアに乗りにくいニュースなどを瞬時に知ることのできる利便性もあるからだ。そもそもネットを利用し、スマホを使いながらでも、これと対照的なタテカンのような表現形式に開かれた感受性を保つことは、不可能ではないはずだ。そのように考えるからこそ、「タテカンでは﹅な﹅く﹅ネットによる発信を」という発想に強い違和感を覚えざるをえない。藤田の著書は、スマホ文化の席巻が長期にわたる社会の崩壊過程の末におこるべくしておこった出来事であることを冷徹な認識として提示すると同時に、その崩壊過程で破壊され、失われゆくものに注意を振り向けることの大切さを語りかける。「表面的外見の底深くに隠された精神的本質に到達するには、共感と義侠心を含めた在りったけの注目と眼光をその物の中に注ぎ込まなければならない」（一三五頁）。

「読む」という行為をめぐる経験

危機の多義的な正体を見極める作業は、「スマホ中毒」に陥った自らを見つめ直す苦しさをともなう。だが、ふと我に返るような安堵感や解放感を思い起こさせてくれたりもする。藤田省三『精神史的考察』も、辛辣で手厳しい批判精神が全編にみなぎると同時に、書物の内容と構成において謎解きの楽しさや、ドラマの感興に満ちている。構成も、一見すると謎めいている。「著作集版へのまえがき」では「歴史的年代順の配置の下に」編んだと記しているものの、世界各地のおとぎ話から平安時代末期の『保元物語』に飛躍し、さらに幕末の吉田松陰へと飛ぶ。明治の「立国」過程を経て戦後にたどりついたかと思えば、ナチに祖国を追われたアドルノのアメリカ亡命経験を経て、明治期の都市細民社会へと時代を遡り、「追補」「資料」として『野ざらし紀行』や『歎異抄』の研究会の記録を収める。最後は親鸞を生み出した中世であり、まったく「年代順」などではない。

それぞれの連関も明確ではない。隠れん坊に続く「史劇の誕生」では、『保元物語』で巫女の託宣を契機として社会が流動化した過程を浮かび上がらせる。権現の憑依した巫女は手のひらを打ち返し打ち返しする所作に続いて心細げな声調で歌占いをし、はらはらと涙を流して鳥羽法皇の死を予言し、その死後に「世間手のうらを返へすごとくなるべし」と託宣した。前言語的な手の所作と、言語における所作としての「声調」と、言語そのものが一体となって、二次元的なテキストの平面から三次元のドラマ（史劇）が立ち上がる様子を鮮やかに描き出す。巫女のように既存の秩序からあぶれ出した人びとや言葉が相互に衝突し合うなかで古代宮廷の神聖性は没落していく。藤田は次のように本文を結ぶ。「整然と秩序立った一義的な「通信体系」の再生産とは全く違って、異質な形式と異質な要素とが冒険的に結び付く生産的な「混信現象」が存在していた。特に「誕生」と呼ぶ所以の含みもまたそこにあった」（七九頁）。なぜ「誕生」と呼ぶべきなのか？　あらためて説明しないまま「未完」として問いを投げ出し、長文の「概略的補註」を続ける。

　どこが入り口で、どこが出口かもわからない迷宮のようなたたずまいに最初は戸惑いを覚えながらも、何度も読み返しているうちに、思わぬ抜け道のようなつながりに気づいて引き込まれていく。「史劇の誕生」の後には、吉田松蔭の書簡集の解説が続く。「手紙」とは距離を越えて「握手」したり、「叩き合い」をしたりする感じと、それが実物ではないもどかしさをあらわす言葉であり、一通一通が断片的で「ギクシャクした矛盾的進行」を表現しているからこそ、手紙こそ松蔭の「主著」なのだと論じる。巫女の手のひらに続いて、ここにも「手」の動機が登場する。さらには、「在獄の愉快」を発見した松陰が「天下の事はこれから面白くなるなり」（傍点原著）と語ることの悲劇性と喜劇性を語るに及んで、「精神的ドラマ」という側面が共通していることがわかる。気づいてみれば、隠れん坊もいったんは孤独に陥った「鬼」が仲間を発見して社会に復帰する「劇的過程」であった。

「異質な形式と異質な要素とが冒険的に結び付く」「混信現象」の大切さ・面白さが、古典的テキストの読解として解き明かされるばかりでなく、本書のメタ・レベルにおいて仕込まれている。この書物それ自体をひとつの「物」として、読者が相互交渉を繰り広げることを可能にするための仕掛けとみるべきだろう。そうしたメタ・レベルの問題意識を率直に表明しているのは、「戦後の議論の前提——経験について」と題する文章である。

藤田によれば、日本の敗戦直後のあっけらかんとした明るさの中で「没落と明るさ、欠乏とファンタジー、悲惨とユーモア、混沌とユートピア」が混然一体となった、両義的な経験が多くの人びとによって共有されていた。この両義性を動的に結合する典型は、「植民地国人」「浮浪児」「パンパンガールと呼ばれた娼婦」のような「受難」の体現者にこそ見出される。そこにありったけの関心を注いだ中野重治らの戦後文学は、旧約聖書の詩篇や、アンデルセンのメルヘンや、マルクスの著作のような「人類史的古典」に通じる「受難の中の神聖さ」を再現することにより、「古典」を再生させた。「此処では「読む」行為も又私たちの理性の経験となり、想像力の経験となって、直接経験と交わるものとなる」（二〇二頁）。

社会の崩壊過程においてありとあらゆる経験が死滅し、表現が摩滅し、全生活領域の「コンクリート化」が貫徹していく。いったん失われたものは、元には戻らない。だが、「読む」行為が「古典」との相互交渉を通じて失われた経験、あるいは失われようとしている経験を、「経験の古典」として形を変えて蘇生させる可能性がないわけではない。『精神史的考察』という書物そのものがそのようにして「古典」を「読む」行為を実践した書であると同時に、「読む」というスリリングな行為に私たちを招いている「古典」ともいえる。

それにしても、「精神」とは何であり、「精神史」とは何なのか。藤田は、「真実を失った前頭葉が作り出す虚偽の理屈と技能に対して、精神の基底に隠れて働く真実なるものの営み」（傍点引用者）こそが「たましい」の原義であったと記している（七頁）。この場合の「たましい」は、おそらく知力 mentality でも心 mind でもなく霊魂 spirit に近いのではないかと思う。キリスト教で「聖霊 Holy Spirit」という時のスピリットである。「時代」を越えて、「世代」を越えて、個々人の生を越えて受け継がれる（べき）スピリットの働きを浮き彫りにしたものが「精神史」ということになるだろうか。「スピリチュアル」が流行の商標となる一方で、前頭葉ばかりが肥大化する時代において、この精神史の世界に分け入るためには「読む」という行為の意味と方法をとらえ直すことが必要となる。

最後に本書を「読む」ことにまつわる、ひとつの思い出を記しておきたい。一九九九年に筆者が京都大学に着任して間もない時期、本書を学部演習のテキストとしてとりあげた。「路地で子供の隠れん坊を見掛けなくなってから既に時久しい」という書き出しに惹かれて演習に参加した学生たちは、すぐにテキストの難解さに直面して途方に暮れた。それでも演習の最後には、絶滅した恐竜に惹かれるのはなぜだろう？といった興味深いレポートを書いてくれたので、執筆者の了解を得て研究室のホームページ（現在は閉鎖中）にあげた。思いもかけずこれに反応してくれたのが、カルフォルニア大学ロサンゼルス校（ＵＣＬＡ）のミリアム・シルバーグ教授である。直接的な面識がなかったにもかかわらず研究室に国際電話をかけてきてレポートへの感動を語ってくれた。海外の著名な教授からの突然の応答に正直戸惑いながらも、ミリアムが藤田のもとで学んだことを知り、人となりについて興味深いエピソードを聞くことができた。ただし、大切なことを聞きそこなった。「しなやかな女性的所作」（七八頁）とか「女々しくもムニャムニャとしか言わなかった」（一八一頁）という、藤田のマッチョな体質が思わず尻尾をのぞかせてしまったような表現——別の年度の演習に参加した大学院生の発言のおかげで気付かされた論点——を、女性学研究センターの所長でもあったミリアムがどのように受け取ったのか、ということである。それは、「運命」と闘う「悲劇的英雄」がしばしば男性的な存在として語られてきた事実にまで遡って考えるべきなのかもしれない。「英雄」という言葉を介してはうまく接近できない「たましい」の物語がありうるとしたら、それはどのようなものなのだろうか。

藤田は二〇〇三年に鬼籍に入り、ミリアムも二〇〇八年に早世した。もはや直接的な対話はかなわない。「読む」行為を通じて考え続けることとしたい。それは、喪に服する類いの行為であると同時に、歴史と向かい合う「愉悦」に満ちた行為ともなるはずである。

〔『藤田省三著作集5』みすず書房、一九九七年（初出は平凡社選書、一九八二年。平凡社ライブラリー、二〇〇三年として再刊）〕

第Ⅳ章　歴史を叙述する

人間への好奇心を新たにする

モミリアーノ『伝記文学の誕生』

南雲泰輔

歴史家の営みを問う

私は書評や研究史の概観を書くとき、イタリアの歴史家であり哲学者であったベネデット・クローチェ（一八六六～一九五二年）の次のような一節を、戒めとして常に思い出すようにしている。

歴史書の批評は詩書の批評の場合と同一または類似の困難に出会う。そのいずれの場合にも、そもそもどこから手を着けるべきかさえもわからず、それらをそれらの作者に結びつけている糸をつかむことができずにおわってしまうか、ただやみくもに的外れの自分勝手な基準、雑多な、折衷的で調和を欠いた基準をしつらえて攻略に出るというのが大概であって、それらの本性に適合した的確な基準をもって正しく判断しているのはごく少数の人々であるにすぎない(1)。

E・H・カーは、「歴史家が扱っている事実の研究を始めるに先立って、その歴史家を研究せねばならない」[2]と述べたが、ある歴史書について適切に理解するためには、その書物だけ読んで判断するのでは不充分であり、当該テーマにかんする研究史はもとより、著者の経歴や研究歴、そして著者がその書物を執筆した当時の時代背景を可能な限り調べ、当該の書物をある特定の時代の産物として理解し、その意義を固有のコンテクストのなかに位置づけてゆく作業が求められる。それには多大な困難が伴うが、著者が心血を注いで書いた書物を書評するという行為に、いかに重い責任が伴うかを、このクローチェの言葉は教えてくれるように思うのである。

そのクローチェの弟子を自任し、二十世紀を代表する西洋古代史研究者のひとりとして、ギリシア・ローマ・ユダヤ史研究に多大な貢献を行なったのが、アルナルド・ダンテ・モミリアーノである。生涯に執筆した論考の数は九百以上に及ぶとされ、「モミリアーノの仕事を一言で要約してみることなど、本当のところは誰にもできることではない」[3]とも言われた、稀代の碩学である。彼の存在の重要性は、歿後に学術雑誌『歴史と理論』にモミリアーノ特集が組まれたほか、彼の残した知的遺産の意義を検討する論文集が継続的に刊行されていることからも窺われる[4]。

モミリアーノは、一九〇八年、イタリアのピエモンテ州、カラーリオで生まれた。語学に堪能で、一度読んだことは忘れなかったという。一九三〇年にトリノ大学へ博士論文を提出し、三二年にローマ大学契約教授、三六年にはトリノ大学正教授に二十八歳の若さで着任した。しかし、第二次世界大戦へと向かう時代の波は、他の多くの歴史家たちと同じようにモミリアーノをも飲み込んでいった。一九三八年にファシスト党政権下のイタリアで反ユダヤ的な人種法が成立すると、ユダヤ系の出自であった彼は教授職を失い、翌年イギリスへの亡命を余儀なくされた。亡命先のオクスフォードで研究生活を送るあいだ、彼は英語の発音に苦労したようであり、誑りはついに直らなかったともいわれる。一九四三年には、ナチスの強制収容所のガス室で両親が殺害されていたとの悲報に接した。このイタリアからの亡命と両親の死が、モミリアーノの歴史に対する態度を決めたという[5]。

戦後、モミリアーノは、イタリアの諸大学からの招聘を断り、「移住者」としてイギリスでの生活を続けることを選択した。それは、リベラルな文化や古典学に対する支援が充実していたからであったといわれる。一九四七年から五一年にかけてブリストル大学で、五一年から七五年に定年を迎えるまではロンドン大学で、それぞれ教鞭を執った。モミリアーノが伝説的な研究者となったのは、このイギリスでの第二の人生においてのことであった。彼がある人物に宛てた一九六五年の書簡によれば、一日のうち十七時間を研究あるいは研究に関連する活動に充て、そのうち二時間の昼寝は研究にかんする夢付き、一時間の食事は研究（つまり読書）付きであったという[6]。要するに一日の三分の二以上を研究に費やしていたことになるわけで、嘆息するほかない。

しかし、落ち着いた研究環境を得たイギリス時代に、モミリアーノが大部の著作を書くことはなかった。代わりに彼が熱心に行なったことは講義であり、それを基に論文を執筆することであった。特に、一九六一年から翌年にかけて、米国・カリフォルニア大学バークレー校で行なわれたサザー古典学講義の内容は、歿後に多くの修正が施された原稿が見つかり、講義の約三十年後に『近代歴史叙述の古典的諸基礎』として刊行されたが、それはモミリアーノの知的成熟の絶頂期に書かれたものと評されている[7]。残念ながら本書の邦訳はまだないが、ペルシア・ユダヤ・ギリシア・ローマといった西洋古代における多様な歴史叙述のあり方とそれらの相互関係や、近代歴史叙述の発展に関連して好古家的研究の役割とその影響が重要であったことを論じたこの傑作は、私が初めて触れたモミリアーノの著作であり、その衒学的なまでに詳細緻密な行論に、強く鈍い衝撃を受けた。

ローマ史研究者の本村凌二は、モミリアーノの簡要な評伝において、彼のことを「「歴史を書くということが、古代においても現代にあっても、いかなる意味を持っているのか」を問いつづけた歴史家[8]」であると述べて、その研究の重要な側面を正しく照射している。くわえてモミリアーノは、歴史叙述の持つ意味を問うことのみならず、歴史叙述を行なう歴史家の、人間としての生の営みそのものの意味をも深く思考し追求した研究者でもあったように思われる。彼の『伝記文学の誕生[9]』を読むと、いつもこのことを考えさせられる。

『伝記文学の誕生』

本書は、一九六七年十月にイスラエル科学人文学アカデミーで、次いで一九六八年四月にハーヴァード大学で行なわれた講義を基にしたものであり、その目的は「伝記と歴史叙述を区別するという、むずかしくもあり重要でもある問題について、初歩的ではあるが欠くことのできない手引きを提供すること」（「まえがき」）にある。

この問題に取り組むに際して、モミリアーノは序論「伝記の位置づけの曖昧さ」で、「考えてみると、少なくとも三五年の間、古代の伝記を取り巻いている重要で多種多様な問題に巻き込まれまいと一所懸命になっていた」と、いささか消極的に述懐する。にもかかわらず、「今老境に入った私が再び古代の伝記に立ち戻るのは、昔を悔いてのことではなく、むしろ、私が若かった時分には歴史研究の中で最もむずかしかったものが、今では最も容易な問題になったと知るがゆえである」（九頁）という。現代の歴史研究のなかで、伝記が歴史の一部であることは自明であり、かつ重要視されるようにもなったことを奇貨として、伝記の創始者である古代ギリシア人にとって事情は果たしてどうであったか、「なぜ彼らは伝記が歴史だとは絶対に認めなかったのか」（一一頁）を問うというのである。

第一章「古代の伝記に関する現代の学説」では、伝記が誕生した前五世紀・前四世紀、また伝記が最も盛んに学問的研究の対象となった前三世紀・前二世紀のいずれについても、史料不足のため不明点が多いことが、全体の前提として強調される。次に、伝記は「一人の人間が生まれてから死ぬまでの話」（一九頁）と定義され、前五世紀に歴史と伝記は同時に誕生し、それには「人間の好奇心」（三四頁。原文では単にCurios-ity）が強力な要因となっていたことが述べられる。次いで紹介・検討される近代の主たる研究者の学説のうち、特にモミリアーノが注目するのは、当時多くの支持を得ていたF・レオの学説（一九〇一年）である。レオは、第一に、伝記をスエトニウス型（個人の性格・事績を種類ごとにまとめて論述）とプルタルコス型（事績を時代順に論述）に分け、第二に、これらはいずれもアリストテレスとその学派により創始されたと主張した。モミリアーノは続く各章で、このレオの学説を正面から検討・批判し、伝記の発展についてまったく異なる像を描き出そうと試みる。

第二章「前五世紀に伝記・自伝があったか」では、モミリアーノはレオ説の第二点目を批判し、文学者や政治家の伝記、また自伝的要素を含む旅行記の起源が前五世紀に見出されることから、「資料が豊富でもなければ疑問の余地がないわけでもない。しかしその資料に基づいて、文人たちの、あるいは神話伝説中の人物の、という狭い範囲に限らず、一般に伝記的あるいは自伝的な作品が前五世紀には書かれた」（五二頁）と主張する。さらに、「前五〇〇年頃の地中海世界について」の自身の「無知」（五四頁）を自覚し、かつ「憶測的見解」であり確実な結論には到達し難いことを断りながら、最古のギリシア語伝記作家であるスキュラクスやクサントスのごとく、ギリシア本土よりも小アジアにおいて伝記への関心がより多く観察される事実にオリエントの影響を想定するとともに、ギリシア人の関心は個人よりも集団に向いていたため、ヘロドトスやトゥキュディデスのような強力な個性を持った歴史家は、個人でなく国家にその題材を採ったのだと述べる。

次の世紀に入ると状況は一変した。第三章「前四世紀」では、まったく新しい伝記・自伝への関心の存在を示す墓碑銘・賞讃文・手紙のような資料が、この時代に豊富に認められるようになる。それは、政治・社会・思想の風土が変化し、「強烈な、自分の意志を頑固に推し進める人間が輩出」（七八頁）し、個人が政治的権力を握り、哲学や修辞学は個人に着目して議論を行なうようになったからであったという。そのような状況のなかで伝記作家は、「人間を職業や国や学派と関連づけて見る」（八一頁）、すなわち人間の類型的把握を試み、実験的とはいえ「個人の個人としての生活にのみ眼を向けた」（一〇二頁）。しかし彼らは、個人の生涯における多様な事実を犠牲にすることなく、読者の期待に応えるべく個人の性格を描き出すため、虚構に頼らざるをえなかった。この点が前四世紀の伝記を理解するうえで重要であり、プラトンやクセノポンの著作もそうであったように、伝記は事実と虚構の境界線上に自らの場所を得るようになった、とモミリアーノは主張する。

第四章「アリストテレスからローマ人へ」では、やはり資料的限界に留意しながら、レオ説の第一・二点目に対する批判として、現存資料に徴する限り、ヘレニズム時代の伝記とアリストテレスおよびペリパトス学派との関係は恒常的でも密接でもなく、伝記の発展に対する彼らの貢献は限定的であったこと、またレオの主張する伝記の二つの型については、両者の分立時期・状況は不明だが、いずれもすでにヘレニズム時代には確実に存在したことが結論される。続いてローマ時代に入ると、まず家系を誇示する貴族たちに自伝が歓迎され、次いでウァロ（前二〜前一世紀）が、父祖を尊重しつつも、広くローマ世界以外へ目を向けるという革命的視点を採用して伝記を書き、ネポス（前一世紀）はそれを発展させるとともに、「歴史と伝記を区別するヘレニズム式の考え方をローマ人の間に広め」た（一五六頁）。帝政期には、伝記は「皇帝の物語」のための形式であると同時に、プルタルコス、タキトゥス、スエトニウスらのごとく、「帝国にとって異端的な政治思想や哲学を述べ伝えるための具」ともなった（一五七頁）。ローマ時代の伝記は、「皇帝をも人間の死すべき運命の中に据えて見ることに貢献した」（一五八頁）というのである。

最後に、「結び」では、以上の議論が再度簡潔にまとめられたうえで、ギリシア・ローマ人は伝記と歴史を区別することで、「詩人を詩人たらしめたもの、哲学者を哲学者たらしめたもの、殉教者を殉教者たらしめ聖者たらしめた所以のもの」を知り、「王や政治家の内部に、王であることや政治家であることに解消し切れなかった人間的なものを、彼らは発見し知ることができた」（一七三頁）と、伝記の意義が印象深く述べられる。

伝記と自分

本書は、古代世界における伝記の研究に一時代を画した書物との評価を得、研究史上では当該テーマにかんする基本書のひとつと位置付けられてきた。邦訳者の柳沼重剛（一九二六〜二〇〇八年、西洋古典学者）が、「初めてこの本を読んだとき、ほとんど毎行下線を引きたい気分になって困った」（「訳者あとがき」二三五頁）と述べたように、本書の叙述密度は濃密である。断片的にしか伝存しない著作家たちの作品の綿密な考察に基づきながら、今はほとんど消えかかり、かすかにしか判別しえぬ伝記の起源と発展を示す描線を、あたかも摩損したフレスコ画を修復するかのごとく注意深く慎重に、微細を穿ってたどってゆく。それによって復元された伝記の発展の道筋は、しかし、モミリアーノ自身が何度も繰り返し留意していることから察せられるように、明瞭な線の再現というよりも、下地に残る僅かな色彩の存在を指摘しただけにも感じられる。

そのせいであろうか、本書に対する評価には、やや冷めたものが散見される。たとえば、ギリシア史研究者の藤縄謙三は、「この大家の博識を駆使した微妙な見解には、もちろん傾聴すべき点も多いが、しかし私たちとしては博識の森の中へ踏み込んで、常識的な森の外形を見失うべきではない」と評した。また、原著の参考文献一覧・索引作成に協力したというT・コーネルは、本書を読んだある尊敬する知人から、「要領を得ず、中心的な主張はほとんど面白くも重要でもない」という評価を聞いたと記している[10]。確かに表面的に読むならば、本書の主張は要するにレオ説の否定であって、伝記・自伝の存在は前五世紀にまで遡って確認しうる可能性があるというに過ぎない。しかもその可能性は、乏しい資料状況のためあくまでも可能性に留まることが繰り返し強調されるので、強い不全感にさらされる読者もいるのかもしれない。

それにしても、モミリアーノはなぜこのように困難な伝記の問題にかくもこだわったのであろうか。この問題を考えるには、本書のタイトルの扱われ方がまずは手掛かりとなるように思われる。本書の原題は『ギリシア伝記の発展 *The Development of Greek Biography*』であるが、柳沼による邦訳タイトルは『伝記文学の誕生』であり、ある研究者は『ギリシア伝記の起源 *The Origins of Greek Biography*』と誤記した[11]。そのような言葉の選択や誤記をさせてしまうほど（特に後者について、「起源」が複数形なのは単純な誤記の域を超えていよう）、本書にはモミリアーノの起源への強い関心が滲んでいる。この起源への関心は、自己のアイデンティティの探求と表裏一体をなし、彼自身の出自と境涯に深く根を下ろしていたものと見て大過あるまい。

本書序論に、「幸か不幸か私は、今世紀初頭に伝記著述に貢献した一族の人間である」（七頁）とあるが、ユダヤ系の出自ゆえに強いられた祖国からの亡命と両親の殺害という二つの悲劇を念頭にこの箇所を読んで、帰るところを無くした者の抱く、遥かな過去への望郷の念のようなものを感じてしまうとすれば、読み込みすぎであろうか。彼にとって伝記は、自己の起源、自己のアイデンティティの探求と密接に関係しており、したがって正面から取り組むには、相応の歳月と心の用意とを要した対象だったのではないか[12]。

しかし、三十五年間の伝記研究に対する敬遠は、逆にいえば、その期間、常に伝記を意識しこだわり続けたということでもあるだろう。曲折する伝記への心情は、同じ歴史上の人間を扱いながら、異なる方法で接近するプロソポグラフィ（人物誌）研究への厳しい批判の言葉を産んだ。すなわち、「プロソポグラフィは、個人や小集団に接近するには大いに役立つが、彼らの物質的あるいは精神的必要性は前提とされるだけで、それらを説明することはない。歴史とは問題の歴史であり、個人や集団のそれではない[13]」。この言葉は、モミリアーノにとっての伝記の意味を明らかにしてくれる。彼は伝記研究を、ただ歴史上の個人の記述に終始するものではなく、何らかの歴史的問題の理解に対して、その人物がどのような貢献を行なったかを吟味するための手段と考えたのである[14]。それは同時に、その人物の生涯に——おそらくモミリアーノ自身の人生にも——何らかの歴史的な意味を付与する作業でもあったであろう。

一九八五年、モミリアーノは心臓病で倒れ、長い闘病生活を経て、八七年九月一日に七十八歳で歿した。弟子のひとりO・マレーは追悼文のなかで、「彼は研究と生活の区別を拒否した。歴史とは、特定の規則に従って組織的環境のなかで勤務時間中に実践される学問ではなく、生活の方法であり、生活そのものと同じくらい情熱的に携わることによって追及されるべきものだった」と悼んだ[15]。ここでもまた、クローチェの言葉が想起される。「歴史書の本質とは実践的な生の欲求に促された了解および知解の行為であると定義しうるのであって……実践的な生の欲求の真摯さこそは歴史書たりうるための必要な前提である[16]」。

『伝記文学の誕生』を読むと、人間としての絶えざる好奇心に突き動かされた古代の伝記作家たちと、彼らの営為を熱心に読み解こうとするモミリアーノの姿が、重なって見えてくる。読むたびに、自分のなかにある歴史上の人間への好奇心が、新たなものになる気がする。

（1）B・クローチェ『思考としての歴史と行動としての歴史』（上村忠男訳、未來社、一九八八年）、五頁。
（2）E・H・カー『歴史とは何か』（清水幾太郎訳、岩波新書、一九六二年）、二九頁。
（3）本村凌二「モミリアーノ」（尾形勇・樺山紘一・木畑洋一編『二〇世紀の歴史家たち（四）世界篇　下』刀水書房、二〇〇一年）、二六一頁。
（4）*History & Theory*, 30-4, 1991, pp. 5-64（執筆者は、K. Christ、J. Weinberg、G. W. Bowersock、C. Ginzburg、O. Murray）；P. Miller ed., *Momigliano and Antiquarianism: Foundations of the Modern Cultural Sciences*（University of Tronto Press, 2007）；T. Cornell & O. Murray eds., *The Legacy of Arnaldo Momigliano*（Warburg Institute, 2014）.
（5）O. Murray, "Arnaldo Momigliano 1908-1987"（*Journal of Roman Studies* 77, 1987）, pp. x-xii；P. Cartledge, "Review of A. Momigliano, *The Classical Foundation of Modern Historiography*, University of California Press, 1990"（*Journal of Hellenic Studies*, 112, 1992）, p. 193；本村前掲論文；A. Grafton, "Arnaldo Momigliano: The Historian of History"（A. Momigliano, *Essays in Ancient and Modern Historiography*, University of Chicago Press, 2012）, pp. xi-xii.
（6）Murray, *op. cit.*, p. xi；Cartledge, *op. cit.*, p. 193；Grafton, *op. cit.*, p. xii.
（7）R. Di Donato, "Foreword"（Momigliano, *The Classical Foundation*）, p. vii；P. Miller, "Introduction: Momigliano, Antiquarianism, and the Cultural Sciences"（Miller ed., *op. cit.*）, p. 7；Grafton, *op. cit.*, p. xv.
（8）本村前掲論文、二五四―二五五頁。
（9）原著：A. Momigliano, *The Development of Greek Biography*（Harvard University Press, 1971. Expanded ed., 1993）. 藤縄謙三による原著書評（『西洋古典学研究』第二一巻、一九七三年）、九九―一〇一頁も参照。
（10）藤縄謙三『歴史学の起源――ギリシア人と歴史』（力富書房、一九八三年）、九四頁；T. Cornell, "Momigliano and Biography"（Cornell & Murray eds., *op. cit.*）, p. 187.
（11）Miller, *op. cit.*, p. 7.

（12）G. W. Bowersock, “Momigliano's Quest for the Person”（*History & Theory*, 30–4, 1991）, pp. 31, 36；G. W. Bowersock & T. J. Cornell eds., *A. D. Momigliano：Studies on Modern Scholarship*（University of California Press, 1994）, pp. vii-xviii；本村前掲論文、二五六―二六〇頁。

（13）A. Momigliano, “Review of *The Roman Revolution* by Ronald Syme”（*Journal of Roman Studies*, 30, 1940）, pp. 75–80.

（14）Cornell, *op. cit.*, p. 189.

（15）Murray, *op. cit.*, pp. x-xii.

（16）クローチェ前掲書、一〇頁。

［柳沼重剛訳、東海大学出版会、一九八二年（Arnaldo Momigliano, *The Development of Greek Biography*, Harvard University Press, 1971）］

外国史を研究するということ
増淵龍夫『歴史家の同時代史的考察について』

小野寺史郎

はじめに

編者からの依頼は、「座右の歴史書」、殊に「時間の試練を経てもなお読まれているもの」を挙げよ、というものだった。そこで真っ先に頭に浮かんだのは、E・H・カー『歴史とは何か』（岩波書店、一九六二年、原著一九六一年）にある、歴史家がより客観的な認識を持つための条件、つまり「その歴史家が、自分の見方を未来に投げ入れてみて、そこから、過去に対して――その眼が自分の直接の状況によって完全に拘束されているような歴史家が到達し得るよりも――深さも永続性も優っている洞察を獲得するという能力」（一八三頁）という一節だった。歴史を書くにあたっては、その内容が今この時だけでなく、十年、二十年先の未来においても読むに耐えるか、それを考えねばならないということだろう。

未来を予測するのはいつの時代にも困難なことである。ただ、二十一世紀初頭の現在は、殊に不確実な、先の見えない時代のように思われる。世界情勢が急激に変容し、かつては自明のように思われていた様々な価値観も大きく動揺している。歴史研究をめぐる状況も、成果主義が一般化し、新しい史料の発掘、新しい分野の開拓が競われる中、日々めまぐるしく変化している。こうした中、ある歴史書が十年、二十年と読まれ続けるということは非常に難しくなっている。「古典」というものが成り立ちにくい時代と言うべきだろうか。

中国史研究者の憂鬱

筆者は中国近現代史を専門としており、かれこれ二十年ほどこの分野の研究に関わっている。ただ恥ずべきことに、筆者には中国史の古典的な研究書を読んで何か崇高な感覚を覚えたという経験がなく、また「座右の歴史書」も持っていない。

もちろん第一にして最大の理由は、今に至るまで自らの専門分野の研究史を十全に精査してこなかった筆者の怠慢にある。ただ、それ以外にもいくつか理由が考えられる。そのひとつに、前述のように現在はあらゆる分野で「古典」が成り立ちにくい時代かもしれないが、その中でもとりわけ、日本の中国近現代史研究という学問領域が厳しい状況に置かれていたという事情が挙げられる。これは、日本の中国研究者の中国認識が、同じく外国史研究である西洋史などのそれに比してもはるかに強く、同時代の両国関係から影響や制約を受けてきたことによる。

日本は長きにわたり中国の文化や制度を換骨奪胎しつつ受容してきた。日本の知識人にとって漢学は重要な教養であり、中国は彼らにとって学ぶべき先進国、「文明」であった。

十九世紀の二度のアヘン戦争における中国の敗北と、日本の明治維新はこうした関係を大きく変えた。特に日清戦争以後の日本では「西洋近代化に成功した進んだ日本」と「頑迷固陋な遅れた中国」を対置する考え方が一般的となり、こうした中国に対する軽視と侮蔑感が戦前の大陸進出政策の背景となった。一方で明治時代には、軽薄な欧化に反対し、日中の提携により西洋に対抗するというアジア主義も生まれたが、こちらも結果的には「大東亜共栄圏」に見られるように、日本の膨張を正当化する論理に帰着することとなった。

しかし日本が敗戦し、中華人民共和国が成立すると、国交が途絶え現実の中国の情報が得られない中、日中戦争への負い目、社会主義革命への憧憬から、戦前の中国観は否定され、知識人を中心に「新中国」を過度に高く評価する傾向が広まった。しかし一九六六年に文化大革命が始まり、その実情が次第に日本にも伝わると、こうした一種の幻想は否定されていった。

一九七二年に日中の国交が正常化し、一九七六年には文化大革命が終わる。中国政府が日本の経済的優位を認めて改革開放政策への援助を求め、日本政府もそれに応じたこと、中国の民主化への期待などから、日本社会にはオリエンタリズム混じりの「日中友好」ブームが起きた。しかし一九八九年に起きた天安門事件はこうした空気を一変させた。さらに一九九〇年代半ば以降は、台湾海峡危機を契機に中国脅威論が高まり、歴史認識や領土問題をめぐる反日デモによって日本社会の対中感情は悪化した。二〇一〇年に中国がＧＤＰで日本を抜く「大国」となり、尖閣諸島や南シナ海をめぐる緊張が続く中、どのように中国と向き合うかは、日本にとって極めて大きな問題となっている。

このように近代以降、日本と中国それぞれのあり方、そしてそれに伴う両国関係が何度も大きく変わったことで、日本の中国研究者の歴史認識も繰り返し見直しを余儀なくされてきた。中国史を長く進歩のない停滞したものとする見方、社会主義革命をゴールとする階級闘争の歴史と捉える見方、西洋や日本と共通する資本主義や民主主義の展開を重視する見方、逆に中国の特殊性を強調する見方などである。こうした中でなお、できうる限り永続性のある歴史像を示すにはどうすればよいのか。これは中国史、殊に現在に直接つながる近現代の歴史を学ぶ者にとっては避けて通れない問題であり続けている。

『歴史家の同時代史的考察について』

以上のような日本の中国近現代史研究をめぐる状況について考えていた時に頭に浮かんだのが本書、『歴史家の同時代史的考察について』である。

著者の増淵龍夫は一九一六年生まれ。東京商科大学に学び、戦後に同校の経済研究所に勤める。一九四九年に同校が一橋大学に改組された後は経済学部に勤務。一九七九年に退職して成城大学経済学部に移り、一九八三年に没した。西洋史家の上原専禄（一八九九～一九七五年）に師事してドイツ中世経済史から研究を始め、後に中国古代史に転じたという経歴を持つ。京都大学の宮崎市定（一九〇一～一九九五年）、東京大学の西嶋定生（一九一九～一九九八年）らと並び、戦後日本の中国古代史研究を代表する人物である。

古代史を専門とする増淵の著書を近現代史研究者の筆者が取り上げるのには理由がある。それは、増淵の研究が中国の古代を主たる対象としながらも、すぐれて現代的、同時代的な問題意識に支えられたものだったことによる。

以下、本書の内容を簡単に紹介しながら、そのことを中心に論じてみたい。本書は主に津田左右吉と内藤湖南を論じた論文をまとめた第一部と、それ以外の論文を収めた第二部からなる。ただ、本書に収録されたそれぞれの論文は、まさにその書かれた時代の増淵の歴史学や中国に対する問題意識を反映している。そのため本書の配列はあえて無視して、初出順に、各論文に示された著者の思考の展開過程を追っていくこととする[1]。

「経済史と歴史学――その方法と課題の一、三の問題について」（初出一九五六年）は、「マルキシズムの経済発展段階説」の「普遍的な歴史発展の運動を法則的に把握しようとする」性格を批判し、「歴史個体のもつ固有な性格と意味、その様な歴史事象の個性的な側面」を、内面的に追体験することで理解しなければならないとする。そしてウェーバーを、西欧近代資本主義を、資本主義一般の問題としてではなく、西欧近代社会にのみ固有の歴史現象と位置づけ、それを構成する個々の人間の経済行為、それを内面から規定する生活態度、生活心情をその固有の歴史文化との関係で追体験し理解しようとしたと評価する。

ただウェーバーの東洋社会の分析は、あくまで西欧社会の歴史的個性の把握のためのものであり、東洋社会の内面的理解はもとより目指されていない。したがってウェーバーが東洋社会は停滞し、自己展開の道をもたないとしたのは、西欧近代資本主義という特殊なものを成立させた歴史的諸要因を東洋が欠くということにすぎない。「東洋社会がウェーバーに対してもつ意味と、東洋社会が、その中にすむ私達に対してもつ意味とは、必ずしも同一ではないのである。……そのことを正しく確認すること、そして、私達のおかれている歴史的現実から私達は主体的に問題を設定して行かねばならないこと、そのことこそ、ウェーバーが私達に教えるところであったのである」（二六九―二七〇頁）。

この問題意識は「歴史における類似と比較の意味――クールボーン編著『歴史における封建制』を読んで」（初出一九五八年）にも共通する。この文章で増淵は、クールボーンが「歴史における斉一性」を前提として、外在的に定義した封建制の概念を古代中国にあてはめ、周を封建制としたことを批判する。そして逆にヒンツェが、個性的なドイツ中世社会の具体的分析から封建制の理念型を抽出し、その異質的構造を理解する手段として他の国との比較を行ったことが、むしろ封建制が生起しなかった国々の歴史的条件の相違を浮き彫りにしたと評価する。そして「それがどのような理論であれ、歴史が理論に奉仕するような形で、一義的な概念を基準とする安易な比較による類似の模索は、私達の周囲にも無縁ではない」（二五三頁）と戒める。

以上のような問題意識から、近代日本の中国研究を批判的に検討したのが、続く「日本の近代史学史における中国と日本（Ⅰ）――津田左右吉の場合」および「日本の近代史学史における中国と日本（Ⅱ）――内藤湖南の場合」（いずれも初出一九六三年）である。

津田左右吉（一八七三～一九六一年）は戦前の早稲田大学で東洋哲学・日本思想史を講じた歴史学者である。津田は西洋文明の普遍性を主張し、明治以来の日本の西洋近代化を高く評価する一方、「遅れた」中国を低く評価し、日本と中国の違いを強調した。増淵は津田を批判し「中国の外側に設定された普遍的基準で、中国の特殊性を測定して行ったところに、根本的問題があるといい、そこにおける内面的理解の欠如を指摘した」（四七―四八頁）。

一方、内藤湖南（一八六六～一九三四年）は、ジャーナリストから京都帝国大学教授となった東洋学者である。内藤は個々の民族よりも東洋文化を問題とし、中国と日本の一体性を主張した。その意味で内藤は津田と異なり中国理解の内面化の可能性をもっていた。しかし内藤が、日本が東洋文化を発展させる使命をもつとして日本の大陸進出を正当化したことを増淵は批判し、その理由を内藤が中国民族の主体性を見なかったことに求めた。

津田が近代的な歴史学の手法を用いて皇国史観を否定したことは一般に高く評価される。しかしその津田の中国論が上記のような問題をもつこととなったのはなぜか。明治の民間史家山路愛山（一八六五～一九一七年）の日中比較論を手掛かりにこれを論じたのが「歴史における尚古主義と現実批判――日中両国の「封建」・「郡縣」論を中心にして」（初出一九六九年）である。「封建」とは、ここでは西洋のフューダリズムではなく、周の時代に天子が臣下を各地の領主に封じ、世襲で統治させた制度を指す。しかし後の秦・漢の時代に、中央政府が郡や県といった行政単位に官吏を派遣して直接統治する「郡県」制が採用されると、以後の王朝では基本的にそれが踏襲された。

山路によれば、日本は直近の江戸時代まで「封建」を採用していたことから、共同生活・団結の精神が強い。それに対し「封建」を去ること二千年の中国では極端な個人主義が蔓延し、それが両国の興隆と衰微を分ける原因となった。

これに対し増淵は、顧炎武（一六一三～一六八二年）が明末清初の戦乱と荒廃の原因を「郡県」制による君主独裁権力の強化に求め、それとの対比で「封建」を高く評価した事例を紹介する。これを受け継いだのが清末の馮桂芬（一八〇九～一八七四年）の在地郷紳層を主体とする郷村自治論であり、また地方議会の開設は古の「封建」に他ならないとする康有為（一八五八～一九二七年）の改革論であった。これらの主張は「封建」という古い観念を用いつつも「単純な観念論的尚古思想ではなく、その基底には、現実への直視と、解決を迫る実践的課題があった」（一九四頁）。

一方で、革命派の章炳麟（一八六九～一九三六年）は、「封建」を去ることはるか遠い中国では立憲君主制をとることは不可能だと主張し、改革派を批判した。この主張は一見、山路の「封建」論に類似する。しかし、中国の「封建」論が現行の体制の欠陥の直視と批判を目指したものであったのに対し、江戸時代以来の日本の漢学者は、徳川幕府体制を正当化する論理として、また「郡県」の中国に対する優位性を主張する根拠として、「封建」を用いた点に違いがあった。増淵はこの事例は「外国史研究というもののもつ意味、それのもつ困難さ、について、きびしい反省を私に迫っている」（二一四頁）とする。

この問題を乗り越える方法として増淵は再び「歴史の内面的理解」の重要性を強調する。「歴史のいわゆる内面的理解について──陳垣の場合と津田左右吉の場合」（初出一九七二年）がその実例として挙げるのは陳垣（一八八〇～一九七一年）の『通鑑胡注表微』という書物である。増淵によれば、同書は、北宋の歴史書『資治通鑑』に元初の胡三省がつけた注釈が、モンゴル人の支配に対する抵抗精神や現実批判を含むものだったと主張するが、そのことに陳垣が気づくことができたのは、陳垣自身が日本の占領下の北京という状況に置かれていたためだとする。「中国の人々の歴史理解なり、歴史解釈の基底には、常に現実の問題がふまえられており、過去と現実とが、時間を超えて、追体験による内面的理解によって主体的に交流している」「そこにおける歴史の理解は、当面している現実の問題を歴史の中に見出すことである。現実の体験にもとづいて、歴史を追体験的に理解することであるが、そのことは、同時に、局限された現実とそこに生きる自己を、より展望のきく歴史の舞台にうつして対象化することを意味し、そのことによって逆に、歴史によって現実と自己をたしかめる、という相互作用がなされるのである」（一〇〇─一〇一頁）。

ここで述べられた歴史に対する考え方は、冒頭にも引用したカーの有名な「歴史とは現在の歴史家と過去の事実との間の相互作用の過程である」「過去は、現在の光に照らして初めて私たちに理解出来るものでありますし、過去の光に照らして初めて私たちは現在をよく理解することが出来るものであります」という言明に通じる（『歴史とは何か』四七、七八頁）。歴史を内面的に理解しようとする試みこそが、現在の状況に縛られた自らの視点の相対化を可能とするのである。

時系列では最後に書かれたのが表題作「歴史家の同時代史的考察について──再び内藤湖南の場合」（初出一九八〇年）である。本論文は内容的には「日本の近代史学史における中国と日本（Ⅱ）」をもう一度語り直したものである。増淵は、内藤が日本との比較といったように、中国の外に基準を立てるのではなく、中国の中から立憲政治の可能性を考えるべきと述べ、中国の「民主思想」の源流として顧炎武・黄宗羲の「封建」論や馮桂芬の郷紳層を主体とする郷村自治論、康有為の議会開設論に着目したことを高く評価する。ただその一方で、清朝士大夫の学問を基礎とした内藤は、顧炎武・黄宗羲のもうひとつの底流であった排満思想には重きを置かず、そのため辛亥革命を予測することができなかった。

「日本の近代史学史……」が内藤の限界を突き放して批判する筆致だったのと比べると、本論文は内藤の中国理解を、増淵自身が内面的に理解しようとしたように見える。そこから得られた結論は、中国の内面的理解を試みた内藤にして、直後の中国の動きを見誤ったという、同時代史的考察の困難さである。そして、この困難をどうすれば回避できるのかは明示されていない。これはもちろん、本論文の冒頭に述べられているように、中国の内面的理解を主張しつつ、文化大革命とその後の中国の動きを予測することができなかった増淵自身の苦渋に満ちた問題意識を反映している。

同時代史的考察の難しさ

増淵は「歴史家の同時代史的考察について」の中で述べている。「同時代には、表面的には大小優劣の差こそあれ、いくつかの要因が併存し、相争っているのであり、そのうちのどの要因が、やがて時の経過と共に他を圧することになるかは、同時代の観察者、殊に他国の同時代的観察者にとっては、なかなかわからないのである。……もっとも、そのことの必要は何も同時代史的観察に限ったことではないのだが、ただ、同時代史的観察の場合は、その理解の深さ浅さが、或はその要因選択の適否が、つづいて起る事態の展開によって、ただちにためされるというきびしさをもっているため、観察者の歴史理解の方法のもつ限界が、端的に示されるのである。中国の場合は殊にそうである」（一〇八―一〇九頁）。

実際に、ここまで述べてきた増淵自身の中国論も、後の時代から厳しい検証を受けている。たとえば「歴史のいわゆる内面的理解について」執筆時の増淵は、陳垣が当の中国では文化大革命の下で批判を受け、その学問が否定されていたことを知らなかっただろう。また、飛躍的な発展を遂げた現在のモンゴル帝国研究や清史研究の視点からすると、元や清の統治に対する増淵の一方的なマイナス評価は受け入れがたいだろう。加えて現在の研究では、清末の反満ナショナリズムの高まりの結果、辛亥革命の際に各地で漢人による満洲人襲撃・殺傷事件が発生したことも指摘されている。(2) そのため漢人のナショナリズムを無批判に肯定することにも抵抗がある。

そもそもナショナリズムが近代の産物とみなされるようになって久しく、その視点からすると、二十世紀の中国ナショナリズムを十三世紀の元の時代にさかのぼって投射すること自体がアナクロニズムのそしりを免れないとも言える。これは現在の問題意識をもって過去を見るという内面的理解の手法が一面でもつ危うさを示している。

おわりに

このように自らの書いたものが後の現実によって検証されるのは当然ながら中国史に限ったことではない。ただ、増淵が日本における中国研究の困難さを特に強調したのは、中国自体の変化の速さと激しさに加え、前述のように、日本における中国論・中国史研究が同時代の日本国内の状況及び日中関係に強く規定されてきたという事情による。本書が取り上げた津田や内藤、山路の例を見れば分かるように、日本の中国論の多くは、中国との比較において日本を論じるという性格を強くもっていた。したがってそれは中国論であると同時に（あるいはそれ以上に）日本論であった。中国との対比で日本の優位性や特殊性を語る、あるいは逆に中国に理想を投影し、それとの対比で日本の現状を批判するのである。特に本書に収められた諸論考が書かれた時代、現実の中国の情報が得られなかった戦後から一九七〇年代にかけてはこの傾向が強い。こうした中でより永続的・客観的な中国史像を示そうとすることは非常な困難を伴った。増淵の外在モデルのあてはめに対する拒絶と、内面的理解へのこだわりも、そうした当時の文脈から理解されなければならない。

ただ翻って自らを省みるに、こうして後知恵で増淵の議論の瑕疵を言揚げしているこの文章自体が、さらに十年、二十年の後に読むに耐えるかどうかは、率直に言って甚だ心もとない。現在の中国のすさまじい変化を目の当たりにするにつけ、自らの書いたものが果たして時間の試練に耐えられるのか自問せざるを得ない。

しかし逆に、そのように自分の力が常に試されるというのは、それだけ意義のある分野だとも言える。自らがいかなる文脈に制約されているかをより深く理解すること。その上で自らの歴史に関する叙述を主体的な選択として引き受けること。『歴史家の同時代史的考察について』は、当然と言えば至極当然なこのことの重要さと難しさを教え、またそれを実践に移す覚悟を新たにさせてくれる一書である。

（1）　なお本書については、中国古代史研究の立場から、上原淳道による書評（『史学雑誌』第九三編第一〇号、一九八四年十月）、後藤均平による書評（『歴史学研究』第五五四号、一九八六年五月）、福島大我による紹介（歴史学研究会編『歴史学と、出会う――四一人の読書経験から』青木書店、二〇一五年）などがある。岸本美緒「中国史研究におけるアクチュアリティとリアリティ」（歴史学研究会編『歴史学のアクチュアリティ』東京大学出版会、二〇一三年）も参照。

（2）たとえば、Edward J. M. Rhoads, *Manchus & Han : Ethnic Relations and Political Power in Late Qing and Early Republican China, 1861–1928*（Seattle and London : University of Washington Press, 2000）を参照。

［岩波書店、一九八三年］

資本主義の基層を問う

ブローデル『物質文明・経済・資本主義――15―18世紀』

坂本優一郎

ブローデルと三層構造

著者のフェルナン・ブローデル（一九〇二年～一九八五年）は、フランスの著名な歴史家である。フランスの「アナール学派」は二十世紀の歴史学において一世を風靡したが、ブローデルはその総帥としての役割を担った。彼は一九五六年にリュシアン・フェーブルを継いだ後、雑誌『アナール』の編集で中心的な役割を果たすとともに、フランスの高等研究実習院第六部門の部長として歴史学研究をけん引し、エマニュエル・ル・ロワ・ラデュリーをはじめとする多くの後進の研究者を育てたことでも知られる。

ブローデルの主著は、学位論文をもとに一九四九年に出版された『フェリペ二世の時代における地中海と地中海世界』（原タイトル *La Méditerranée et le monde méditerranéen à l'époque de Philippe II*, Paris：Armand Colin, 1949、邦訳タイトル『地中海』）とされる。全三巻からなるこの大部な書物は、三部で構成されている。第一部では、「地理的歴史」、すなわち「ゆっくりと流れ、ゆっくりと変化し、しばしば回帰が繰り返され、絶えず循環しているような」「ほとんど動かない歴史」が主題として取り上げられる。具体的には、山岳、平野、沿岸部、島嶼、気候、交通路（陸路と海路）、そして海そのものといった、地中海をめぐる地理的条件とそこに生きる人間との関係が描写される。つづく第二部では、数世代から数世紀単位で変動するが、同時代に生きている人びとにはほとんど知覚されない対象としての「構造」、すなわち、経済や国家、社会や文明の歴史が取り扱われている。最後の第三部は、いわゆる「事件史」、つまり戦争をはじめとする政治上の動向や、それを担う君主――フェリペ二世が代表例――をはじめとする諸個人の動向が位置づけられる。従来、歴史叙述の中心的な位置を占めていた事柄がようやくここで現れるが、ブローデルはこの層には重きを置いていない。事件ではなく構造こそが、彼にとって重要なのである。

ブローデルが『地中海』で達成したのは、三つの異なる時間の流れを顕在化させたことであった。異なる時間の流れを前面に押し出すことで、表層部の事件を理解するには中層部に位置する構造の中期的な変動をとらえる必要があり、また、事件や構造の変動を理解するにはさらに深層部に位置する地理的条件の長期的な変動をえぐりださなければならない。『地中海』を空間論として読むことは可能であるが、時間論として位置づけるほうが、彼の独創性と彼の意図を正確にくみ取れる。彼は、地理の時間・社会の時間・個人の時間という異なる時間、なかでも「長期持続」（la longue durée）を前面に押し出すことで、政治・経済・社会・文化を分解することなく「全体史」としてトータルに歴史像を提示できたのである。こうしたブローデルの企図は、彼の学問の営み全体を貫くものである。ここにとりあげる『物質文明・経済・資本主義』もまた、その例外ではない。

『物質文明・経済・資本主義』

それでは、『地中海』での達成点を念頭に置きつつ、『物質文明・経済・資本主義』の概要を見ていこう。本書は三巻からなる経済史の書物である。叙述の対象は工業化前、とりわけ十五世紀から十八世紀までのいわゆる「近世」と呼びならわされている時代における広義の経済である。といっても、経済のみを個別に切り出すのは、『地中海』で全体史を目指したブローデルの意図に反する。

全体の構成を大づかみにするため、各巻のタイトルを見ておこう。第一巻は「日常性の構造――可能なものと不可能なもの」（原題 Les structures du quotidien : le possible et l'impossible、邦訳『日常性の構造』一・二）、第二巻は「交換のはたらき」（同 Les jeux de l'échange、邦訳『交換のはたらき』一・二）、第三巻は「世界時間」（同 Le temps du monde、邦訳『世界時間』一・二）とそれぞれ題されている。『物質文明・経済・資本主義』の構成が、『地中海』と同じく三部構成であることを確認しておく。

この大作による経済のあゆみのとらえかたは、経済学者がそれまで描いてきたものとはまったく異なる。その相違点は二点ある。ひとつが非市場経済の扱い、もうひとつが市場経済と資本主義との関係である。誤解を恐れずにいえば、それは「経済」の語で一括されうる事象を腑分けすることで非市場領域を含めて「経済」全体の理解を一新する試み、彼の言葉を拝借すると、「複数の交換」の全体像をとらえる試みである。

ブローデルによれば、通説では「ヨーロッパは徐々に市場・企業・資本主義的投資などの合理的構造へと進んでゆき、しまいには産業革命が君臨して、それが人類史を両断するにいたった」とされる。しかし、それは「いくつもの経済がある」うちのひとつ、すなわち市場経済のみをとらえ、他を捨象することで構築された図式にすぎない。市場経済の層では、交換に参加する誰にでも「明瞭で《透明》でさえある現実にもとづいて、経済学を構成する言説が創始された」ため、「経済学は、早くも出発点において、ほかのもろもろの光景を排除しつつ、とくに恵まれたひとつの光景〔ヨーロッパにおける市場経済〕のなかに閉じこもった」とされる。標準的な経済史の理解について、その限界点が提示されている。

ブローデルは交換の複数性への関心を促すが、彼が注視するのはこうした市場経済の「下側」と「上側」である。「下側」すなわち「下部経済」とは、「経済活動のうちあの無定形な残された半分、つまり自給自足の活動とか、非常に狭い範囲内で行われた、生産物とサービスとのあいだの物々交換の活動とから成る」「物質生活」あるいは「物質文明」と彼が名づけるものであるが、「十分な史料が揃わない」のでその実態がわからず「不透明地帯」となっているという。

市場経済の上側にもまた、同じような「不透明地帯」が存在する。この層では、十六世紀のジェノヴァや十八世紀のアムステルダムのごく一握りの大商人のような少数の人びとが、みずからの利益のため、市場経済における交換をゆがめたり、既成の秩序を崩したりすることで利益を得ていた。こうした人びとは、たとえば外国為替のような高度の知識や技術を要する取引を特権的かつ独占的に扱うことで、通常人が取引を見通すことはできず、その結果そこに介在しえないような「不透明地帯」を作り上げ、場合によってはヨーロッパ経済や世界経済に決定的な影響を及ぼしえたという。ここでは、ブローデルが中層＝二階の市場経済の層ではなく、その上層すなわち三階の層に、資本主義の領域を見出すことに留意しておきたい。

物質文明として体現される自給自足的で長期持続的な一階部分が存在し、さらに市場経済という二階部分と資本主義という上層の三階部分という二つの中期持続的な「経済」が存在していることを認識しなければならない。つづく項では、二つの論点に立ち入ろう。

「日常性の構造と物質文明」

三階建て構造の一階部分にあたる第一巻「日常性の構造——可能なものと不可能なもの」（日本語版では二分冊になっている）では、ほとんど動きがないか、変化があってもきわめて緩慢な「日常生活の構造」があつかわれる。経済学者がいう「非市場経済」の領域でもある。周知のように、ブローデルの一連の研究では「長期持続」がとりわけ重視される。『物質文明・経済・資本主義』でも、それに変わりはない。

「日常性の構造と物質文明」ではまず、人口論から議論が始まる。日常生活の担い手はいうまでもなく人間であるが、その存在と特徴を明確化するため、個人に先立って人間の集団が構成員数とともに確認されるのだ。

ブローデルが研究の対象とする近世ヨーロッパ世界では、いわゆる政治算術家や社会や経済を俯瞰しようとした重商主義者などが、しばしば人口論から議論を説き起こした。このことを想起すると、まず人口に注目したブローデルの選択は興味深い。さらに、ブローデルが本書を構想・執筆した一九五〇年代後半から一九六〇年代にかけて（その後、改訂されている）、ちょうど歴史人口学がいちじるしい進展を見せていたことも、彼の議論に多少なりとも影響したのかもしれない。

数百年前の政治算術家たちがそうしたように、ブローデルは単に集団の構成員数を数え上げるだけではなく、諸集団を世界的に比較しようとする。ブローデルは、各地の人間集団やそれと相互影響しあう食糧生産のありかた——小麦・コメ・トウモロコシの比較——を類型化するとともに、人口動態の推移の異同をも意識することで、本書の主眼である近世ヨーロッパ世界の特徴を浮き彫りにする。そういう意味では、ブローデルが展開するのは、当世流行の「グローバル・ヒストリー」の先駆的な成功例にほかならない。彼は諸集団の日常生活、たとえば食物・衣服・住居をはじめとして、家具や流行にも注目することで、人口論を通じて類型化した人間集団の特徴――ヨーロッパは、アフリカやアジアとの比較によって、小麦を主食とした家具を多用する人びとの住む大陸、とされる――をより明確に描き出す。

こうしてヒトとモノ――髪粉やかつらも――との関係を主軸に据えることで、三層構造の一階部分にあたる物質文明、あるいは物質生活と日常生活の具体相が解き明かされる。たとえばアジアの水田の含意がグローバルな視野で語られるように、世界各地の多数にのぼるきわめて興味深い事例によって、日常の物質生活の実相がつまびらかにされていく。

この試みを「生活史」の実践として理解することも可能だ。たしかに、「生活史」には好事家的なエピソードの拾遺集と化す危うさがつねにつきまとう。しかし、ブローデルは並の歴史家とは違った。彼は日常生活をコンテクストから切断し、それを根無し草にする愚は犯さない。四百年ものあいだ、根本的には変化しなかった日常生活を「物質文明・市場経済・資本主義」からなる三層構造の基層として位置づけることで、「日常生活を歴史の領域に導入する」こと、ピーター・バークにいわせれば「日常生活を歴史化すること」に成功したのである。[1] それは『地中海』で「地理の時間」を三層構造の基盤に位置づけて全体史に組み込むことに成功し、長期的な持続の意義を示した、あのまなざしと同じなのである。

「交換のはたらき」と二つの交換

「物質生活」に彩られた世界の階上に広がるのは、喧騒に満ちた「経済生活」、すなわち交換の世界である。

それは今日のことばでいう市場経済の領域であり、そこに参加できる人びとが交換のすべてを見通せる「透明な世界」である。さらに、その上の三階部分には、投機に彩られる資本主義の領域という「不透明な世界」が広がる。原著第二巻では、三層構造の二階部分と三階部分がともに扱われることになる。

まず二階部分からその様相を眺めてみよう。ブローデルは最も基本的な交換の場として「市《いち》」に注目する。市は物質文明と市場経済との界面に存在する。片側では日常の「不透明な世界」、その反対側では貨幣による交換の「透明な世界」が展開される市では、日常の生活、つまり日々の生存に必要なモノとモノ、モノと貨幣とが交換されてゆく。その担い手は小規模な行商人であり、さらにそれらの行商人と取引する大商人の場合もある。取引されるモノも、取引に従事する人びとも地域的に多様であった。フランスのプロテスタントやユダヤ教徒をはじめとして、ギリシア正教の諸分派やパルシー教徒までがそこに含まれる。こうした人びとが織りなす交換の世界を驚くばかりの事例の数々によって活写してゆくブローデルの手腕は、見事というしかない。

日常の物質文明と市場経済との界面に位置する市は、同じ界面に位置する屋台や商店も含めて、社会に影響を及ぼすようになる。ブローデルはいう。「一つの解放・一つの出口・別な世界への入口である。それは水面上に浮かび出ることである。人間の活動・彼らが交換する剰余は、この狭い裂け目から少しずつ通り抜けはじめる。はじめは、聖書の言う「ラクダが針の穴を通り抜ける」のと同様、やっとのことで。ついで穴は広がり、数は増す。社会は、行きつくところ、「いたるところが市になった社会」となるのである」。

ただし、この動きは単線的な発展ではない。今日もそうであるが、近世のヨーロッパでは、伝統的なもの、旧式なもの、近代的なもの、超近代的なものが、相互に併存していた。一階は一階で強固な長期的な持続性も有しているがゆえ、経済化はけっして一様ではなかった。

ブローデルにとっての交換とは、市場経済の領域だけで行われるのではない。市での交換とは、そのうちのひとつにすぎない。それは「透明さ」と「規則性」の世界であって、そこでは各人が、共通の経験に教えられて、前もって交換の過程がどのように展開するのかを知ることができる」正常な交換であるにすぎない。

市場経済の天井の上には、かならずしも誰もが見通せるわけではない「不透明な世界」が広がる。ブローデルは、この「不透明な世界」における交換を市場経済の交換から逸脱したものとしてみなす。ここが正統的な経済学の理解と決定的に異なる点である。

小麦の取引例で見てみよう。小麦を自家で消費すること、それは物質生活という基層に位置づけられる。小麦が穀倉から近くの都市に運ばれて取引されると、それは市場経済にあたる。しかし、小麦が州と州とのあいだで取引されると、それはときに投機的な取引となる。こうして三階に昇る。最後に、飢饉が発生し、被害地域に長距離に運ばれると、それは活発な投機の対象となる。このように階をひとつずつ昇ると、それぞれ別の種の人びとがそうした取引に従事してゆく。

これら特権的な少数の人びと――実は今日の私たちも目にする人びと――のみによる投機的な取引や、くわえて独占こそ、ブローデルのいう「資本主義」の近世的な様態なのである。つまり、ブローデルがとらえようとした交換の全体とは、誰にでも見通せる「透明」な市場経済と、少数の人びとのみが理解する「不透明」な資本主義を区別することによってはじめて姿を現すのである。

それでは「市場経済」と「資本主義」という各階の関係をどのように理解すればよいのだろうか。マルクス経済学で主張されるような下部構造が上部構造を規定するような一方的な関係は、ブローデルによって退けられる。また、「善玉」対「悪玉」という対抗関係に収斂するものでもない。一階部分に流れる時間は長期持続、二階部分や三階部分に流れる時間は中期持続であり、それぞれ流れる時間が異なるため、各階の動向にはほとんどの場合ズレが生じ、各階が一致した方向性を見せることが稀である。さらに、全体の状況（「コンジョンクチュール」）の変化によって、十六世紀のように社会の経済化が三階部分からもたらされることがあれば、十七世紀のように二階部分からもたらされることもあった。こうして各階でズレを見せつつそのうえで全体として現在一般的にいう広義の経済という「構造」が作り上げられる。その頂点が三階部分に位置した「資本主義の領域」なのである。

なお、ブローデルのいう十五世紀から十八世紀にかけての近世の資本主義とは、「自らの領分」として選択した商業や金融で顕在化しており、資本の形成が未熟であった農業や工業ではなかったことを付記しておこう。また、ここではじゅうぶんには扱えなかったが、『物質文明・経済・資本主義』の第三巻では、「世界時間」と「世界経済」をキーワードとして採用し、「世界時間」の流れに沿って、「世界経済」の推移をその中心都市の移り変わり——ヴェネツィア・アントワープ・ジェノヴァ・アムステルダム——を通じて概観される。

近世的秩序の持続性

物質文明として描かれる非市場経済の日常性が、資本主義を頂点とする構造に位置づけられたこと。市場経済と資本主義とを峻別しえたこと。長期持続と中期持続という時間の流れを採用したことで、ブローデルはこの二点を達成した。日本も含む世界各地の膨大な事例を用いて高度な理論的枠組みを具体的に叙述しきった『物質文明・経済・資本主義』は、ブローデルの卓越した筆力と博覧強記がなければ、けっしてこの世に生み出されることはなかったであろう。『地中海』に勝るとも劣らないこの名著を、平易な日本語を通じて触れることができるのは、幸運以外の何物でもない。

本書はイギリス産業革命で叙述を終えるが、それは本書の時間枠が工業化前の時代に限定されることを意味するものではない。じっさい、ブローデルは改訂版の結論で、『物質文明・経済・世界時間』をオイルショック後の一九七〇年代の経済情勢というコンテクストに置き直し、本書の枠組みにもとづいて目の前で起きている出来事を解釈しようとしている。ただし、それはあくまで素描の域を超えるものではない。ここにわれわれが取り組むべき問題があるのではないだろうか。

近世という時代を観察することで析出されたこの三階構造が、その後、近代から現代にかけてどのように姿を変えていくのか、あるいは強固な持続性を誇ったのか。事件・中期持続・長期持続という三つの時間に属さない、新たな時間の流れやそれに伴う「四階」が生み出されているのか否か。物質文明の下層に「地階」はありえないのか。本書では国家と資本主義（とりわけ独占）はしばしば一対にしてとらえられるが、現在の国家の変容はブローデルがいう資本主義にどのような影響を及ぼすのか。後進に遺された論点は、あまりにも多い。

個人的に魅力的だと思うのは、工業化の時代が幕を閉じようとしている今、工業化に先立つ近世的な構造の持続性を見極めるブローデルのまなざしである。工業化の時代にも、その基層として近世的な経済秩序は執拗低音のように持続していたはずである。イギリスの工業化の経験そのものも、一九八〇年代以降、その理解を大きく変えているが、その含意を「近世的なるもの」の強固な残存と大雑把に解することも可能であろう。経済先進地域で工業化の時代が終焉しつつある今日、工業化そのものや、あるいはかつての工業化像によって覆われていたそうした基層が露頭としてむき出しになりつつあるのではないだろうか。それを「善玉」たる「額に汗する労働」と「悪玉」たる「通貨の投機的取引で構築した巨万の富」とを対置してとらえたうえで、後者へいたずらに礫を投げつけても、おそらく得られるのは偏った見かたから生まれた自己満足にすぎない。今こそ、礫ではなく本書を手にして、そういう自分がどの階にいるのか全体を俯瞰したうえで冷静に見極めたい。もし、いるべき階が見当たらなければ、いまだ知られざる階を可視化できる時間の流れを見つけ出し、新たな階を創りだすことにも躊躇してはならない。

（1）　ピーター・バーク『フランス歴史学革命』（大津真作訳、岩波書店、二〇〇五年）、八五頁。

（2）　フェルナン・ブローデル『物質文明・経済・資本主義――一五―一八世紀』［村上光彦他訳、全六冊、みすず書房、一九八五―九九年（Fernand Braudel, *Civilisationmatérielle, économie et capitalisme, XVe-XVIIIe siècle*, A. Colin, 1979）］

現代を生きる歴史家が、生きた過去に問いかける
二宮宏之『全体を見る眼と歴史家たち』

小山　哲

生きている歴史をつかむには

「つまり、猫をつかまえるのに、どこをつかむべきかということや」「しっぽでも、脚でも、つかめるところをつかんだらええやん」「へたなところをつかんでも逃げられるで。やっぱり首もとを押さえるのが肝心や」――大学で西洋史学を専門に学びはじめてしばらくたったころ、研究室の先輩たちが真面目な顔でこんな議論をしている場に出会わしたことがある。歴史学の研究室でどうして「猫のつかまえ方」が話題となるのか、首をかしげながら議論の続きを聞いているうちに、「猫」とは歴史のことで、「首もと」は歴史を研究するために攻略するべきポイントを指していることがわかったが、歴史の「首もと」はどこにあるのかをめぐって議論は迷走し、どのような結論になったのか、いまとなっては記憶も曖昧である。ただ、思い返してみて、つかまえるべきは「生きた状態の猫」であって、その猫を殺して解剖するということではない、ということについては、わたしたちのあいだに暗黙の了解があったように思う。

わたしが大学に入学したのは、一九七九年である。京都大学では専門の課程は三回生からはじまるので、「猫のつかまえ方」をめぐる議論を聞いたのは八〇年代前半のことであった。ちょうどそのころ、日本の歴史学界では、「社会史」とよばれる研究の潮流が最盛期を迎えつつあった。雑誌『社会史研究』が創刊されたのは一九八二年、日本の「社会史」に大きな影響をおよぼしたフランスの歴史学の動向を紹介するアンソロジーとして『アナール論文選』全四巻（新評論）が刊行されたのが一九八二年から八五年のことである。学部の後半二年間と大学院進学後の数年間を、わたしはこのブームのまっただなかで過ごした。西洋史学という専門分野に足をふみいれたばかりの初学者にとって、「社会史」とは何を研究する学問なのか、それまでの歴史学といったいどこが違うのかを理解することは、研究室のなかでの議論についていくためにも、切実な問題であった。

そのような学生にとって、よき導き手となってくれたのが、二宮宏之の一連の文章である。ここで紹介する『全体を見る眼と歴史家たち』（以下、『全体を見る眼』と略す）には、学生時代のわたしが「社会史」の意味をそこから学んだ論文のいくつかが収録されている。「社会史」とは、「経済」や「政治」や「文化」から区別された意味での狭義の「社会」を対象とする歴史学を意味するのではなく、歴史のひとつのとらえ方をあらわす概念であるということ、そして、「社会史」とは、なによりも「全体を見る眼」に立脚した歴史学であるという著者の指摘に、わたしは目を開かれた思いがした。あとになって、イギリス史やドイツ史の文脈では、社会史のとらえ方がかならずしも二宮の定義と同じではない場合もあることを知ったが、「生きた人間を全体としてとらえる社会史」という提言は、現在でもその意義を失ってはいないのではないだろうか。「全体史」の意味を説明するために、二宮は、フランスの歴史家リュシアン・フェーヴルの次のような印象深い発言を引用している。「歴史家の対象は、本来「生きた人間たち」そのものなのだ。この人間を捉えるに当たり、便宜上、身体のある部分、頭より手とか脚でつかまえることもできるだろう。しかし、どの部分を引っ張ろうと、結局は身体全体がついてくるのだ。人間をばらばらにすることはできない。そんなことをすれば、人間は死んでしまう。歴史家は死骸の断片などに用はないのだ」。二宮宏之の「全体を見る眼に立脚した社会史」もまた、フェーヴルのこの発言に沿って、「全体をとらえる」ことそれ自体ではなく、「生きた人間をとらえる」ことに重心をおく歴史研究の姿勢として理解されるべきであろう。

本との出会い方

一九三二年に生まれ二〇〇六年に世を去った著者とは、わたし自身は、研究会のおりなどに数度お目にかかったのみで、研究の手ほどきを受けたり、親しくお話をうかがったりする関係ではなかった。わたしが二宮宏之という歴史家について何かを語りうるとすれば、それはもっぱら読者としての立場からである。歴史学の世界には著者と深いつきあいのあった方がたくさんおられるので、わたしのような者が筆をとるのはいささか気がひけるが、「歴史書を読む愉悦を語る」という本書の趣旨に照らせばこのような文章もあってよいだろうと思い直して、先を続けることにする。

『全体を見る眼』は、書き下ろしではなく、講座や雑誌に発表された論文やエッセイを集めた本である。わたしの手元には、二冊の『全体を見る眼』がある。ひとつは一九八六年に木鐸社から刊行された初版本、もうひとつは一九九五年に平凡社ライブラリーの一冊として刊行された新版である。わたしにとって懐かしいのは木鐸社版だが、現在の読者が手にとりやすいのは平凡社ライブラリー版のほうであろう。こちらの版には、旧版刊行後に発表された論文「歴史的思考の現在」が増補されているほか、岸本美緒による解説

「「生きている身体」と歴史学」が収められている。

わたしは一九八六年から八八年までポーランドに留学していたので、木鐸社の初版を買って読んだのは八六年の刊行直後ではなく、留学を終えて帰国してからのことであった。しかし、この本に収録された文章のいくつかには、学部生の時代に、講座や論文集に掲載された初出のかたちで、すでに出会っていた。当時のわたしにとってとくに重要であったのは、「歴史的思考とその位相――実証主義歴史学より全体性の歴史学へ」と「フランス絶対王政の統治構造」の二篇の論文である。前者は、一九七七年に大修館書店から刊行された『フランス文学講座』の第五巻に収録されていた。歴史学徒にとってやや縁遠いところに発表されたこの文章の存在については、西洋近代史演習を担当されていた服部春彦先生の授業で教わり、図書館で本を探して読んだように記憶している。後者の論文は、吉岡昭彦・成瀬治編『近代国家形成の諸問題』（木鐸社、一九七九年）に収録されているものを読んだ。いずれも一読して十分に内容が理解できたわけではないが、なにか大事なことが語られていることだけはわかり、その後もおりにふれて読み返した。今回、この文章を書くために読み直してみて、歴史学についての自分の考え方がこの二篇の論文にいかに多くを負っているかをあらためて痛感した。

「アナール学派」の歴史的位相

「歴史的思考とその位相」は、十九世紀後半から二十世紀後半にいたるフランスの歴史学の転換の軌跡をたどった論文である。十九世紀後半に確立された実証主義的歴史学は、もっぱら文書史料に依拠して事件史を編年誌的に記述する学問になりがちで、やがてその負の側面が認識されるようになった。二十世紀にはいると、硬直化した実証主義的歴史学に対する批判が歴史学の内部からも起こってくる。リュシアン・フェーヴルやマルク・ブロックは、過去に生きた人間の営みを総合的・全体的に認識する新しい学問として歴史学をとらえ直すことを提唱した。フェーヴルとブロックは、そのような新しい歴史学の展開の場として、一九二九年に共同で『社会経済史年報』を創刊する。これがのちに『アナール』（年報）の名で知られることになる雑誌の起源である。フェーヴルとブロックの提唱する歴史学は、「全体史」を志向する「社会史」であった。「社会史」の研究は、歴史家が、現在を生きる人間として、過去に生きた人間が遺した史料に、繰り返し自覚的に問いかけることによって可能となる。フェーヴルとブロックにはじまるこの新しい潮流は、その後、「長期的持続」に注目するフェルナン・ブローデルの「深層歴史学」や、「心性」に目を向けたジャック・ルゴフやエマニュエル・ルロワ＝ラデュリーの「歴史人類学」に継承されていく。

フランスの歴史学の展開を以上のようにたどったこの論文は史学史の研究に属するものだが、著者の目配りは、狭義の歴史学を越えて、それぞれの時代の知的な状況にも及んでおり、良質なインテレクチュアル・ヒストリーとして読むことができる。「アナール学派」がどのように成立し発展してきたのかを、たんなる学説史としてではなく、思想史的な背景をふまえて学ぶことができたことは幸せなことであったと、ふり返ってみて思う。

二宮宏之の論文から学んだことは、ポーランド留学中に、思いがけないかたちで支えとなった。ワルシャワ大学で歴史学部の授業に出はじめたころ、わたしは、語学力の問題に加えて、歴史学のとらえ方が自分の知っているものと違っていたらどうしよう、という不安をかかえていた。当時のポーランドは社会主義国で、歴史の研究にもイデオロギー的な制約や語り方の流儀があるかもしれないと、漠然と思い込んでいたのである。学期がはじまってまもなく、ヤン・キェニェヴィチ教授の近代史の講義におそるおそる出席してみると、教授は鞄から見覚えのある小さなフランス語の本をとりだして、その意義について語りはじめた。それは、フェルナン・ブローデルの『資本主義のダイナミクス』[1]で、留学する前にわたし自身も丸善で見つけて読んでいた本であった。ポーランド語を聴き取る力が足りず、その日の講義の中身は十分に理解できなかったが、それでも、ポーランドの歴史学が、日本でわたしが学んできた歴史学と同じことばを共有していることがわかって、気持ちが楽になったことを記憶している。

ポーランドの歴史学と「アナール学派」とのあいだには、フェーヴルとブロックの世代から密接な関係があり、そのつながりは、冷戦の時代にも、東西ヨーロッパを隔てる政治的な壁を越えて保たれていた。「アナール学派」の拠点となったパリの高等研究実習院第六部門（のちの社会科学高等研究院）には、一九五六年以降、ポーランドから多くの歴史家が派遣され、六七年にはブローデルにワルシャワ大学から名誉博士号が授与されている。キェニェヴィチ教授の授業も、こうした交流の歴史をふまえたものだったのである。留学中にいろいろな本を読み漁るなかで、ポーランドのある経済史家が書いた本の序文に「貴重な本を貸してくれ、議論に応じてくれたH・ニノミヤ」への謝辞が記されていることにも気がついた。一九六〇～一九六六年にフランスに留学していた二宮がパリでポーランドの歴史家とも交流していたことがわかり、体制や国家の境界を越えて学問の世界がつながっていることを実感した。

社会的結合と国制のあいだ

二宮宏之は、フランスの歴史学の動向とその学問的な意義を日本の学界に的確に伝えただけでなく、近世フランスの国家と社会を独自の視点から研究し、新しい歴史像を提起した歴史家でもある。一九七七年の日本西洋史学会大会における報告をもとにした「フランス絶対王政の統治構造」は、著者自身が「社会的結合の視点から国制史の研究へと踏み出すきっかけとなった」と位置づけている論考であり、現在なお、日本のヨーロッパ近世史研究者がかならず参照する古典的な文献である。

この論文の新しさは、近世フランス社会の基底までいったん降り立って人びとの結びつき（社会的結合）のありようを確認したのちに、それがどのように王権による統治秩序のなかに組み込まれ、重層的で複合的な国制として編成されていったかを鮮やかに説明しているところにあった。社会的結合の基本的な単位は「家」であり、その上位にさまざまなレヴェルで、空間的・地縁的に、あるいは、機能的・職能的に結ばれた領域や団体が存在する。王権は、これらの社会集団に、一定の特権を認めつつ、法的人格を付与することによって、支配秩序のなかに組み込んでいった。「家」を起点とする社会的結合を前提に成立し、法人格を付与されて王国の権力秩序に組み込まれたこれらの社会集団は、「社団」と呼ばれる。フランスの絶対王政は、「社会の社団的編成を前提にした上で、それらの中間団体を媒介にすることにより、初めてその支配を維持することができた」のである。

二宮の統治構造論は、フランス絶対王政の政治秩序が多様な中間団体の「自由」（＝諸特権）を認めなければ存立しえなかったこと、したがって、王権が行使しうる権力は、実態としては「絶対的」なものではありえなかったことを明解に説いていた。同時に、この論考は、抑圧的な「特権の体系」からの解放の道がどこに見いだされるかを探求する試みでもあった。著者自身のことばを引くならば、「権力のメカニズムを、人と人との関係のあり方という角度から解こうとする視点は、同時にまた、そのメカニズムを解体させるためには、どこをどう突き崩すことが必要かを探る視点でもあった」のである。

社会的結合に着目する二宮のフランス絶対王政論は、フランス史の範囲を越えて広くヨーロッパ近世・近代史の研究者に大きな影響をおよぼした。たとえば柴田三千雄は、近世から近代にかけてのヨーロッパにおける国家形態の変化を「社団国家」、「名望家国家」、「国民国家」の三段階として把握することを提案している。[2] 近年では、近世ヨーロッパにおける政治的統合の可変性・多様性を重視する視角として「複合君主政」や「礫岩国家」の概念が提起されているが、こうした議論も、複合的・重層的な近世ヨーロッパの政治秩序の理解を前提としたうえで、フランス王国の領域内に限定されていた二宮の統治構造論の王朝的・空間的制約を越えようとする試みのひとつと考えることができるであろう。[3]

のびゆく思考

かつてリュシアン・フェーヴルは、ブローデルの名著『フェリペ二世時代の地中海と地中海世界』を「歴史の理解における革命」として高く評価し、「のびゆく本」と呼んだ。[4] ブローデルの大作とはスタイルが異なるが、『全体を見る眼』も「のびゆく思考」に満ちた本である。この本には、本章でとりあげた二篇のほかにも長く読み継がれるべき文章が含まれており、「社会史における「集合心性」」や「歴史のなかの「家」」は、心性史や家族史に関心のある者にとって、いまなお必読の文献である。また、第三部「社会史断章」に収められたエッセイからは、優れたフランス史家であった著者と、日本史の研究者やアフリカをフィールドとする人類学者とのあいだに、刺激に満ちた対話が交わされていたことがわかる。

著者には、『全体を見る眼』の続編ともいうべき『歴史学再考――生活世界から権力秩序へ』（日本エディタースクール出版部、一九九四年）、「アナール学派」の創始者のひとりであるマルク・ブロックの生涯と研究の意義を論じた『マルク・ブロックを読む』（岩波書店、二〇〇五年。岩波現代文庫、二〇一七年）があり、著者の死去の翌年には、中世後期から近世のフランス史にかかわる論考をまとめた『フランス　アンシャン・レジーム論』（岩波書店、二〇〇七年）が刊行されている。さらに、二〇一一年には『二宮宏之著作集』全五巻（岩波書店）が刊行され、その業績の全体像を見わたすことができるようになった。

一九五〇年代後半の社会構成史的な視点にたつ論考から、ポストモダンのナラティヴ論と真剣に向き合いつつ書かれた「歴史の作法」（二〇〇四年）にいたるまでの著者の軌跡をふまえて読み返すと、『全体を見る眼』が、戦後歴史学の問題意識の最良の部分を継承しつつ、その時代的な制約を批判的に乗り越えようとする地点に位置する本であったことがわかる。のちの「参照系としてのからだとこころ——歴史人類学試論」（一九八八年）や「王の儀礼——フランス絶対王政」（一九九〇年）につながる表現や発想も、すでにこの本のなかに含まれている。

もうひとつ、『著作集』を通読してわかることは、著者の方法論的な省察が、フランスでの地道な史料調査と、その結果をふまえた具体的で緻密な事例研究の経験にもとづいて書かれていることである。(5)『全体を見る眼』は、けっしてパリで流行する学説を紹介した本ではなく、著者自らが「現在を生きる人間として、繰り返し過去に問いかけ、繰り返し過去を読み直す」実践を積み重ねるなかでつかみとられた思索の結晶だったのである。

「社会史は……、自己限定的であることを拒み、不断に枠組からはみ出して行くところに、その積極的な意味がある」と著者は述べている。歴史研究者としての状況との向き合い方、柔軟でありつつ厳密性を失わない思考、学術的な水準を保ちながら読みやすく明解な文体など、著者から学ぶべき点は多い。わたしたちにとって幸いなことに、いまでは『全体を見る眼』という入り口の向こうに、さらに広大な『著作集』の沃野が広がっている。きまった道をたどるのではなく、わたしたち自身の現在から繰り返し著者に問いかけ、

「不断に枠組からはみ出し」つつこの沃野を旅することこそ、著者がわたしたちに望んでいることであろう。

（1）Fernand Braudel, *La dynamique du capitalism* (Paris, Flammarion, 1985).〔金塚貞文訳『歴史入門』太田出版、一九九五年：中公文庫、二〇〇九年〕

（2）柴田三千雄『近代世界と民衆運動』（岩波書店、一九八三年）。二宮自身の統治構造論はアンシアン・レジーム期のフランス王国に限定されたものであり、また、「社団国家」という表現はみられない。

（3）古谷大輔・近藤和彦編『礫岩のようなヨーロッパ』（山川出版社、二〇一六年）。立石博高編『スペイン帝国と複合君主政』（昭和堂、二〇一八年）。

（4）井上幸治編『フェルナン・ブローデル　1902-1985』（新評論、一九八九年）、三〇四—三一八頁。

（5）たとえば、「一七・一八世紀における農村生活の一実態——フルーリ゠アン゠ビエールの領主領」（フランス語による初出は一九七〇年。日本語訳は『著作集』第四巻に所収）、「「印紙税一揆」覚え書——アンシアン・レジーム下の農民叛乱」（初出は一九七三年。『著作集』第二巻所収）。

〔平凡社ライブラリー、一九九五年（初出は木鐸社、一九八六年）〕

ヒマラヤの硝煙

デイヴィス『沈黙の山嶺——第一次世界大戦とマロリーのエヴェレスト』

小関　隆

感銘を受けた歴史書、影響を受けた歴史書はもちろん少なからずあるが、近年読んだ中で私を最も熱中させた一書をとりあげよう。こんな本が書けたなら研究者を廃業してもよい、でも自分には無理だろうな、そう思うしかない圧倒的な作品である。高い山は遠くから眺めるに限ると決め込み、自分が登るなんて論外、せいぜいジョージ・マロリーのことば（「そこに山があるから」）を聞いたことがある程度の私がエヴェレスト遠征の本を手にとったのは、第一次世界大戦への関心ゆえであり、選択は文句なしに正しかった。本書がポスト大戦の時代を扱った数多くの研究の中でも抜きんでた、独自の存在価値をもつ成果であることは断言できる。しかし、ここで本書を紹介する理由は別にある。本書には歴史書の範例が示されているのではないか、との思いが私の中で強くなってきたためである。

第一次世界大戦からエヴェレスト登攀へ

大風呂敷を広げる前に、概要を確認しておこう。原題は *Into the Silence : The Great War, Mallory and the*

Conquest of Everest, 二〇一二年刊、著者はカナダ出身の人類学者にして探検家である。本書の叙述を裏づけるのは徹底的に渉猟された史料や証言だが、それに加えて、著者は主題となる一九二一、二二、二四年のイギリスのエヴェレスト遠征隊の足跡の一部を自身の足で確かめ、現場を知る者だけに可能な迫真の描写を実現している。

本書は第一次世界大戦世代への鎮魂歌である。三次にわたるエヴェレスト遠征隊の隊員二十六人のうち二十人は大戦経験者であった。六人は重傷を負い、二人は病を得て闘病生活を送り、一人はシェル・ショックを発症した。ガリポリ半島の戦闘で機関銃の銃撃を受けて両足切断の危機に瀕し、医師から静穏な生活を送るよう指示されたチャールズ・ブルースが、一九二二年と二四年の遠征隊の隊長を務めている（二四年は中途離脱）のには、特に驚嘆させられる。アーサー・ウェイクフィールドは、自らが中心となって編成したニューファンドランド連隊がソンムの戦い初日（一九一六年七月一日）の突撃で壊滅したショックから、大戦後にはカナダで隠遁生活を送った。そして、ソンム初日に手にしていたそれと同じ双眼鏡で、七人のシェルパが犠牲になった一九二二年六月五日の雪崩事故を目撃することになる。本書の主人公ともいうべきジョージ・マロリー、同世代で最高の登山家と謳われ、豊かなスター性に恵まれた彼もまた、一緒に作業をしていた部下二人が砲撃を受け、一瞬のうちに血と骨の塊と化す場面を西部戦線で経験していた。「死は計算で避けられるものではない」「荒れた神経のとげを全部抜いて、何よりもまず優しくなりたい」（上、二四二、二五〇―二五一頁）というのが、彼が到達した心境であった。

大戦を生き延びた隊員たちは、卓抜な登山技術に加えて、尋常ならざる苦難にも耐える力をもつタフな登山家であった。「苦難」には死の恐怖も含まれる。死の恐怖はもはや大戦前ほど強く彼らを慄かせなかった。「死は彼らの日常だったのだ。……常に死が迫りくる中、彼らはそれぞれがふさわしいと思うやり方で死に応ずるしかなかった」（上、二九四―二九五頁）。大戦は死の意味を変えたのであり、戦場を知った者たちには大戦前だったら考えられなかったほどの危険を受けいれる用意があった。五十に一つの成功の見込みしかないと妻への最後の手紙で伝えていたマロリーが、一九二四年六月八日、それでもあえてサンディ・アーヴィンを伴って頂上へのアタックを敢行したのは、彼にとって「死は「もろい垣根」……人が「毎日、笑顔で勇ましく」越えていくものにすぎなかった」（下、三二六―三二七頁）からである。死を覚悟した登頂の試みは、大戦経験なくしてはありえなかっただろう。頂上付近の霧の中に消えてゆく二人を最後にノエル・オデルが目撃したのはこの日の午後十二時五十分、その後、一九九九年に遺体が発見されるまで、彼らの姿を見た者はいない。二人は文字通り「静寂の中《イントゥ・ザ・サイレンス》」へと歩を進め、七十五年にわたって「静寂の中」に置かれたのである。あたかも、「行方不明」として処理された大戦の「無名兵士」のように。

再生のプロジェクト

本書の本筋を成すのは、エヴェレスト遠征の準備と実行の時系列的な叙述である。遠征隊員の人選をめぐる駆け引き、異文化との接触、さまざまな発見、複雑な人間関係、苛酷な気象条件、登攀ルートの探索、そしてなにより岩と氷との格闘、等々、詳細を極めた描写は実に興味深く、読者を惹きつけて離さない。マロリーが登頂に成功せぬまま死ぬ結末自体がよく知られていることもあって、この本筋には単調かつ冗長になりかねない危うさが孕まれているのだが、本書の場合、新たな人物が登場するたびに評伝的な叙述が挿入され、ヒマラヤとは違う視界が開けるため、密度の濃い遠征隊の描写に少々疲れた読者であっても、集中力を保つことは難しくない。評伝的な挿話の中核は各人の大戦経験であり、大戦の時代がいわばフラッシュバックされて本筋に陰影を与える。終局の悲劇に向け一歩一歩進んでゆく語りの中で、大戦経験というコンテクストが何度も繰り返し確認され、大戦を視野に収めてエヴェレスト挑戦の意味を考える本書のパースペクティヴが明確になるのである。マロリーとアーヴィンが消息を絶ったまさにその日に、フェル・アンド・ロック・クライミング・クラブのメンバーたちが、大戦で死んだクラブの仲間たちの追悼記念碑を除幕するため、グレート・ゲーブル山頂へ向かう様子の描写から始まる第一章は、本書の根幹となる構図をきわめて効果的に伝えて、秀逸である。一貫してエヴェレストには大戦の硝煙が漂っている。

大戦とエヴェレスト挑戦とが分かちがたく結びついていたのは、遠征の当事者だけの話ではない。戦勝国として帝国の版図こそ広げたものの、大戦後のイギリスは消耗しきっていた。ボロボロに傷ついたイギリス国民の間には、なんとか傷を癒し自分たちの再生ないし名誉回復を果たしたいとの思いが広く浸透していたのであり、そうした国民の期待を背負ったのが世界最高峰への初登頂というプロジェクトであった。世界最強国の座から転落したイギリスにとって、初登頂の栄誉は大戦で被った打撃を克服し自らの威光を改めて見せつける根拠になるはずであった。深甚なダメージとともに大戦の殺戮をくぐり抜けた人々は、エヴェレストに挑む隊員たちに自らの再起を託したのである。ノルウェーとの南極点到達競争に敗れたロバート・スコット隊（一九一二年）の記憶も想起されていただろう。

こうした意味で、エヴェレストへの挑戦はいわば大戦の最終幕、大戦で躓いたかつての世界最強国が避けて通ることのできない課題であった。大戦があったからこそ、エヴェレスト登攀は国民的なミッションと呼びうるほどの注目を集めたのである。マロリーとアーヴィンの遭難で終わった一九二四年遠征の長編記録映画『エヴェレスト叙事詩』を制作したジョン・ノエルは、二人の死に寄せてこう問いかける。「貴君が彼らと同じように生き、大自然の真っ只中で死んだとして、貴君は純白の墓以上のものを望んだりするだろうか？」流血に染められた「無名兵士」になり代わって、二人は「大自然の真っ只中」の「純白の墓」で浄化され、イギリス国民のために大戦の厄をおとす役割を演じたのである。「喪の仕事」といってもよいかもしれない。

帝国の影

十九世紀以来のパースペクティヴも用意されている。知られざる山だったチョモルンマが世界最高峰であることを確認したのは英領インドの測量局であり、一八六五年にこの山に与えられたエヴェレストなる呼称は、測量局の局長を務めた（一八三〇〜一八四三年）ジョージ・エヴェレストにちなむ。インド総督ジョージ・カーゾンは一八九九年の就任直後から帝国の力を誇示するプロジェクトとしてエヴェレスト挑戦を提唱し、これを受けて、一九〇五年にはイギリス山岳会に遠征計画を検討する小委員会が設置される。大戦に先立って、帝国主義の全盛期からエヴェレストへの遠征がアジェンダに載せられていたのである。そして、そこには、対ロシアのグレート・ゲーム（中央アジアをめぐるイギリスとロシアの対立・抗争）、インド統治、中国との外交関係、等々、いくつもの複雑な要因がまとわりついた。このあたりの事情に関しても、本書は潤沢な情報を提供してくれる。とはいえ、そもそもは帝国主義のプロジェクトとして構想されたエヴェレスト挑戦は、帝国主義から距離をとる自由党政権の成立（一九〇五年）と大戦の勃発のため、棚上げされつづけ、ようやく一九二一年に始まった実際の遠征は、帝国の栄光を知らしめる以上に、傷ついた国民を慰撫し再起させるためのミッションとなった。

チベット語で「世界の母なる女神」を意味するチョモルンマは侵犯すべからざる聖域であって、それを征服の対象と捉えるイギリスの遠征隊の到来は、チベットの人々の困惑と反発を誘わずにはいなかった。イギリス側がエヴェレストという呼称にこだわったのは、チョモルンマと呼んでいる限り、自分たちが禁を犯して神聖な山に土足で踏み込む冒涜的な集団になってしまうからだろう。そして、チョモルンマ／エヴェレストが相容れない二つの呼称であったように、遠征隊がチベットで長い時間を過ごし、多くのチベット人シェルパを雇用したにもかかわらず、チベット人とイギリス人の間の文化的な相互理解はほとんど進まなかった。一九二二年の遠征隊と面会したロンブク僧院のラマ（師僧）は、「まったく意味のないことのためにそれほど苦しんだ彼らをひどく哀れに思った」（下、一一八頁）と述べているし、逆に、イギリス人からすれば、結局のところチベットは「不愉快な人びとが住む不愉快な国」（マロリーの言、上、三一一頁）であった。さきに述べた通り、一九二二年六月五日には雪崩事故でシェルパ七人が犠牲になるのだが、コリン・クロフォードの第一声は「白人は全員無事」（下、一六三頁）であった。落ち目ながら依然として世界に冠たる帝国の構成員であった隊員たちは、自らの優越性に疑いを挟むことを迫られてはいなかったのである。

　また、マロリーにも匹敵する力量の持ち主であったジョージ・フィンチ（岩のマロリー、氷のフィンチ）が一九二四年の遠征隊から外された経緯には、オーストラリア人であった彼への偏見、帝国の中心から周縁を見下す視線が間違いなく介在していた。しかも、フィンチは酸素補給のためのボンベ使用の提唱者であった。一九二二年の遠征で、彼はジェフリー・ブルースとともにボンベを使って誰よりも標高の高い地点（八千三百二十一メートル）に到達したのだが、遠征隊の内部でも周囲でも、ボンベの使用は崇高かつ純粋であるべきエヴェレスト登攀に相応しくないとの声は根強かった。イギリス再生のためのプロジェクトは、イギリス人（本国人）によって、科学技術の助けなしに達成されねばならない、ということである。ボンベを使用するばかりでなく、講演で金を稼ぎ、婚姻関係もスキャンダラスだった植民地出身者は、ジェントルマン的なアマチュアリズムの精神にそぐわぬ存在として排除された。こうした態度は、「西部戦線でヘイグ将軍が馬に固執し機関銃の有用性と効力を認めようとしなかったことを思い出させる」（下、一七八頁）。機関銃にフェア・プレイ精神で立ち向かうことを美談とするような雰囲気がまだまだ濃厚だったのである。当初はボンベ否定派に与したマロリーは、フィンチとブルースの達成によって認識を改め、一九二四年にはボンベを携えて、その使用法に明るいアーヴィンをパートナーに頂上を目指すが、フィンチを欠いたことはやはり大きな痛手となった。ちなみに、フィンチに代わりうる存在だったリチャード・グレアムが遠征への参加辞退を強いられたのは、大戦の際に良心的兵役拒否者だったためである。

ついにエヴェレスト初登頂が果たされるのは一九五三年、皮肉にもニュージーランド人エドモンド・ヒラリーとチベット人テンジン・ノルゲイによってであった。いうまでもなく、この頃には帝国は解体の道を歩み始めており、もはやエヴェレスト登頂はイギリス（帝国）の優越性を誇示するプロジェクトでも、国民の再起や復活を期すプロジェクトでもありえなかった。

大戦の余燼

テーマ設定が有意であることを前提として、すぐれた歴史書であるためには次の三つの要件を充たさねばならない、と私は考えている。第一に、事実関係や登場人物についての堅固な裏づけをもった正確な情報を過不足なく提供していること、第二に、検討されるべき論点を的確に提示し、それらに関する充分な考察を展開していること、第三に、読者を最後まで惹きつける、ありていにいえば「おもしろい」叙述になっていること、である。第一と第二も容易な要件ではなく、史料に立脚しているとはいえ、過剰な量の情報を羅列することに自己満足しているかのごとき歴史書、論点を指摘はするものの、あとは読者に任せたとばかりに自らの議論を示さない歴史書に遭遇した経験は、誰もがもっていると思う。それでも、ある程度以上の力量と誠実さを備えた歴史家がじっくりと仕事に取り組むなら、これら二つの要件をクリアすることは可能だろう。おそらく最も達成が難しいのは第三の要件である。この要件を充たさぬ限り、読者に「歴史書の愉悦」を味わってもらうことはできないのだが、ここのところで、学術的な歴史書は歴史小説や歴史エッセイ、あるいは歴史もののゲームに対してしばしば劣勢に立たされる（大抵の場合、ゲームはもちろんのこと、小説やエッセイは第一、第二の要件を充たしていない）。ところが、ほぼ全編にわたって私を熱中させつづけた本書は、たとえばベストセラー作家ジェフリー・アーチャーがマロリーの生涯を小説にした『遥かなる未踏峰』などよりもはるかにおもしろく読める。作品としての価値には文字通り天と地の開きがある、というか、こんな通俗小説と比べては本書に失礼だ。そして、さきに述べたように、本書のおもしろさは本筋と挿話の絶妙な絡み合いに由来していると思われる。

学術的な歴史書の本筋は、終局に向かって着々と前進するロジックに基づいて強靭に設計されなければならない。本筋が混乱を来しているようでは失格である。しかし、あまりに隙のない、引き締まった叙述の積み重ねは往々にして平板に陥りやすく、読者に息苦しい思いをさせがちでもある。この点を克服するためのひとつの有力な方策が、それ自体として魅力的な、本筋にとって的外れでない挿話を活用することだが、実際のところ、挿話が単なる息抜きや装飾以上の役割を担うケースは決して多くない。インパクトの強い挿話はしばしば本筋に弛みを生じさせ、本筋がどこへ向かっているのか、見通しを悪くしてしまい、下手をすると本筋のロジックそのものを攪乱するからである。息抜きや装飾以上の意味を込めた挿話を叙述に埋め込もうとするのは危険な試みであって、ここで足を掬われない歴史書は限られる。そして、この危険な試みに見事に成功しているのが本書、頻繁に挿入される凄絶な大戦経験の描写がかなりの紙幅をとっていながら、エヴェレストを目指す本筋の邪魔にならないどころか、それを豊かに意味づけてゆく。「歴史書の範例」などと大仰なことばを使ったのは、なによりもこのためである。

一例をあげよう。これはごく短いエピソードだが、私の胸を最も強く打ったものである。一九二二年の遠征の途上、「野良仕事をしている青年が吹いていた口笛」を耳にしたハワード・サマヴェルは、それがストラヴィンスキー『春の祭典』の冒頭の旋律と一音しか違わないことに気づき、こう記した。「畑仕事をする男たちは五音音階の歌を歌うので、これがチベットの音階に違いない。チベット人が、よくある和音や、なかなか不思議なことに減七の和音のアルペジオを口笛で吹いているのも聞いた。しかし半音の和音はなく、音程と見なしていないようである。EやEフラットを出すこともあるが、続けて出すことはない」(下、一〇八頁)。多くの隊員と同じく、パブリック・スクールとケンブリッジを経て軍医として大戦の戦場に赴いたサマヴェルも、豊かな教養を備えた人物であった。『春の祭典』の初演(一九一三年)をめぐるスキャンダルが大戦を予示する出来事であったことを思い出すなら、いわば大戦の余燼が旋律として一九二二年のチベットに響いていた事実に感慨を覚えずにはいられまい。遠征隊の奮闘を追うことに手一杯になっていた読者でも、この美しい挿話によって大戦というコンテクストを改めて心に刻むことができる。また、マロリーが標高六千四百メートルのテントの中でシェイクスピアを読む場面は、西部戦線にも彼がシェイクスピアを携えていったことを想起させ、エヴェレストと大戦が瞬時に結びつけられる。ヒマラヤで吹きすさぶ猛烈な強風の彼方に、読者は大砲や地雷の音をたしかに聞きとることになる。

欧米の書評の中には、長すぎる、大戦にこれほどのスペースを割くことが必要なのか、といった批判的指摘も散見されるが、以上のような意味で、私にはおよそ同じえない。エヴェレスト登攀そのものにも似て、本書が設定するような大きなテーマに迫るためには、それなりの時間と分量が欠かせない。上下二巻、二段組みでおよそ八百頁という分量は読者を怯ませるに充分かもしれないが、読み進めるほどに「歴史書の愉悦」を満喫できることは保証したい。巻末に達した時、著者の言い分が満々たる説得力を湛えていることに納得がゆくはずである。「マロリーはもう何によっても止められなかっただろう。歩き続けただろう、たとえ死ぬのがわかっていたとしても。……死はあまりにもありふれたことだったので、命があることよりも、生きているその瞬間のほうが大事だったのだ」（下、三一六―三一七頁）。

［秋元由紀訳、白水社、上下巻、二〇一五年（Wade Davis, *Into the Silence : The Great War, Mallory and the Conquest of Everest*, Vintage, 2012）］

芸術史の妙味

ゴンブリッチ『美術の歩み』

岡田暁生

「名作は必ずしも歴史を作らない」という矛盾

政治史や経済史や社会史などにかかわる人はあまり悩まされないだろう独特の困難が、芸術史の研究にはつきまとう。それは「名作は必ずしも歴史を作らない」ということだ。「歴史を動かした作品」というものは、もちろんある。従来の音楽の、美術の、建築の概念を一変させたような、そして後世に甚大な影響を与え、後の人々が常にそれこそを参照点として次のエポックを切り拓いていったような作品。そして同時に時代を超越して屹立する不滅の傑作であり続けているような作品。例えばダ・ヴィンチやラファエロやミケランジェロが活躍したルネサンスの盛期は、こんな巨人的偉業のオンパレードであり、こういう時代はとても芸術史を書きやすい。名作を拾っていけば自ずと歴史になるのだから。

だが芸術史に携わる者にとって悩ましいのは、「名作が歴史から落ちこぼれる」こともあれば、「駄作凡作が歴史を作ることもある」という事実だ。例えば未来派という前衛芸術家集団のメンバーだったルイジ・

ルッソロという作曲家がいる。彼は「騒音こそが未来の音楽芸術だ」と主張し、イントナルモーリなる騒音発生装置のようなものを考案して、この「楽器」のための作品を残した。ネット動画でも彼の「作品」を聴くことが出来るが、芸術のクオリティという点ではお粗末なものである。「ブルンブルン、ダダダダ、ガーッ」などと、自動車のエンジンや機関銃や工場のタービンを模した騒音が聞こえてくるのみ。面白い。しかし不滅の名作などとはおよそいえない。だが第一次大戦直前に書かれた彼の「作品」が、後の多くの作曲家に影響を与えたことは間違いない事実であって、その意味でルッソロは「歴史を作った」ともいえるのである。はてさてこれをどう考えるか……。

特に天才ともいえないのに、たまたま発想の転換のようなことをやってみせただけで、それなりに歴史を作ることの出来たルッソロのようなラッキーボーイがいる一方、「文句なしの名作だが（少なくとも短中期的にみれば）歴史を作らなかった」作品も多い。最晩年のバッハやベートーヴェンは同時代人には半ば忘れられた存在であり、その作品群はあまりにも難解であるが故に直接の後の時代にはほとんど影響を残さず、その意味で歴史の流れから完全に滑り落ちたものであった。にもかかわらず、彼らが残したものが永遠不滅の名作であることに異議をはさむ人はいないだろう。

名作は必ずしも歴史を作らない——この矛盾を次のように考えてみよう。つまり「名作である」ということは「時間を超越している＝決して古びない」ということなのだ。時間を超えている、つまり歴史を超越しているのである。であってみれば、そもそも時間を超えた不滅の存在を歴史語りという時間系列の中にはめ込んでいこうとする「芸術史」というものが、どこかで根本的な矛盾を抱えているともいえる。

しかし、である。だからといって、それならば時間を超越していないもの——すなわち時代に標準的な凡作や駄作——ばかりを扱えば、それで芸術史になるのか？　名作は時代から突出しているからこそ名作である、つまり名作は歴史を作らない、ならばいっそ芸術史は凡庸な標準作から組み立てた方がいい――こういう極端な考え方をする人が実際いる。二十世紀初頭に活躍したウィーンの偉大な美術史家ハインリッヒ・ヴェルフリンはその代表で、彼は「名前のない美術史」という概念を提唱した。芸術史は偉人列伝ではなく、その時代ごとの様式の変遷史であるべきである、そして時代様式は無数の標準的かつ平凡な画家たちの営みの集積として生まれてくるのであり、そこに時代から聳えている巨人は不要である。簡単にいえばこのように彼は主張したのである。そして実際、ヴェルフリン的な発想が芸術史を書く上でそれなりに有効な局面は、確かにある。つまりルネサンスの黄金期のように、時代を動かすと同時に時代を超えて輝き続ける作品がまた生み出された時代もあれば、周囲から屹立した圧倒的な作品というものが乏しく、みんな似たり寄ったりのものを作り続けるばかりで、めぼしい変化が生じなかったような時代もあるのである。

芸術史vs名作鑑賞ガイド

「名もなき人々が作った芸術史」が時代によっては有効なことを否定はできない。しかしアノニマスな芸術史記述には、ひとつ大きな欠陥がある。つまり芸術史に興味をもつ読者の大多数は、「偉大な名作」のことをもっと知りたくて本をひもとくのである。名もなき画家や作曲家しか出てこないような芸術史など、彼らはすぐに放り出してしまうだろう。彼らは自分が大好きな偉大な作品のことが知りたいのである。マイナー芸術家の情報をあれこれ集めたいわけではないのだ。そして芸術史を書く者はこの期待を裏切ることは出来ない。そもそも芸術を愛する多くの人々がいるからこそ、芸術史というディシプリンは成立し得ているのだから。

芸術史はどこかで宿命的に、名作鑑賞ガイド的な性格を帯びざるを得ない。しかしながら名作鑑賞ガイドとは決して、「ああ！」「おお！」といった情緒たっぷりのため息であってはならない。名作ガイドであっても、いや、そうであればこそなおさら、そこには冷徹な歴史眼が不可欠ではないか。ならば「名作は時代の中から出て、そして時代を超越するのだ」と考えてみよう。どんな天才的な画家や作曲家であっても、必ず同時代の標準的なスタイルを摂取することから始める。そして同時代の標準から次第に離反していきながら、彼らは自分の個性を確立する。しかしそれでもなお、同時代の標準はいわば「仮想敵」として、ずっと彼らの強烈な個性の背景に残り続ける。つまり時代を超えて聳えていると見える名作にも「根」はあって、この根っこは時代から養分を吸い取っている。だから名作の深みを知ろうと思えば、やはり歴史的な知識が不可欠なのだ。

私は大学院生時代、どんな音楽史家よりも評論家の吉田秀和の著作に深い影響を受けた。一見したところ彼の書くものはどれも、エッセイのスタイルをとっている。名作への思い入れと愛をためらうことなく語る。歴史家のように乾いた客観を装ったりはしない。しかしまさにこれこそが、手練れの批評家たる吉田秀和氏の老獪な戦略なのではないかと気づいたのは、ずいぶん時間が経ってからだ。その柔らかく一見気ままな語り口の背後には実に冷徹な歴史眼があって、だからこそ私はどんな音楽史の専門家よりも、彼のエッセイに惹かれたのだと思う。

芸術研究というものは不可分に「愛」と結びついている。芸術作品に何の愛着もないが、「お仕事」として芸術史研究をしているなどという人はいないだろう（いては困る）。だが客観を装わねばならないという強迫観念はアカデミズム業界の人間の病のようなものだから、みんな「愛していないフリ」をする。わざと無味乾燥なデータを列挙して専門家らしいポーズをとってみせる。私は別に「好き」なわけじゃありませんという顔をする。「アマチュア」の語源はイタリア語の「アマトーレ」、つまり「愛する人」であるが、専門家を自負する人達はアマチュアだと思われたくないから、これみよがしに愛を断念してみせる。

しかし吉田秀和はまさにこの正反対を行く。彼は何ら恥じらうことなく親密な芸術への愛を語ってみせる。代表作のひとつである『私の好きな曲』のタイトルそのままに、芸術鑑賞ガイドの形式でもって自らの思索を語る。しかし実際に彼の著作を綿密に読めば、恐ろしく丹念に楽譜の細部を分析していたり（例えば初期の『モーツァルト』講談社学術文庫、一九九〇年）、あるいは対象となっている作品の同時代の文学に原語で通暁していたりすることは明らかだ（最晩年の『永遠の故郷』四部作、集英社、二〇〇八〜二〇一一年）。本当は彼は根っからの歴史家であって、しかし思索のアウトプットに際しては、あえて一種のカムフラージュとして、エッセイという「形式」を選ぶのである。

芸術史には「センス」がいる

芸術の歴史の大きな流れは多数の標準的凡作が作るのであり、名作だけを追いかけていると歴史ではなくただの列伝になってしまう。しかし芸術史は名作をもっと知りたいと思っている人のためにこそ書かれるべきであり、名作を外してしまっては芸術史の魅力はなくなる。この矛盾の解決法はただひとつ、芸術の歴史のある時代を形成する様々なベクトルが交差しつつ、まさにその一点で歴史が歴史を超えた「美」へと昇華されるような結節点を、作品の中に見つけ出すことだ。歴史と美の交差点を見つける——これには古物商や鑑定家のような職人芸と勘が必要になってくる。

ドイツの哲学者／社会学者アドルノは、若いころは作曲家になることを志していた人であり、二十世紀の最も偉大な音楽批評家でもあったといって過言ではない人物であるが、彼のマーラーについての大部の著作には、いみじくも「ある音楽観相学」という副題がついている（テオドール・W・アドルノ『マーラー　音楽観相学』龍村あや子、法政大学出版局、一九九九年）。観相学とは絶妙の表現だ。マーラーという大作曲家の「人相」を見るのである。カリカチュアの画家がたった一本の線だけである人物の身振りや顔つきの決定的な「相」を捉えるのにも似て、その作曲家のありとあらゆる音符や思想や気質や生い立ちや背負っていた歴史背景、そして何より彼の作品の美的な醍醐味が凝集されて表面に顕れてくるような、そんな一点を人相の中に見出し、それをたった一筆で描き尽くす試み。それが観相学だ。

芸術史に必要なのは何もかもを網羅的に羅列することではなく、対象の「相」をピンポイントで捉え、わずか数行で定式化する似顔絵画家的なセンスなのかもしれない。例えばリヒャルト・シュトラウスについてのエッセイを、アドルノはこう始める。「それ（リヒャルト・シュトラウスという名前）はギラギラした光とまったくの新しさをもって、私の日常へ入り込んできた。……この名前を聞いて当時の私が思い描いたのは、騒々しく危なげで、煌々と輝き、工業界というか私が好んで夢想した工場に似たような音楽であった[1]」――リヒャルト・シュトラウスが、有毒な煙を煙突からまき散らす化学工場や煌々と輝く巨大発電所が次々に建設されていた世紀転換期の帝政ドイツ、政治的にキナ臭く好戦的だったプロイセン・ドイツの作曲家であったことを、アドルノはこの数行でまざまざと読者に思い起こさせる。それはシュトラウスが深く根を下ろしていた時代の相そのものであると同時に、この毒々しい魅力こそがシュトラウス作品を不滅の名作たらしめている美的要素でもある。「騒々しく危なげで煌々と輝く工場」――これはシュトラウスの偉大さとその時代を形容するための必要十分な形容であり、これ以上彼の作品を細々と分析したりする必要などもはやないほどだと、私には思える。

ゴンブリッチの美術史の素晴らしさ

私にとって芸術史の書き方の永遠の手本ともいうべきものが、ウィーン生まれの美術史家エルンスト・ゴンブリッチの『美術の歩み』である。大学院生のころから私は何十回となくこれを読み返し、ドイツ留学時代にはここに図版が出ている絵を片っ端から見て回った。まず序文冒頭で彼は言外に、「愛」こそ芸術史の命脈であることを示唆する。いわく「不思議な、魅せられるような原野を前にして、まずはじめにどの方向に進んだらよいかを決めようと思案している人たち」のために本書は書かれた。それは具体的には若い人達であり、ゴンブリッチによると若い人達こそ「最も厳格な批評家、見せかけの術語やいいかげんな感想などをたちまち見破り、それに憤激する批評家」であって、あえて非専門的だという危険をおかしてでも平明な言葉を用いるよう、彼は努めたのだという（一一頁）。

次に彼はこの本の執筆原則について語る。つまり選択＝省略こそがここでの大原則であり、図版選択にあたっては自分の作品に対する愛着を最重視し、かつ世で名作とされている有名作品を出来る限り省かないようにしたというのである。何度も述べているように、「不滅の名作」が必ずしも歴史を作るわけではなく、「いい」を優先することは芸術史を名作カタログにしてしまうことにつながりかねないのだから。

芸術史のエポックすべてに万遍なく「偉大な名作」が散らばっているわけではない。むしろ名作は特定の時代に集中して現れる。というか、「名作」という発想自体が極めて近代的なものであり、ルネサンス以後の芸術家たちはかなり意識的に「歴史を動かす不滅の名作」を創ろうと努めてきたからこそ、近代の芸術史は名作に満ちているのだとすらいえよう。しかるに中世以前の芸術史はもっと匿名的であり、歴史の変化は極めて緩慢で、芸術家たちは「自分だけの個性」をあまり意識していなかった。だから中世のステンドグラスや細密画やシャンソンやモテットは、もちろん仕上げの質のよしあしや作者の癖のようなものは自ずとあるにせよ、ある意味でどれも「似たり寄ったり」に見える。定型的に作られているのである。

ゴンブリッチの筆致の素晴らしさは、こうした一見「似たり寄ったり」だったり「その他大勢」に見えたりする作品の中に、どんな偉大な傑作にも劣らない創造の光輝を見出す点にある。例えば古代ローマの時代の初期キリスト教の壁画は、素人の目にはどれも落書きのようにしか見えない。それが大傑作とはとても思えない。しかしゴンブリッチの手にかかると、そんな慎ましい平凡なものが、突如として瑞々しい輝きを放ち始める。例えば図版82にあるカタコンベの壁画。ゴンブリッチにいわせると、この絵を描いた匿名の人／人々は、粗いタッチで人間の形らしいものを表現しているが、しかし後世の画家のように実物そっくりに描くことは、彼らの関心ではなかった。「この絵はもはや、それ自体が美しいものとして存在はしていない。そのおもな目的は、神の慈悲と能力を示す例の一つを信仰深い人々に思い出させることである」（一三八頁）。

どんな絵に対してもゴンブリッチは、「この人はなぜああではなくてこう描いたのだろう？」と問う。例えば件のカタコンベの壁画であれば、「どうしてこんなにも人の姿の描写は、稚拙とも思えるほど手がかけられていないのだろう？　それにはきっと何か理由があったはずだ、それは一体何だったのだろう？」と考える。本当に目の前にそれを描いた生身の画家がいるようにして、問いかける。これこそが芸術への「愛」だといっても誇張にはなるまい。

ゴンブリッチは図版選択に際して「自分が本当にいいと思えるものかどうか」を基準としたと語っているわけだが、この「いいと思えるもの」を「自分が好き」と混同してはなるまい。どんなにちっぽけな目立たないものでもいい、「絶対にこうでなければいけない、こう描きたい」と訴えかけてくる何かのあるもの、

「あなたはどうしてああではなくてこう描いたの？」と問いかけたくなる何かがあるもの、それがゴンブリッチにとって「いいと思えるもの」なのだ。

必然性を作品に見出すということ

この「絶対にこうでなければいけない、こう描きたい」という必然性について彼は、ユーモラスな筆致で次のように語っている。いわく「画家たちはおおむね照れ屋で、「美」などという大げさな言葉を使うことに面くらってしまう人間である」。「たぶん彼が気にかけているのは「これでよい」のだろうか否かということだけ」であり、「この控えめでささやかな「これでよい」という意味を理解した時にのみ、私たちは、画家が真に求めたものを理解しはじめるのである」（三三頁）。

歴史は時間の中にあり、しかし美は時間を超越する――この矛盾が一瞬止揚される結節点は、恐らくこの「これでいい」の中にこそある。「これでいい」の背後には、一方に時代精神の中で培われた様式ベースが、そして他方に、時としてそこから離脱して自分の個性を確立しようとし、時として時代の定型を忠実に守ろうとする創作者の個人的意志がある。両者のせめぎあいの中で、創作者は「これでいい」の判断を下す。「これでいい」は徹頭徹尾、同時代の歴史の地中に深く根を下ろしている。芸術家は同時代の規範や人々の期待するものやライバルの動向などを強く意識しつつ、「これでいいだろう」と判断する。しかし他方で「これでいい」は、純粋に美的な感覚、調和の感覚でもある。ゴンブリッチにいわせると、これは「カスタードとかプディングなどをお皿にのせるのに、この釣り合いぐあいでいいかしらなどと心配することとまったく似たような類のことだ」ということもできる（三四頁）。「たとえ些細なことがらであっても、ほんの少し多すぎるとか、ほんの少し足りないとかのわずかの差異が、バランスを崩すこと」もあれば、ぴったりと何もかもが適合することもある。時代の中から生まれつつ、時代を超えて私たちにも何かを訴えてくる「これでいい」こそが、広い意味での「美」だともいえよう。

　ゴンブリッチの本が常に、「自分ならこうは描かないのに、なぜこの人はこう描いたのだろう？」という違和感のようなものから出発することも印象的だ。「なぜ人の形はこんなにもぞんざいなのか？　もっと緻密に描けただろうに？　どんな理由があったのか？」そしてゴンブリッチはありとあらゆる知識を総動員しながら、作品と自分との波長を合わせていく。作品が描かれた状況を生々しくシミュレーションしていく。そのうえで「そういう状況で描くとしたら、自分ならどうするだろう？」と考える。つまりはまず相手の身になりきろうとする。ゴンブリッチの美術史がこんなにもヒューマンなものと感じられるのは、この「相手の身になる」という感覚の故だと私は思っている。

（1）　Theodor. W. Adorno, „Quasi una fantasia“ (*Gesammelte Schriften* 16, Frankfurt, 1978), pp. 281–282.

［友部直訳、上下巻、美術出版社、一九七二・七四年（一九八三年に再刊。Ernst H. Gombrich, *The Story of Art*, Phaidon, 1950)］

◎執筆者紹介（執筆順、＊は編者）

中西竜也（なかにし　たつや）
一九七六年生まれ。京都大学大学院文学研究科博士課程研究指導認定退学。京都大学人文科学研究所准教授。東洋史学。『中華と対話するイスラーム――17―19世紀中国ムスリムの思想的営為』（京都大学学術出版会、二〇一三年）、『*Challenging Cosmopolitanism: Coercion, Mobility and Displacement in Islamic Asia*』（分担執筆、Edinburgh University Press、二〇一八年）、ほか。

小野容照（おの　やすてる）
一九八二年生まれ。京都大学大学院文学研究科博士課程修了。九州大学大学院人文科学研究院准教授。朝鮮近代史。『朝鮮独立運動と東アジア　1910―1925』（思文閣出版、二〇一三年）、『帝国日本と朝鮮野球――憧憬とナショナリズムの隘路』（中央公論新社、二〇一七年）、ほか。

三俣延子（みつまた　のぶこ）
一九七五年生まれ。同志社大学大学院経済学研究科博士課程（後期）単位取得退学後、博士号（経済学）取得。同志社大学経済学部非常勤講師。環境経済学。亀山康子・馬奈木俊介編『シリーズ環境政策の新地平5巻　資源を未来につなぐ』（分担執筆、第7章「リンの循環と環境問題」を担当、岩波書店、二〇一五年）、「産業革命期のイングランドにおけるナイトソイルの環境経済史」（『社会経済史学』第七六巻第二号、二〇一〇年）、ほか。

友松夕香（ともまつ　ゆか）
一九七七年生まれ。東京大学農学生命科学研究科博士課程修了。日本学術振興会特別研究員。農業史。『サバンナのジェンダー――西アフリカ農村経済の民族誌』（明石書店、二〇一九年）、『再分配のエスノグラフィ――経済・統治・社会的なもの』（分担執筆、悠書館、二〇一九年）、ほか。

福元健之（ふくもと　けんし）
一九八八年生まれ。京都大学大学院文学研究科博士後期課程修了。日本学術振興会特別研究員ＰＤ。西洋史学。「20世紀初頭ポーランドの衛生改革論――地方医師からみる」（『歴史と経済』第二四二号、二〇一九年）、ほか。

金澤周作（かなざわ　しゅうさく）
一九七二年生まれ。京都大学大学院文学研究科博士後期課程研究指導認定退学。京都大学大学院文学研究科教授。西洋史学。『チャリティとイギリス近代』（京都大学学術出版会、二〇〇八年）、『海のイギリス史――闘争と共生の世界史』（編著、昭和堂、二〇一三年）、『海のリテラシー――北大西洋海域の「海民」の世界史』（共編著、創元社、二〇一六年）、ほか。

湯澤規子（ゆざわ　のりこ）
一九七四年生まれ。筑波大学歴史・人類学研究科単位取得満期退学。法政大学人間環境学部教授。歴史地理学、地域経済学、農村社会学。『在来産業と家族の地域史――ライフヒストリーからみた小規模家族経営と結城紬生産』（古今書院、二〇〇九年）、『胃袋の近代――食と人びとの日常史』（名古屋大学出版会、二〇一八年）、『7袋のポテトチップス――食べるを語る、胃袋の戦後史』（晶文社、二〇一九年）、ほか。

北村嘉恵（きたむら　かえ）
一九七二年生まれ。京都大学大学院教育学研究科博士課程中退。北海道大学大学院教育学研究院准教授。教育史。『日本植民地下の台湾先住民教育史』（北海道大学出版会、二〇〇八年）、『内海忠司日記1940–1945――総力戦体制下の台湾と植民地官僚』（共編、京都大学学術出版会、二〇一四年）、「台湾先住民族の歴史経験と植民地戦争――ロシン・ワタンにおける「待機」」（『思想』第一一一九号、岩波書店、二〇一七年）、ほか。

長谷川貴彦（はせがわ　たかひこ）

一九六三年生まれ。東京大学大学院人文社会系研究科博士課程修了。北海道大学大学院文学研究院教授。イギリス近現代史。『現代歴史学への展望』（岩波書店、二〇一六年）、『イギリス現代史』（岩波書店、二〇一七年）、ほか。

山手昌樹（やまて　まさき）

一九八〇年生まれ。上智大学大学院文学研究科史学専攻博士後期課程単位取得退学。博士（史学）。日本女子大学文学部学術研究員。イタリア近現代史。『教養のイタリア近現代史』（共編著、ミネルヴァ書房、二〇一七年）、『イタリアの歴史を知るための50章』（分担執筆、明石書店、二〇一七年）、ほか。

志村真幸（しむら　まさき）

一九七七年生まれ。京都大学大学院人間・環境学研究科博士課程修了。京都外国語大学非常勤講師。南方熊楠研究。『日本犬の誕生――純血と選別の日本近代史』（勉誠出版、二〇一七年）、『熊楠と猫』（編著、共和国、二〇一八年）、『〈他者〉としてのカニバリズム』（共著、水声社、二〇一九年）、ほか。

＊藤原辰史（ふじはら　たつし）

一九七六年生まれ。京都大学大学院人間・環境学研究科中退。京都大学人文科学研究所准教授。農業史『決定版　ナチスのキッチン――「食べること」の環境史』（共和国、二〇一六年）、『トラクターの世界史』（中公新書、二〇一七年）、『給食の歴史』（岩波新書、二〇一八年）、ほか。

中野耕太郎（なかの　こうたろう）

一九六七年生まれ。京都大学大学院文学研究科博士後期課程中途退学。博士（文学）。大阪大学大学院文学研究科教授。アメリカ現代史。『20世紀アメリカ国民秩序の形成』（名古屋大学出版会、二〇一五年）、『戦争のるつぼ――第一次世界大戦とアメリカニズム』（人文書院、二〇一三年）、『アメリカ合衆国の形成と政治文化――建国から第一次世界大戦まで』（共編著、昭和堂、二〇一〇年）、ほか。

小川佐和子（おがわ　さわこ）
一九八五年生まれ。早稲田大学大学院文学研究科博士後期課程修了。北海道大学大学院文学研究院准教授。映画史。『映画の胎動――一九一〇年代の比較映画史』（人文書院、二〇一六年）、『リメイク映画の創造力』（分担執筆、水声社、二〇一七年）、ほか。

武井弘一（たけい　こういち）
一九七一年生まれ。東京学芸大学大学院修士課程修了。琉球大学国際地域創造学部准教授。日本近世史。『鉄砲を手放さなかった百姓たち』（朝日新聞出版、二〇一〇年）、『江戸日本の転換点』（ＮＨＫ出版、二〇一五年）、『茶と琉球人』（岩波書店、二〇一八年）、ほか。

福家崇洋（ふけ　たかひろ）
一九七七年生まれ。京都大学大学院人間・環境学研究科博士後期課程研究指導認定退学。博士（人間・環境学）。京都大学人文科学研究所准教授。社会運動史、社会思想史。『戦間期日本の社会思想――「超国家」へのフロンティア』（人文書院、二〇一〇年）、『日本ファシズム論争――大戦前夜の思想家たち』（河出書房新社、二〇一二年）、『満川亀太郎――慷慨の志猶存す』（ミネルヴァ書房、二〇一六年）、ほか。

駒込　武（こまごめ　たけし）
一九六二年生まれ。東京大学大学院教育学研究科博士課程修了。京都大学大学院教育学研究科教授。教育史。台湾近現代史。『世界史のなかの台湾植民地支配』（岩波書店、二〇一五年）、『戦時下学問の統制と動員――日本諸学振興委員会の研究』（川村肇・奈須恵子と共編、東京大学出版会、二〇一一年）、ほか

南雲泰輔（なぐも　たいすけ）
京都大学大学院文学研究科博士後期課程修了。山口大学人文学部講師。後期ローマ・初期ビザンツ帝国史。『ローマ帝国の東西分裂』（岩波書店、二〇一六年）、南川高志編『378年　失われた古代帝国の秩序』（分担執筆、山川出版社、二〇一八年）、ほか。

小野寺史郎（おのでら　しろう）
一九七七年生まれ。東京大学大学院総合文化研究科博士課程修了。埼玉大学大学院人文社会科学研究科准教授。中国近現代史。『国旗・国歌・国慶――ナショナリズムとシンボルの中国近代史』（東京大学出版会、二〇一一年）、『中国ナショナリズム――民族と愛国の近現代史』（中央公論新社、二〇一七年）、ほか。

坂本優一郎（さかもと　ゆういちろう）
一九七〇年生まれ。大阪大学大学院文学研究科博士後期課程中退。関西学院大学文学部教授。西洋史学。『投資社会の勃興――財政金融革命の波及とイギリス』（名古屋大学出版会、二〇一五年）、『現代の起点　第一次世界大戦　2　総力戦』（分担執筆、岩波書店、二〇一四年）、ほか。

小山　哲（こやま　さとし）
一九六一年生まれ。京都大学大学院文学研究科博士後期課程研究指導認定退学。京都大学大学院文学研究科教授。西洋史学、ポーランド史。『ワルシャワ連盟協約（1573年）』（東洋書店、二〇一三年）、古谷大輔・近藤和彦編『礫岩のようなヨーロッパ』（第7章「複合国家のメインテナンス」を執筆、山川出版社、二〇一六年）、ほか。

小関　隆（こせき　たかし）
一九六〇年生まれ。一橋大学大学院社会学研究科博士課程単位取得退学。京都大学人文科学研究所教

授。イギリス・アイルランド近現代史。『プリムローズ・リーグの時代――世紀転換期イギリスの保守主義』（岩波書店、二〇〇六年）、『徴兵制と良心的兵役拒否――イギリスの第一次世界大戦経験』（人文書院、二〇一〇年）、『アイルランド革命　1913-1923――第一次世界大戦と二つの国家の誕生』（岩波書店、二〇一八年）、ほか。

岡田暁生（おかだ　あけお）
一九六〇年生まれ。大阪大学文学部博士課程修了。京都大学人文科学研究所教授。西洋音楽史。『西洋音楽史』（中公新書、二〇〇五年）、『音楽と出会う』（世界思想社、二〇一九年）、ほか。

歴史書の愉悦

2019年 7月 1日　初版第1刷発行　（定価はカヴァーに表示してあります）

編　者　藤原辰史
発行者　中西　良
発行所　株式会社ナカニシヤ出版
〒606-8161　京都市左京区一乗寺木ノ本町15番地
TEL 075-723-0111　FAX 075-723-0095
http://www.nakanishiya.co.jp/

装幀＝宗利淳一デザイン
印刷・製本＝亜細亜印刷

ISBN978-4-7795-1397-8　C1020

人文学宣言

山室信一 編

われわれはどこから来たのか、われわれは何ものなのか、われわれはどこへ行くのか。大学の危機が声高に喧伝される時代において、人文科学の存在意義とは何か。51名の人文学者による「わたしの人文学宣言」。　二二〇〇円

われわれはどんな「世界」を生きているのか

来るべき人文学のために

山室信一・岡田暁生・小関隆・藤原辰史 編

歴史修正主義が跋扈し、「人文学の危機」「大学の危機」が叫ばれるなか、あえてわれわれの生きている「世界」とは何かを正面から問う。人文学＝人間性についての根源的な問い直しのために。　四二〇〇円

フードスタディーズ・ガイドブック

安井大輔 編

食と文化・社会、食の歴史、食の思想、食をめぐる現代の危機をキーワードに、研究書からノンフィクション、ルポルタージュまで、四九冊を徹底紹介。食べることから世界を考えるための初のブックガイド。　二八〇〇円

食の共同体

動員から連帯へ

池上甲一・岩崎正弥・原山浩介・藤原辰史

人間は、食べることを通じてつながっていけないだろうか。人間のもっとも基本的な営みである、食べることとそれを共有することを基盤にして。資本と国家による食の占有に抗して、「食の連帯」の可能性を探る。　二五〇〇円

＊表示は本体価格です。